"十二五"中等职业教育物流专业工学结合系列教材

物流网络技术

主　编　孙甲泉
副主编　曹宏钦

中国物资出版社

图书在版编目（CIP）数据

物流网络技术/孙甲泉主编．—北京：中国物资出版社，2012.1

（“十二五”中等职业教育物流专业工学结合系列教材）

ISBN 978－7－5047－4111－0

Ⅰ.①物…　Ⅱ.①孙…　Ⅲ.①计算机网络—中等专业学校—教材②物流—管理信息系统—中等专业学校—教材　Ⅳ.①TP393②F252－39

中国版本图书馆 CIP 数据核字（2011）第 264210 号

策划编辑　张　茜　　**责任印制**　何崇杭

责任编辑　王玉霞　　**责任校对**　孙会香　杨小静

出版发行　中国物资出版社

社　　址　北京市丰台区南四环西路 188 号 5 区 20 楼　**邮政编码**　100070

电　　话　010－52227568（发行部）　010－52227588 转 307（总编室）

010－68589540（读者服务部）　010－52227588 转 305（质检部）

网　　址　http://www.clph.cn

经　　销　新华书店

印　　刷　三河市西华印务有限公司

书　　号　ISBN 978－7－5047－4111－0/F·1635

开　　本　787mm×1092mm　1/16

印　　张　14.75　　**版　　次**　2012 年 1 月第 1 版

字　　数　350 千字　　**印　　次**　2012 年 1 月第 1 次印刷

印　　数　0001—3000 册　　**定　　价**　28.00 元

序　言

为贯彻落实《国家中长期教育改革和发展规划纲要（2010—2020 年）》，推行工学结合、校企合作、顶岗实习的职业教育人才培养模式，中国物资出版社现代物流教材中心特组织国家示范性中等职业学校教师以及职业教育专家共同开发了“十二五”中等职业教育物流专业工学结合系列教材。

近年来，中等职业教育在教学改革及课程建设方面取得了巨大成就，教材是教学课程的物化，所以教材建设需要同步跟进、创新。本系列教材的编写正是在物流专业课程体系全面、系统改革的基础上进行的，因此本系列教材具有如下特点：

(1) 依据校企合作、工学结合的模式编写教材。本系列教材的编写以职业院校教师为主，以物流企业人员为辅，把课堂知识与岗位技能要求相融合，保证了课本知识符合物流企业所需人才的培养方案要求。

(2) 注重学生实操性。教材打破了原来学科体系的编写方法，以任务、实训案例为载体，以小贴士、小资料为课外补充，充分展示了本系列教材理论与实践的结合、知识与岗位技能的对接的特点。不仅增强了教学活动的互动性，活跃了课堂气氛，而且有助于学生掌握物流岗位“必须”知识，直观了解企业的物流活动。

(3) 案例真实，实训性强。教材选取的企业典型案例，具有真实性、针对性，有助于学生真实体会物流企业岗位工作内容。教材中还设置了具体的工作任务及工作流程，并采用步骤式的方案引导学生分组进行实践操作，培养学生全局意识及工作过程中的协调能力。

(4) 任务、案例循序渐进，易于学习。教材中任务、案例的安排遵循由简单到复杂、由单一到综合的递进关系，梯度明晰，逻辑性强，符合中等职业学校学生认知特点和职业教育能力培养方案。此外，循序渐进式的安排也有助于增强学生的自信心，激发学生对物流专业学习的兴趣。

本系列教材是中国物资出版社及该系列教材编委会在职业教育方面努力创新、不断完善的成果，但仍有许多需要改进之处。伴随不断的实践和经验的总结，中国物资出版社会与职业教育专家、全国物流专业教师共同再接再厉，为全国中等职业学校物流专业的学子提供规范、适用的精品教材。

编委会

2011 年 8 月

内容提要

本书以计算机网络的组建为主线，全面系统地介绍了计算机网络的基础知识、局域网的组建方法、无线网的组建，还介绍了 Windows Server 2008 网络操作系统的安装与设置、Internet 的应用、网络安全软件等操作性较强的内容，最后详细介绍了物流信息技术基础及物流信息系统软件的应用。本书在每个项目后都配有习题。

前　言

近年来，随着信息技术的发展，计算机网络的发展也非常迅速，特别是Internet的迅速发展。随着网络在各行各业应用的不断深入，计算机网络逐渐成为我们获取信息的一个重要渠道，各大计算机及网络厂商也不断推出新的网络产品，网络的软件、硬件也在不断地更新换代。在这种形势下，对计算机网络的学习与应用显得尤为重要。

本书以项目为基本单元，由浅入深、循序渐进地介绍计算机网络的基本知识，条理清晰，结构完整。在内容处理及编写上，以基本操作为主线，通过一个个实例或操作详细介绍计算机网络各个组成部分的结构及设置方法，学生在学习过程中既可以模拟操作，也可以在此基础上进行改进，做到举一反三。

本书共有7个项目，主要内容包括：认识计算机网络、传输介质与设备、局域网组网、Internet的应用、网络安全、无线网络技术、物流网络技术应用。每个项目后面都附有习题。

本书共有20个任务，内容涵盖常用的计算机网络技术和物流信息系统。每个任务都分“任务导入”、“任务分析”、“知识准备”、“任务实施”四个部分进行分析讲解，通过实用性的任务让学生掌握网络技术，培养学生的动手能力和实际操作能力。

本书由孙甲泉担任主编、曹宏钦担任副主编。其中，项目一由刘俊编写，项目二、项目三由孙甲泉编写，项目四由杨辉编写，项目五、项目六由曹宏钦编写，项目七由邵晓华编写，全书由孙甲泉整理、修改和统稿。

本书图文并茂，实例丰富，具有很强的操作性和实用性，可作为中等职业学校物流专业网络技术课程的教材，也可作为计算机专业相关课程的教材。

由于时间仓促，限于编者水平有限，书中难免有不当之处，敬请广大读者批评指正。

编　者

2011年11月

前　言

近年来，随着信息技术的发展，计算机网络的发展也非常迅速，特别是Internet的迅速发展，随着网络在各行各业应用的不断深入，计算机网络逐渐成为人们获取信息的一个重要渠道。各大计算机及网络厂商也不断推出新的网络产品，网络新技术、新设计也在不断地更新换代。在这种形势下，对计算机网络的学习与应用显得尤为重要。

本书以项目为基本单元，由浅入深，循序渐进地介绍计算机网络的基本知识，条理清晰，结构完整。在内容处理及编写上，以基本操作为主线，通过一个个实例来详细介绍计算机网络各个组成部分的结构及设置方法，学生在学习过程中既可以按照操作步骤，也可以在此基础上进行改进，做到举一反三。

本书共有7个项目，主要内容包括：认识计算机网络、搭建小型局域网、构建局域网、Internet的应用、网络安全、无线网络技术、新兴网络技术应用，每个项目后面都附有习题。

本书共有20个任务，内容涵盖常用的计算机网络技术和前沿信息技术，每个任务都分"任务导入"、"任务分析"、"知识准备"、"任务实施"四个部分进行分析讲解，通过实用性的任务让学生掌握网络技术，培养学生的动手能力和实际操作能力。

本书由郭中栗担任主编，肖文牧担任副主编。其中，项目一由刘俊编写，项目二、项目三由郭中栗编写，项目四由杨颖编写，项目五、项目六由曹宏段编写，项目七由郭晓华编写。全书由郭中栗统稿，修改和定稿。

本书图文并茂，实例丰富，具有很强的操作性和实用性，可作为中等职业学校网络专业网络技术课程的教材，也可作为计算机专业相关课程的教材。

由于时间仓促，限于编者水平有限，书中难免有不当之处，敬请广大读者批评指正。

编者

2011年11月

目　　录

项目一　认识计算机网络

知识目标

1. 认识计算机网络。
2. 了解计算机网络协议。
3. 了解网络与物流的应用。

能力目标

1. 能配置测试 TCP/IP。
2. 能使用 Ping 命令检查网络连接。

网络无处不在，它的应用遍及全球，已经深入到人类工作、学习和生活的各个方面。在家里就可以连接到 Internet，享受 Internet 所提供的服务，如 WWW 浏览、FTP 文件下载、BBS 公告板、网上聊天、收发电子邮件、网络游戏等。在单位里也可以通过局域网或 Internet 实现单位的资源共享、信息快速传递，从而提高工作效率。

如今，计算机网络应用于各个国家的政府、军事、科技、文教、生活等各个领域，已成为未来社会赖以生存和发展的重要保障。

任务一　认识计算机网络

小明是学校实训中心的实习生，担任网络管理员工作，现在学校要求他了解学校机房网络结构，并填写学校机房局域网建设情况表。

任务分析

本任务主要考查小明对网络基本知识掌握的情况，可以从机房网络软硬件方面入手，例如：硬件设备、网络类型、拓扑结构、基本配置参数等。

知识准备

一、计算机网络定义

现在网络已经成为人们生活中不可缺少的一部分，是信息储存、管理、传播和共享的有力工具，大大影响和改变了人们的工作方式和生活方式，如图1-1所示。

图1-1 网络改变生活

从技术上讲，计算机网络是计算机和通信技术相结合的产物，通过计算机来处理各种数据，再通过各种通信线路实现数据的传输。从组成结构来讲，计算机是通过通信线路和设备，将分布在相同和不同地域的多台计算机连接在一起所形成的集合。从应用的角度来讲，只要将具有独立功能的多台计算机连接在一起，能够实现各计算机间信息的交换，并可共享计算机资源的系统便可称为网络。计算机网络不存在地域的限制，只要根据连接距离的远近采取不同的连接方式，就可以实现不同计算机之间的互连，并进行计算机之间的通信和资源共享。

二、计算机网络的主要功能

计算机网络主要为用户提供哪些功能？主要表现为3个方面的功能。

1. 资源共享

资源包括硬件、软件和数据。硬件资源主要是存储设备、输入设备和输出设备。软件资源主要是各种应用程序、服务程序等。数据资源主要是各种数据文件、各种数据库等。这些资源的共享通过计算机网络就可以实现，如通过网络邻居复制文件、FTP服务器等。

2. 数据通信

计算机联网后，可以相互进行数据传输，如收发电子邮件、网上购物、网络视频等通信方式。

3. 分布式处理

利用网络技术，使得分布式处理成为可能，当某台计算机负担过重时，网络可将新任务转交给空闲的计算机来完成，实现计算机的均衡负载。通过计算机网络也可以将多台计算机联合使用并构成高性能的计算机体系，实现协同工作和并行处理。

三、计算机网络的分类

计算机网络分类方法多种多样，不同的分类原则可以得到不同类型的计算机网络。下面介绍一种最常见的分类方法——按网络覆盖的范围分类，可以将网络分为局域网（LAN）、城域网（MAN）和广域网（WAN）。

1. 局域网（Local Area Network，LAN）

局域网一般是指在有限的地理区域内构成的计算机网络，分布范围通常为几米到几千米以内，最大不超过 10 千米，如一个建筑物内、一个学校内、一个厂区内等。经常由一个建筑物内或相邻建筑物的几百台甚至几千台计算机组成，也可以小到连接一个房间内的几台计算机、打印机和其他设备。主要用于实现短距离的资源共享。还通过路由器和广域网或城域网相连接，实现信息的远程访问和通信。LAN 是所有网络的基础，也是当前计算机网络技术中发展最快、最活跃的一个分支，如图 1－2 所示。

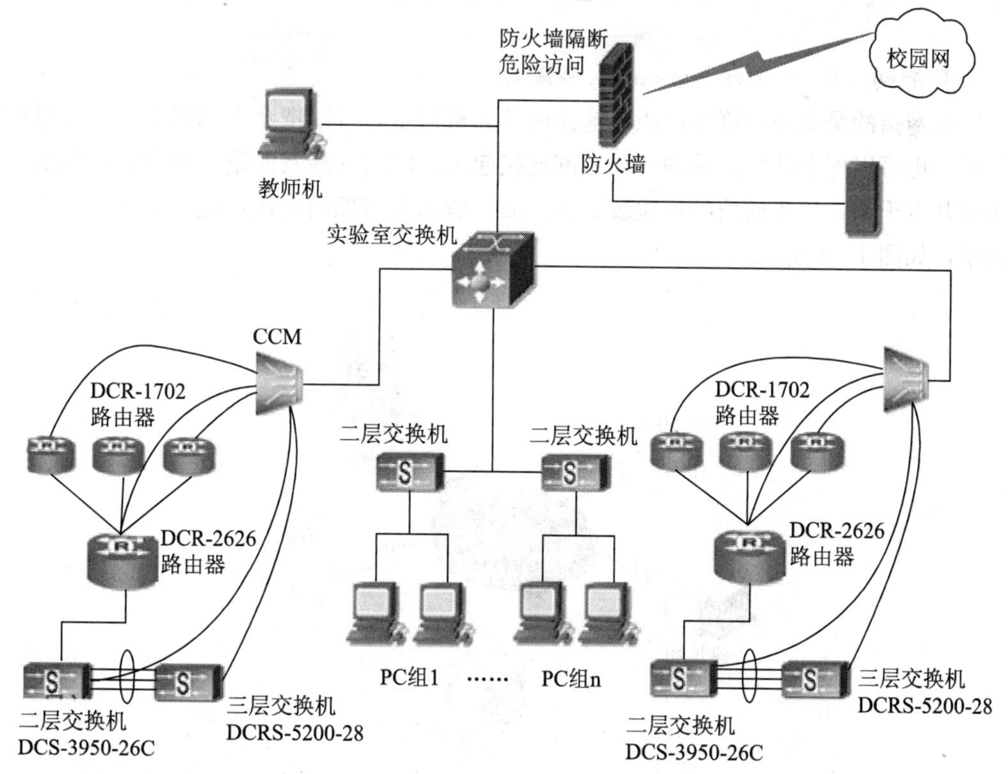

图 1－2 局域网

2. 城域网（Metropolitan Area Network，MAN）

城域网有时又称为城市网、区域网、都市网。城域网介于局域网和广域网之间，覆盖范围通常为一个城市或地区，距离从几十千米到上百千米。城域网中可包含若干个彼此互连的局域网，可以采用不同的系统硬件、软件和通信传输介质构成，从而使不同类型的局域网能有效地共享资源。城域网通常采用光纤或微波作为网络的主干通道，如图 1-3 所示。

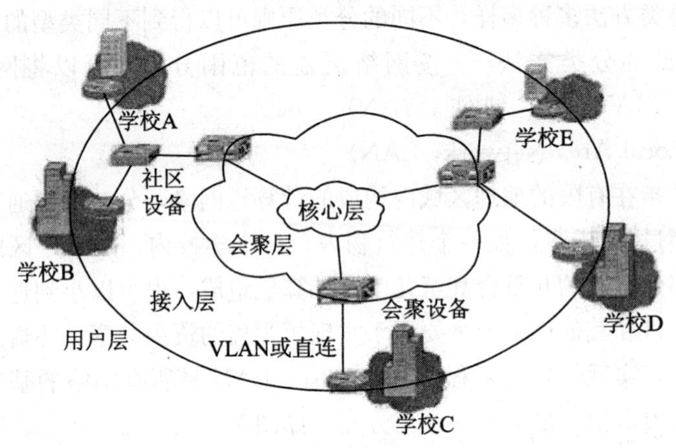

图 1-3　城域网

3. 广域网（Wide Area Network，WAN）

广域网指的是实现计算机远距离连接的计算机网络，可以把众多的城域网、局域网连接起来，也可以把全球的区域网、局域网连接起来。广域网涉及的范围较大，一般从几百千米到几万千米，用于通信的传输装置和介质一般由电信部门提供，能实现大范围内的资源共享，如图 1-4 所示。

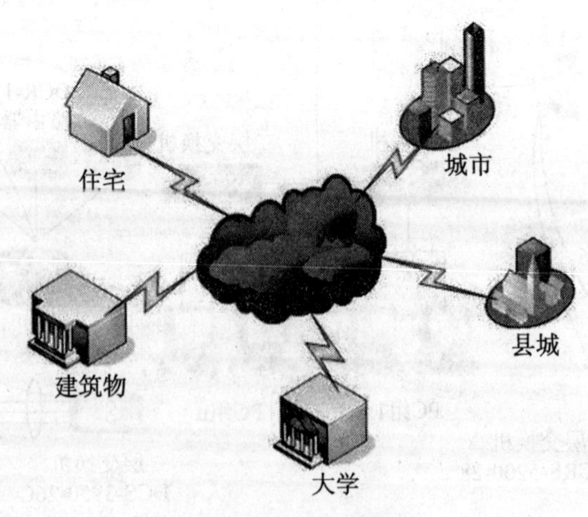

图 1-4　广域网

四、计算机网络的拓扑结构

在计算机网络中，常采用拓扑学的方法来分析网络单元彼此之间的形成及其性能的关系。所谓拓扑就是一种研究与大小、距离、形状无关的点、线、面等几何图形特性的方法。在计算机网络中，抛开网络中的具体设备，把如工作站、服务器等的网络单元抽象为“点”，把网络中的电缆等通信媒体抽象为“线”，就构成相对位置不同的几何图形。而网络拓扑就是研究网络图形的共同基本性质。

构成网络的拓扑结构有很多种，主要有总线型拓扑、星型拓扑、环型拓扑、树型拓扑和网状型拓扑，以下为大家分别介绍各种拓扑结构的网络。

1. 总线型网络

总线型网络的拓扑结构是用一条公共线，即总线作为传输介质，所有的节点都连接在总线上，如图 1 - 5 所示。总线网络具有布线简单、维护方便、建设成本低等优点，但有网络竞争、易出错和检测困难等缺点。

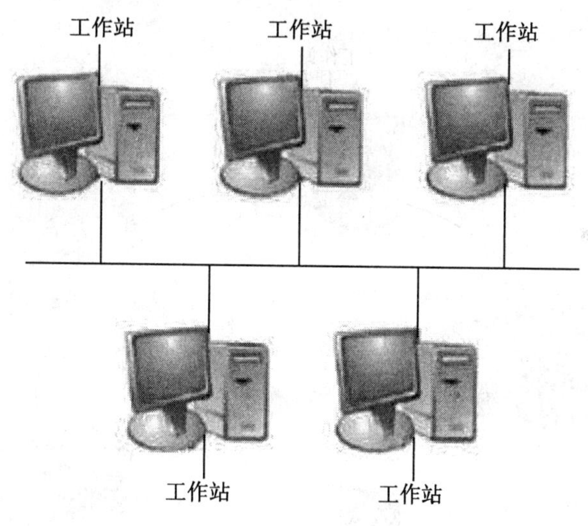

图 1 - 5　总线型网络

2. 星型网络

星型网络的拓扑结构是以一个中心节点和若干个外围节点相连接，如图 1 - 6 所示，星型结构网络的优点是，使用网络协议简单，错误容易检测、隔离。

3. 环型网络

环型网络的拓扑结构是所有节点都在一个闭合的环路上，网络上的数据按照相同的方向在环路上传输，如图 1 - 7 所示。虽然环形结构网络较好地解决了网络竞争，但是如果网络上的一个节点出现故障，将会影响整个网络。

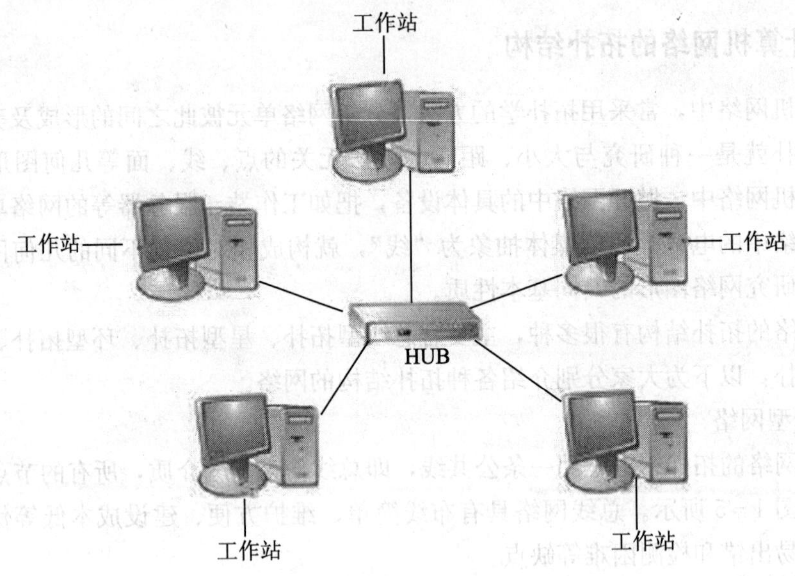

图 1-6　星型网络

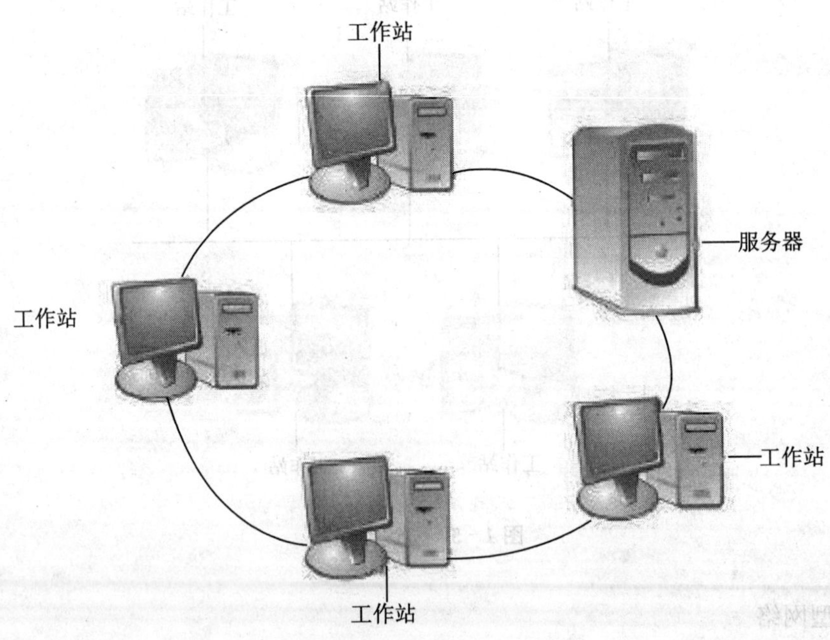

图 1-7　环型网络

4. 树型网络

树型网络又称为分级的集中式网络。其特点是网络成本低，结构简单，如图 1-8 所示。在网络中，任意两个节点之间不产生回路，每个链路都支持双向传输，网络中的节点扩充方便灵活，巡查链路路径比较方便，但在这种结构的网络系统中，除叶节点及相连的链路外，任何一个工作站及其链路产生故障都可能会影响网络系统的正常运行。

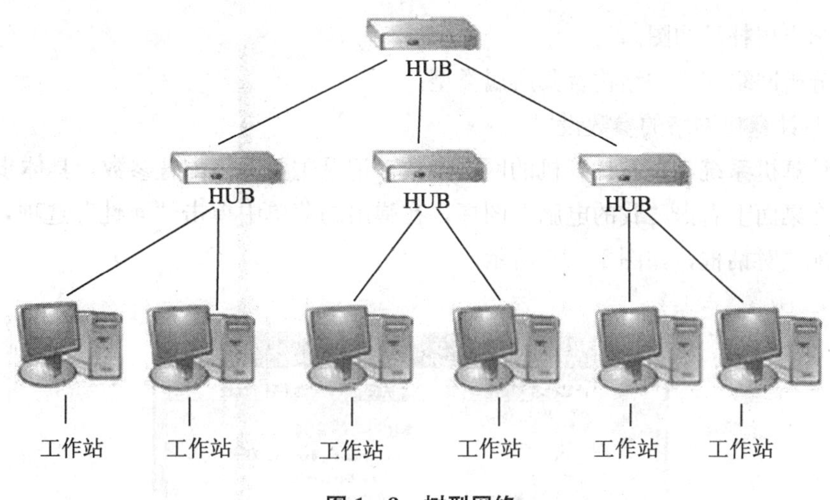

图 1-8　树型网络

5. 网状型网络

网状型网络的拓扑结构是一种无规定的连接方式。其中的每个节点均可能与任何节点相连，如图 1-9 所示。这种结构的网络主要优点是，节点间路径多，可减少碰撞和阻塞，可靠性高，局部的故障不会影响整个网络的正常工作；网络扩充和主机入网比较灵活、简单。但这种网络机制复杂，建网不易。

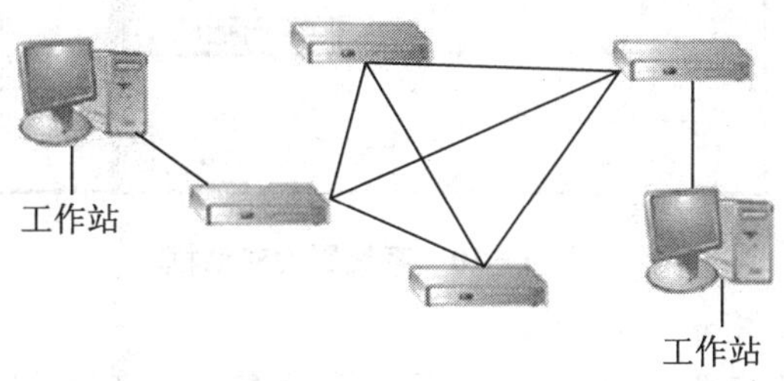

图 1-9　网状型网络

以上介绍的网络拓扑结构是基本结构。在实际组建网络时，局域网采用总线型、星型、环型和树型结构，广域网常采用树型和网状型结构。

任务实施

小明到学校机房，了解计算机网络结构，并画出拓扑结构图，分析属于什么样的网络结构。掌握每台计算机上使用的网络标识、网络协议和网卡的配置。

1. 观察计算机网络的组成并画出网络拓扑结构图

(1) 记录连网计算机的数量、配置、使用的操作系统、网络拓扑结构、网络建成时间等数据。了解服务器如何连接到计算机上（根据现有条件，了解相应的网络设备）。

(2) 画出拓扑结构图。

(3) 分析网络使用的结构及其所属类型。

2. 观察计算机网络的参数设置

进入计算机系统，查看计算机的网络参数，记录主要网络配置参数，具体步骤是：

(1) 在桌面上右击“我的电脑”图标，在弹出的菜单中单击“属性”选项，出现“系统属性”配置对话框，如图 1-10 所示。

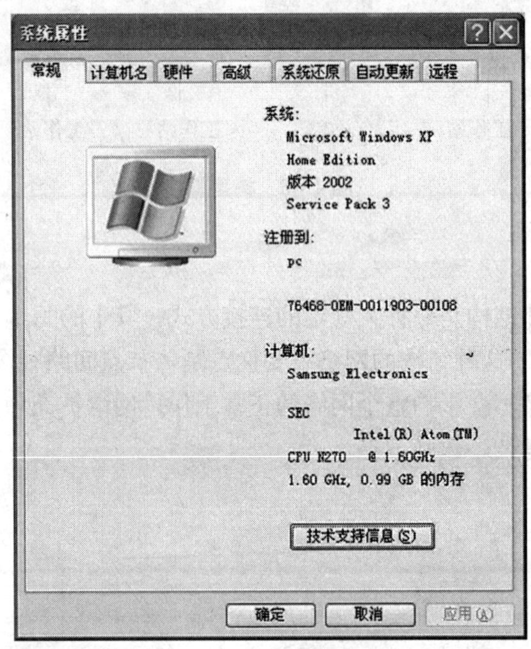

图 1-10　系统属性对话框

(2) 单击“计算机名”选项卡，记下计算机名字、工作组名和计算机说明，如图 1-11所示。

3. 填写学校机房局域网建设情况表，如表 1-1 所示

(1) 地点，参加人员，时间。

(2) 内容：将步骤 1 和步骤 2 的内容作详细记录。

(3) 分析：

①根据机房计算机网络结构，分析属于什么网络类型？为什么使用此种类型？

②如何设置网络协议？

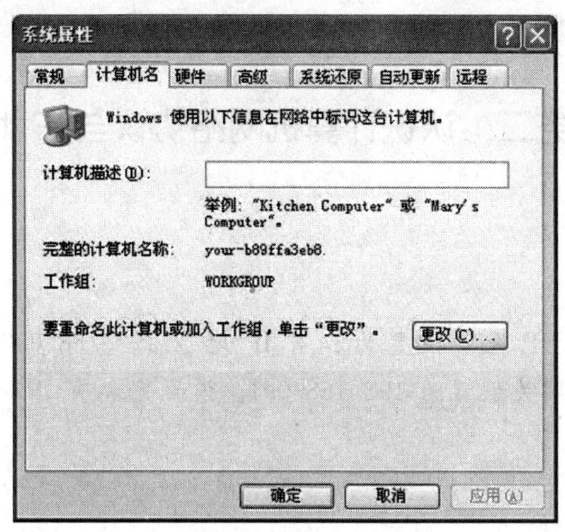

图 1-11　“计算机名”选项卡

表 1-1　学校机房局域网建设情况

时　间		地　点		人　员	
计算机数量		计算机配置			
网络建成时间		操作系统		计算机名	
工作组名		计算机 IP 地址		计算机说明	
网络拓扑结构类型					
拓扑结构图					
为何采用此种类型网络（分析优缺点）					
思考：如何设置网络协议					

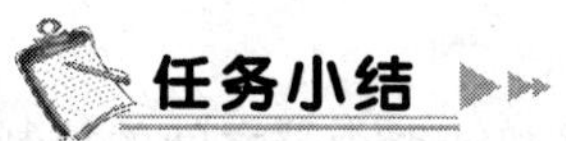

任务小结

机房的网络结构比较简单，但是具有代表性，通过观察与分析，能够直观地了解计算机网络的概念、功能以及拓扑结构。

任务二　认识计算机网络协议与 IP 地址

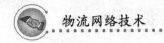

将用户计算机的 IP 地址设置为私有 IP 地址 192.168.0.202，子网掩码设置为 255.255.255.0，默认网关设置为 192.168.0.1。设置完私有 IP 地址后，检查设置是否成功。

任务分析

如果想实现两台计算机连接，或者将计算机连入局域网络，都需要给计算机设置同一网段的 IP 地址、子网掩码和默认网关。在设置完私有 IP 地址、子网掩码和默认网关后，可以通过命令查询具体的网络配置信息。

知识准备

计算机网络是由多种计算机和各类终端通过通信线路连接起来的复杂系统，要进行通信，必须按照双方事先约定的规则进行。这些通信双方事先约定的，必须共同遵守的控制数据通信的规则、标准和约定，称为网络协议。

一、网络协议

网络协议是计算机之间通信的各种规定，只有双方按照同样的协议通信把本地机的信息发出，对方才能接收。因此，每个计算机上都必须安装执行协议的软件。协议对网络是十分重要的，它是网络赖以工作的保证。如果通信双方无任何协议，就根本谈不上双方的信息传输和正确执行。针对网络中不同的问题可以制定出不同的协议。

1. Internet 网络协议

这些协议负责网络中的信息传输，主要包括：

（1）传输控制协议（TCP）。提供用户之间的可靠数据包投递服务。

（2）网际协议（IP）。提供节点之间的分组投递服务。

这两个协议简称为 TCP/IP 协议，规范了网络上的所有通信设备，尤其是一个计算机与另一个计算机之间的数据传输格式以及传送方式。TCP/IP 是 Internet 的基础协议，也是一种数据打包和寻址的标准方法。

（3）网际报文控制协议（ICMP）。传输差错控制信息以及计算机或路由器之间的控制电文。

(4) 用户数据包协议(UDP)。提供用户之间的不可靠无连接的数据包传递服务。

2. Internet 应用协议

(1) 远程终端访问协议(Telnet),即远程登录计算机服务协议。

(2) 文件传输协议(FTP),即在不同网络系统传输文件的协议。

(3) 超文本传送协议(HTTP),即可传输多媒体信息的协议。

(4) 串行线互联网络协议(SLIP)和点对点协议(PPP)。这两种通信协议允许一台计算机通过串行线(利用 MODEM)连接到服务器上,成为互联网上的一个实节点。

3. 其他协议

(1) 互联网分组交互协议(IPX),是局域网 NetWare 的文件重定向模块的基础协议。

(2) 顺序包交换协议(SPX),是一个传输层的面向连接的协议。

二、Windows 系统的三个基本网络协议

Windows 操作系统,其中包含对以下三种基本协议的支持:

(1) IPX/SPX 兼容协议

该协议是针对 Novell NetWare 网络所使用的 IPX/SPX 协议而提供的兼容协议,支持多种 Novell NetWare 网络用户,并提供 NetWare 文件与打印机共享,也能够连接到装配 IPX/SPX 兼容协议的计算机上。

IPX 和 SPX 是两个协议,两者取长补短。其中 IPX 协议提供用户网络层数据接口,使应用程序在互联网上发送和接收数据包。SPX 及其所包含的网络驱动程序在物理层上使数据包传递具有最大可能性,但不能保证传递一定能实现。

(2) TCP/IP 协议

TCP/IP 协议是被广泛接受的连接 Internet 的协议,并且作为众多公司网络的工业标准。在 Windows 操作系统中,TCP/IP 是在同一名称下组合起来的协议集。传输控制协议和网际协议只是其中的两个成员。

(3) NetBEUI 协议

NetBEUI 协议是一种小而快的网络协议,对具有 20~200 个用户的小型非路由网络较实用。NetBEUI 支持基于连接与非连接的信息流,它提供与 Windows for Workgroup、Windows NT Server、LAN Manager 以及其他网络的兼容性。在 Windows 对等网中使用 NetBEUI 协议。

Internet 上的主机是用 IP 地址来区分的,每个主机都有唯一的 IP 地址。IP 地址的使用由专门的 Internet 管理机构来分配。为了人们记忆的方便,以数字字符串的形式对各个主机进行标识。

三、IP 地址

1. IP 地址的分类

当前使用的 IP 地址是根据第 4 版本进行的编码——IPv4,由 4 个字节(32 位)组成,

每个 IP 地址包含两部分：网络号和主机号。网络号用于区分不同的网络，它的长度决定了 Internet 中可以容纳多少个网络。主机号用来标识网络中的主机，它的长度决定了一个网络中可以容纳多少个主机。4 字节的 IP 地址通常用小数点来分隔，每个字节用十进制数来表示，如 172.16.10.1。

Internet 委员会将 IP 地址分为 5 类：A 类、B 类、C 类、D 类和 E 类，各类地址的分配方案，如图 1-12 所示。

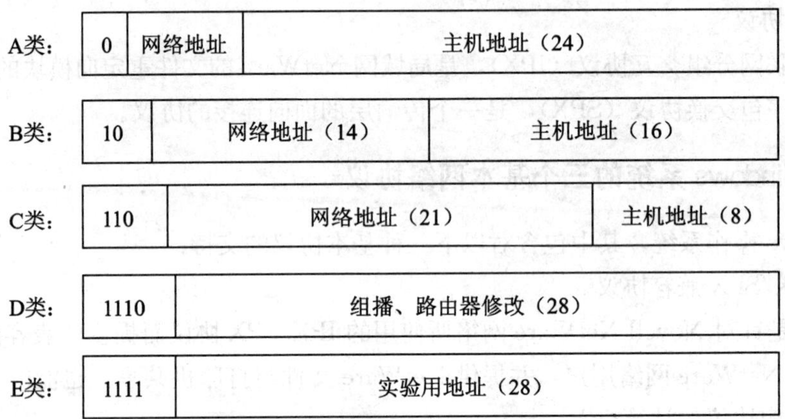

图 1-12　各类网络地址分配方案

A 类地址中，网络地址占 1 个字节（8 位），使用最高位为“0”来标识此类地址，余下 7 位为真正的网络地址，支持 1～126 个网络。后面的 3 个字节（24 位）是主机地址，共提供 $2^{24}-2$ 个端点的寻址。

B 类地址中，网络地址占 2 个字节，使用最高位为“10”来标识此类地址，其余 14 位为真正的网络地址。B 类网络地址第一个字节的十进制值为：128～191。主机地址占后面的 2 个字节，所以 B 类全部的地址有：$(2^{14}-2)\times(2^{16}-2)$ 个。

C 类地址中，网络地址占 3 个字节，它是最通用的 Internet 地址。使用最高 3 位为“110”来标识此类地址，其余 21 位为真正的网络地址，因此 C 类地址支持 $2^{21}-2$ 个网络。C 类网地址第一个字节的十进制值为：192～223。主机地址占最后 1 个字节，每个网络可包含多达 $2^{8}-2$ 个主机。

D 类地址的高端前 4 位二进制为 1110，用于组播。它的网络地址第 1 个字节的十进制为：224～239。

E 类地址的高端前 4 位二进制为 1111，为实验保留地址。它的网络地址第 1 个字节的十进制为：240～255。

区分给定的 IP 地址是属于哪一类地址的方法是从其第 1 个字节的十进制来确实。例如 210.72.200.8，属于 B 类 IP 地址，其中 172.16 是网络号，10.1 是主机号。

IP 地址分为私有 IP 地址和公有 IP 地址两种。

私有 IP 地址是 Internet 分配数据机构（Internet Assigned Numbers Authority, IANA）保留的供专网（Intranet）使用的 IP 地址。这些地址不能在 Internet 上使用。私有地址包括以下 3 部分：

10.0.0.0 ～ 10.255.255.255：1 个 A 类地址

172.16.0.0 ～ 172.31.255.255：16 个 B 类地址

192.168.0.0 ～ 192.168.255.255：256 个 C 类地址

公有 IP 地址是 Internet 上通信所使用的 IP 地址。由 IANA 分配给各国的管理机构，再由各国的管理机构分配给用户，中国的管理机构是 CNNIC。每个公有 IP 地址必须是全球唯一的。

2. 子网掩码

子网掩码（Subnet Mask）用来确定 IP 地址中的网络地址部分。其格式与 IP 地址相同，也是一组 32 位的二进制数。同一网段内的主机子网掩码相同。子网掩码为“1”的部分所对应的是 IP 地址中的网络地址部分，为“0”的部分对应的是 IP 地址中的主机地址部分。例如，对于一个 IP 地址为 202.123.134.100，子网掩码为 255.255.255.0 的主机，则它的网络地址为 202.123.134.0。

A 类、B 类、C 类 IP 地址类默认的子网掩码如表 1－2 所示。

表 1－2　　带点十进制符号表示的缺省子网掩码

地址类	二进制子网掩码	十进制子网掩码
A 类	11111111 00000000 00000000 00000000	255.0.0.0
B 类	11111111 11111111 00000000 00000000	255.255.0.0
C 类	11111111 11111111 11111111 00000000	255.255.255.0

3. 缺省网关

缺省网关（Default Gateway）是指缺省的路由器。只有在不同子网之间进行通信时，才需要配置缺省网关的 IP 地址。在很多公司，企业内部计算机访问 Internet 时，就是通过配置缺省网关来实现的。例如，某公司的内部网络地址为 192.168.0，因为这是私有 IP 地址，所以内部主机不能直接访问 Internet，只能通过在一台主机上设置两块网卡，一块网卡的 IP 地址是 192.168.0 网段的，如 192.168.0.1，另一块网卡的 IP 地址是一个公有 IP 地址，其他主机设置缺省网关。这台有两块网卡的主机就相当于一个路由器。

4. IPv6 简介

IPv6 的提出最初是因为随着互联网的迅速发展，IPv4 定义的有限地址空间将被耗尽。为了扩大地址空间，拟通过 IPv6 重新定义地址空间。IPv4 采用 32 位地址长度，只有大约 43 亿个地址，而 IPv6 采用 128 位地址长度，几乎可以不受限制地提供地址，相当于整个地球每平方米可以分配 1000 多个地址。

任务实施

1. 删除本机中已安装的 TCP/IP

(1) 首先，用鼠标右键单击桌面上的“网上邻居”图标，如图 1－13 所示。

图 1－13　网上邻居

(2) 在弹出的右键菜单中选取“属性”选项，打开“网络连接”对话框，如图 1－14 所示。

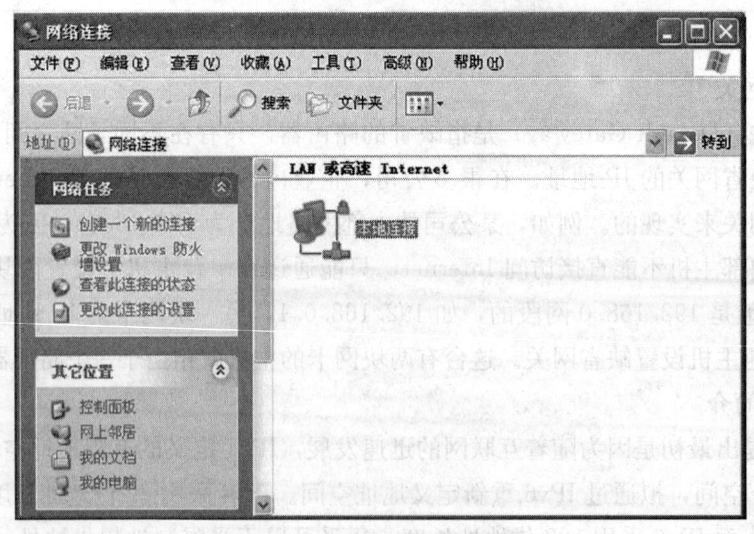

图 1－14　网络连接对话框

(3) 用鼠标右键再单击“本地连接”图标，在弹出的右键菜单中选取“属性”选项，打开“本地连接 属性”对话框，如图 1-15 所示。

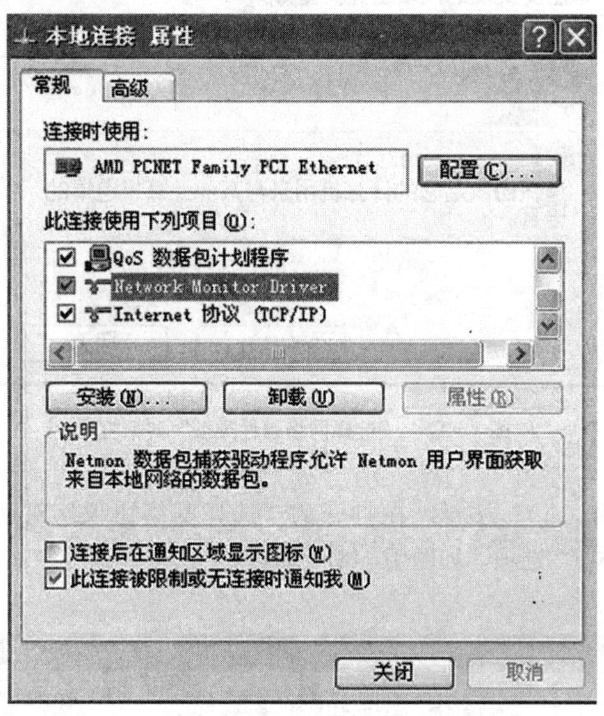

图 1-15　“本地连接　属性”对话框

(4) 勾选如图 1-15 所示“Network Monitor Driver”选项，再单击“卸载”按钮，如图 1-16 所示，单击“是”，等待卸载完成。

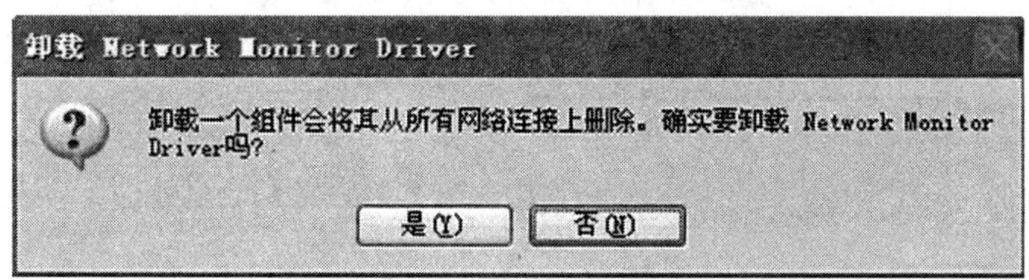

图 1-16　“卸载 Network Monitor Driver”对话框

2. 安装 TCP/IP

(1) 参照“卸载 Network Monitor Driver”的步骤，进入对话框，单击对话框中的“安装…”按钮，在打开的“选择网络组件类型”对话框中选择“协议”，如图 1-17 所示。

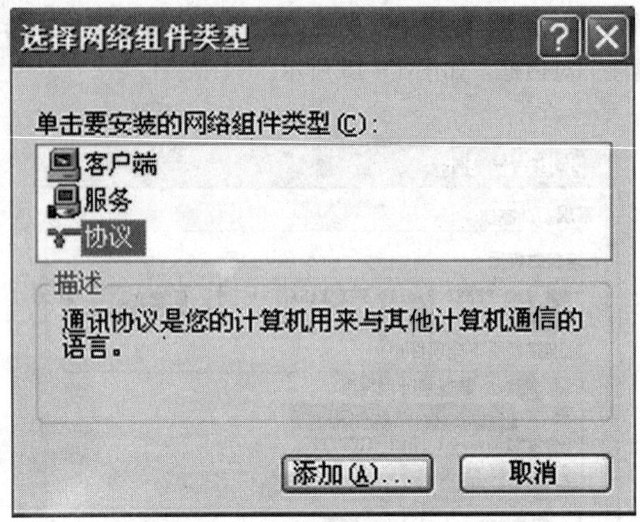

图 1-17 “选择网络组件类型”对话框

(2) 单击“添加（A）”按键，在打开的“选择网络协议”对话框中，选取“Microsoft TCP/IP 版本 6”选项，如图 1-18 所示。

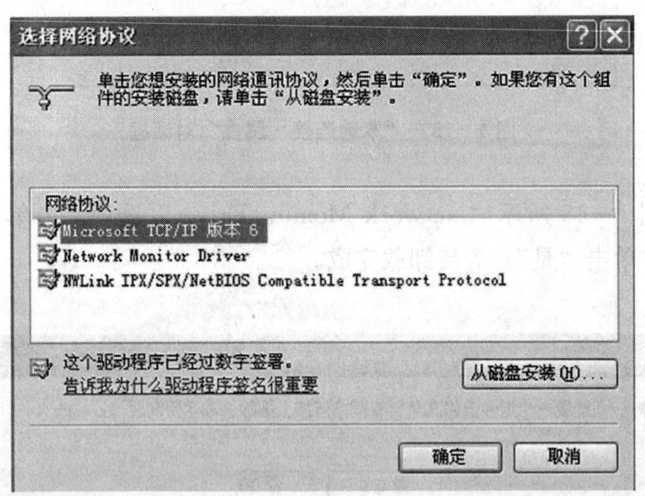

图 1-18 “选择网络协议”对话框

(3) 单击“确定”按键，系统开始从系统复制所需的驱程序文件，开始正式安装 TCP/IP。

3. 配置 IP 地址

(1) 在桌面上用右键单击“网上邻居”图标，在弹出的快捷菜单中选择“属性”命令，如图 1-19 所示。

图 1－19　查看“网络连接”的属性

（2）在打开的“网络和拨号连接”窗口中，用右键单击“本地连接”图标，在弹出的快捷菜单中选择“属性”命令，如图 1－20 所示。

图 1－20　查看“本地连接”的属性

（3）在弹出的“本地连接 属性”对话框的“常规”选项卡下的“此连接使用下列项目”中选择“Internet 协议（TCP/IP）”选项，并单击“属性”按钮，如图 1－21 所示。

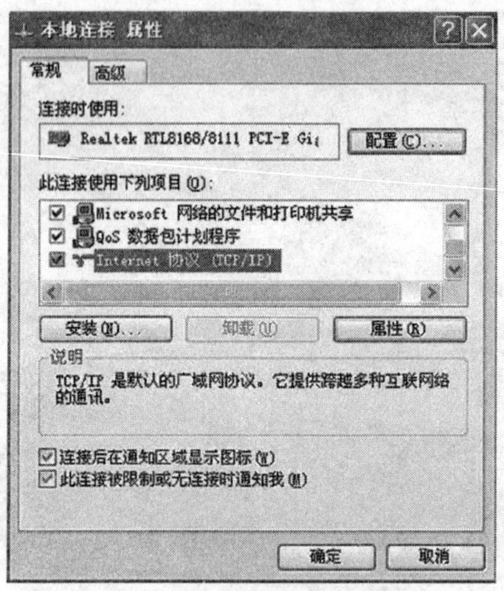

图 1-21 "本地连接 属性"对话框

(4) 打开的"Internet 协议(TCP/IP)属性"对话框中选择"使用下面的 IP 地址"单选按钮，并在 IP 地址文本框中输入 192.168.0.202，在子网掩码文本框中输入 255.255.255.0，在默认网关文本框中输入 192.168.0.1，单击"确定"按钮，完成本机 IP 地址的设置，如图 1-22 所示。

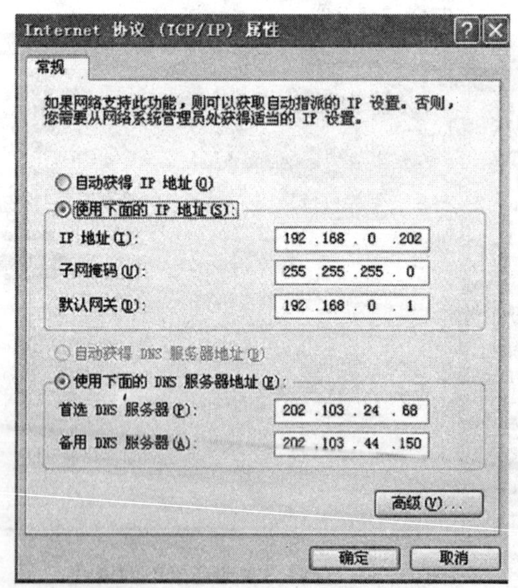

图 1-22 "Internet 协议(TCP/IP)属性"对话框

4. 查看设置结果

(1) 在已经设置好 IP 地址的计算机的桌面任务栏上单击"开始"按钮，选择"运行"

选项，在弹出的“运行”对话框内的“打开”下拉列表框中输入“cmd”并按回车键，如图 1-23 所示，将出现命令提示符窗口，如图 1-24 所示。

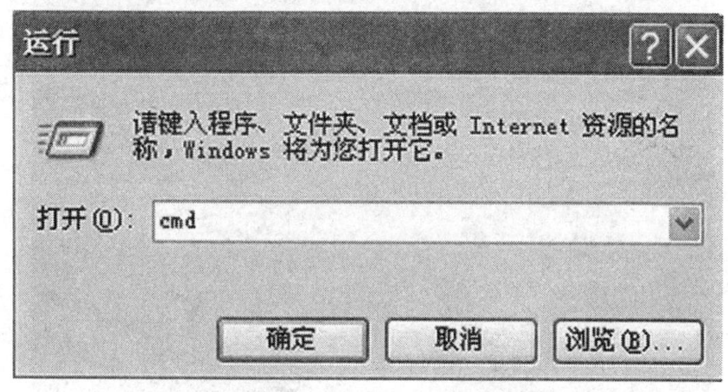

图 1-23　“运行”对话框

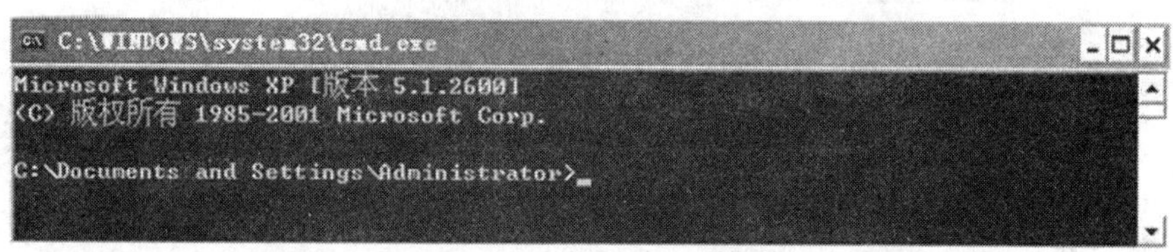

图 1-24　命令提示符窗口

(2) 在命令提示符窗口中输入“ipconfig”并按回车键，将列出计算机的 TCP/IP 配置信息，如图 1-25 所示。

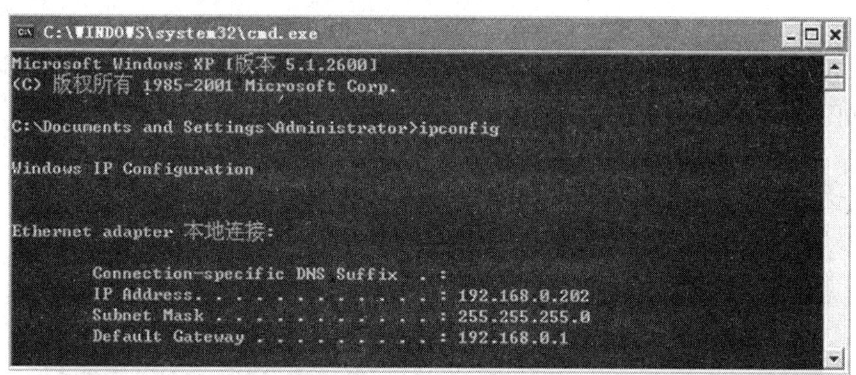

图 1-25　计算机的 TCP/IP 配置信息

(3) 在命令提示符窗口中输入“ipconfig/all”并按回车键，将列出详细的 TCI/IP 配置信息和网卡的 MAC 地址，如图 1-26 所示。

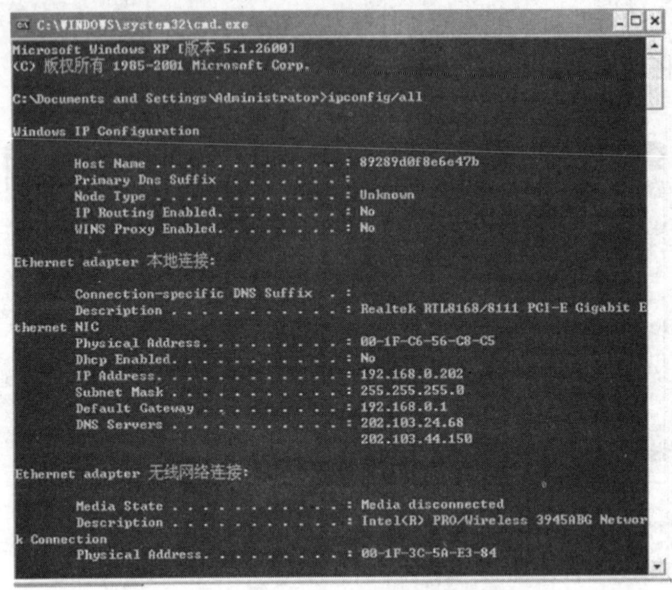

```
C:\WINDOWS\system32\cmd.exe
Microsoft Windows XP [版本 5.1.2600]
(C) 版权所有 1985-2001 Microsoft Corp.

C:\Documents and Settings\Administrator>ipconfig/all

Windows IP Configuration

        Host Name . . . . . . . . . . . . : 89289d0f8e6e47b
        Primary Dns Suffix  . . . . . . . :
        Node Type . . . . . . . . . . . . : Unknown
        IP Routing Enabled. . . . . . . . : No
        WINS Proxy Enabled. . . . . . . . : No

Ethernet adapter 本地连接:

        Connection-specific DNS Suffix  . :
        Description . . . . . . . . . . . : Realtek RTL8168/8111 PCI-E Gigabit E
thernet NIC
        Physical Address. . . . . . . . . : 00-1F-C6-56-C8-C5
        Dhcp Enabled. . . . . . . . . . . : No
        IP Address. . . . . . . . . . . . : 192.168.0.202
        Subnet Mask . . . . . . . . . . . : 255.255.255.0
        Default Gateway . . . . . . . . . : 192.168.0.1
        DNS Servers . . . . . . . . . . . : 202.103.24.68
                                            202.103.44.150

Ethernet adapter 无线网络连接:

        Media State . . . . . . . . . . . : Media disconnected
        Description . . . . . . . . . . . : Intel(R) PRO/Wireless 3945ABG Networ
k Connection
        Physical Address. . . . . . . . . : 00-1F-3C-5A-E3-84
```

图 1-26　详细的 TCI/IP 配置信息和网卡的 MAC 地址

MAC（Medium/MediaAccess Control，介质访问控制）地址是烧录在网上的，MAC 地址也叫硬件地址或物理地址。是由 48 比特/bit 长（6 字节/bye），16 进制的数字组成。0～23 位叫做组织唯一标志符，24～47 位是由厂家自己分配。在网络底层的物理传输过程中，是通过物理地址来识别主机的，它一般也是全球唯一的。

（4）在命令提示符窗口中输入“Ping 192.168.0.1”并按回车键，如果网卡运行正常，则返回如图 1-27 所示的信息。

```
C:\WINDOWS\system32\cmd.exe
C:\Documents and Settings\Administrator>ping 192.168.0.1

Pinging 192.168.0.1 with 32 bytes of data:

Reply from 192.168.0.1: bytes=32 time<1ms TTL=128
Reply from 192.168.0.1: bytes=32 time<1ms TTL=128
Reply from 192.168.0.1: bytes=32 time<1ms TTL=128
Reply from 192.168.0.1: bytes=32 time<1ms TTL=128

Ping statistics for 192.168.0.1:
    Packets: Sent = 4, Received = 4, Lost = 0 (0% loss),
Approximate round trip times in milli-seconds:
    Minimum = 0ms, Maximum = 0ms, Average = 0ms

C:\Documents and Settings\Administrator>
```

图 1-27　网卡运行正常所返回的信息

对计算机网络中最常用的网络协议（TCP/IP 协议）进行管理，有删除、添加、IP 地址的配置和用 Ping 命令检查网络的连通性。

任务三　计算机网络在物流行业的应用

小张受聘于一家物流公司，公司安排小张做网络管理员工作，因业务发展需要，公司让小张了解当地的物流信息平台应用情况，填写“物流信息平台调查表”。

任务分析

现在物流行业竞争激烈，加入合适的物流信息平台能够让物流企业及时了解行业信息，同时也能让客户及时了解物流企业的信息。目前，网上的物流信息平台比较多，一般要选择比较正规、功能齐全、访问量大的平台。可以通过搜索引擎查找几个平台进行比较。

知识准备

现代物流的特点就是系统化和网络化，目前物流系统全部是网络化的运作，很少有物流系统是点对点的单线管理与优化。因此物流信息化的最大趋势就是网络化与智能化。

一、不同范围的物流网络应用

企业内部的生产物流管理系统往往是与企业生产系统的运作与管理相融合，物流系统作为生产系统的一部分，在企业生产管理中起着非常重要的作用。企业内部物流系统的网络架构，往往都是以企业内部局域网为主体建设的独立网络系统。

物流公司，面对大范围的物流作业，由于货物分布在全国各地，并且货物在实时移动过程中，因此物流的网络化信息管理往往借助于互联网系统与企业局域网相结合应用，也有企业全部采用局域网技术。

物流中心，物流网络往往基于局域网技术，也采用无线局域网技术，组建物流信息网络系统。

二、计算机网络在物流行业的具体应用

网络在物流行业的应用有很多，主要有以下 3 种情况：

1. 物流信息平台的运用

构筑在国际互联网这一最大的网上公共平台上，具有开放度高、资源共享程度高等优点。互联网的跨区域能够实现整个物流运作过程的信息传递，提供平台与各供应链环节的信息系统无缝结合，这将使物流企业达到运作信息的及时和统一。

2. EDI 信息系统的运用

20 世纪 90 年代中期随着“EDI 中心”增值服务的出现和行业标准逐步发展为通用标准，加快了 EDI 的应用和跨行业 EDI 的发展。EDI 在贸易伙伴间长期、稳定的供求链中发挥着重要的作用。快速响应，实现及时制（Just in Time），降低交易成本，即时订货均体现了 EDI 的功效。

信息系统的一体化需要在买方、卖方和物流第三方的许多实体间移动数据和传递指令，传统的 EDI 是大型企业惯用的极为有力的数据交换工具，但因其复杂性而使许多企业难以接受。随着互联网的兴起，基于互联网的 EDI、XML 等新的工具不断出现，特别是两者的结合具有比 EDI 更好的灵活性，能更容易地在数据库之间移动信息，从而使一体化过程简单得多。

3. 网络 GPS 技术的运用

目前有很多物流信息公司推出网络 GPS 服务，它可以向物流企业提供以下功能：实时监控功能，双向通信功能，动态调度功能，数据存储、分析功能。

我们通过网络 GPS 的优点可以看到它在技术运用上的强大优势，这种优势有助于物流企业具体业务的开展，例如，各物流运输企业都可以充分运用自己的权限，进入网络 GPS 监控界面对车辆进行监控、调度、即时定位等操作。物流运输企业通过使用网络 GPS 技术不仅能够提高服务质量和管理水平，实施运输全过程动态管理；而且有助于提升企业形象，树立良好的品牌，在激烈的市场竞争中取得成功。

物流企业通过物流联盟的建立以及物流相关技术的运用后，为他们改变目前落后的管理，尽快向现代物流企业转变提供可能，为新经济的“鼠标加轮子”模式奠定了基础。

三、物流信息平台的主要功能

1. 数据交换功能

物流信息平台汇集了各大物流运作设施信息系统，以及各相关行业、各类物流企业和政府相关部门等各类信息系统的信息。但是各类繁杂的信息不标准、不统一，所以信息平台应该能够将所有物流信息标准化、规范化。

2. 会员服务功能

为注册会员提供个性化服务。主要包括会员单证管理、会员的货物状态和位置跟踪、交易跟踪、交易统计、会员资信评估等。

3. 信息发布服务功能

该功能以 Web 站点的形式实现，企业只要通过 Internet 连接到信息平台 Web 站点上，就可以获取站点上提供的物流信息。这类信息主要包括水、陆运输价格，新闻和公告，政

务指南，货源和运力，航班船期，空车配载，铁路车次，适箱货源，联盟会员，职业培训，政策法规等。

4. 物流业务交易功能

交易系统为供方和需方提供一个虚拟交易市场，双方可发布和查询供需信息，并且为有意向的双方进行交易提供交流平台。

5. 智能配送系统

利用物流中心的运输资源、商家的供货信息和消费者的购物信息进行最优化配送，使配送成本最低，在用户要求的时间内将货物送达。包括路线的选择、配送的发送顺序、配送的车辆类型、客户限制的发送时间。

6. 货物跟踪功能

物流企业和客户可以利用 GPS 技术与 GIS 技术，通过局域网或互联网实时跟踪货物及运输车辆的状况，从而为物流企业的高效率管理及高质量的服务提供技术支持。

7. 库存管理功能

利用物流信息平台对整个供应链进行整合，使库存量能在满足客户服务的条件下达到最低库存。最低库存量的获得需要大量历史数据的积累和分析，要考虑客户服务水平、库存成本、运输成本等方面综合因素，最终使总成本达到最小。

8. 决策分析功能

通过对已有数据的分析，帮助管理人员鉴别、评估和比较物流战略和策略上的可选方案。典型分析包括车辆日程安排、设施选址、顾客服务分析等。

9. 金融服务功能

相关法律法规的建立和网络安全技术的进一步完善使物流信息平台网络实现金融服务，如保险、银行、税务、外汇等。在此类业务中，信息平台起一个信息传递的作用，具体业务在相关部门内部处理，处理结果通过信息平台返回客户。

任务实施

1. 学生分组上网利用搜索引擎搜索“物流信息平台”，至少查找三个涵盖本地区的物流信息平台。

（1）登录“百度”搜索，输入搜索关键字，如“物流信息平台 广州”进行查找。

（2）找到相应的网站，填写“物流信息平台调查表”，如表 1－3 所示。

表 1－3　物流信息平台调查

调查项目	1	2	3	其他
平台名称				
平台网址				

续 表

调查项目	1	2	3	其他
主办单位				
覆盖地区				
访问量（人气）				
数据交换功能	有□ 无□	有□ 无□	有□ 无□	有□ 无□
会员服务功能	有□ 无□	有□ 无□	有□ 无□	有□ 无□
信息发布服务功能	有□ 无□	有□ 无□	有□ 无□	有□ 无□
物流业务交易功能	有□ 无□	有□ 无□	有□ 无□	有□ 无□
智能配送系统	有□ 无□	有□ 无□	有□ 无□	有□ 无□
货物跟踪功能	有□ 无□	有□ 无□	有□ 无□	有□ 无□
库存管理功能	有□ 无□	有□ 无□	有□ 无□	有□ 无□
决策分析功能	有□ 无□	有□ 无□	有□ 无□	有□ 无□
金融服务功能	有□ 无□	有□ 无□	有□ 无□	有□ 无□
其他功能	有□ 无□	有□ 无□	有□ 无□	有□ 无□

2. 在完成“物流信息平台调查表”之后，小组讨论，综合考虑各种因素进行比较选择，确定加入哪一个物流信息平台。

（1）看平台是否规范，有公信力。

（2）看平台覆盖区域是否符合公司需要。

（3）看平台人气是否旺盛。

（4）看平台功能是否齐全，是否满足公司的要求。

任务小结

网络飞速发展，直接、间接地为物流发展提供了契机，目前在物流行业中的应用越来越广泛。通过这项任务可以让我们直观地了解网络对物流业的重要影响。同时，我们在今后进入物流行业工作时，也能够利用网络这一强大工具帮助自己、帮助公司更好的发展。

模块综合复习题

一、理论题

1. 计算机网络的定义。

2. 计算机网络按覆盖范围的分类。

3. 什么是网络协议，有什么作用？

4. 网络在物流中主要有哪些应用？

5. 物流信息平台主要有哪些功能？

二、操作题

［练习目的］掌握在 Windows XP 系统中协议的安装与设置。

［练习设备］PC 机一台。

［练习内容］

1. 安装 IPX/SPX 兼容协议、TCP/IP 协议和 NetBEUI 协议。

2. 设置 IP 地址为：192.168.0.10，子网掩码为：255.255.255.0，网关为：192.168.0.1，DNS 为：202.102.24.34。

项目二　传输介质与设备

知识目标

1. 认识常用网络传输介质。
2. 认识交换机。
3. 认识路由器。

能力目标

1. 能辨别网络传输介质，能制作双绞线。
2. 能够运用交换机和路由器构建互联网络。
3. 能够配置 IP 路由器。

网络系统是由操作系统与网络硬件两大部分组成的。计算机的操作系统，如 Windows 和 Linux 等；计算机网络硬件，如服务器、工作站、连接的通信介质、网络接口适配器、交换机、路由器等硬件设备，是构成网络拓扑结构的基本条件。其中通信传输介质是网络系统的重要组成部分，是计算机网络的一个基本元素；而计算机网络设备技术又是构造网络系统、实现通信传输的关键技术。

任务一　网络传输介质

任务导入

小陈受聘于一家公司工作，公司安排小陈做网络管理员工作，公司先让小陈了解公司目前对网络的需求，了解公司现有的计算机与网络设备。

经过一段时间的工作了解，小陈很快了解到公司对组网的要求，公司刚购买回一批网络设备与网络传输介质，公司要求小陈对现有的网络进行重新的改造。

任务分析

在进行网络系统的升级改造时，先对现有网络系统进行了解，了解现有网络系统的拓扑图、传输介质的类型和网络设备。再对现有网络进行升级，如修改网络拓扑，对网络传输介质进行连接等。

知识准备

在建立一个网络之前，首要的问题就是确定最合适的传输介质。传输介质可分为有线和无线两种。有线仅是利用双绞线或光缆来充当传输导体，而无线则不必。

一、认识双绞线

双绞线已成为目前网络组网中使用最广泛的传输介质，双绞线在市场上占据了很大的份额。

1. 双绞线的结构

双绞线是在局域网中应用最多的一种传输介质，内部是由八根不同颜色的铜导线组成，为了减少电磁信号的相互干扰，每两根按一定的密度缠绞在一起。这样，在传输电信号时相互之间辐射出的电波就会相互抵消，有效地消除干扰。双绞线这个名字也是因为这样的结构而引伸出来的。在外部，有一层韧性高的外皮保护，如图 2-1 所示。

2. 双绞线的分类

双绞线的分类有两种，一种是按照线缆是否屏蔽将双绞线分为屏蔽双绞线（Shielded Twisted Pair，STP）与非屏蔽双绞线（Unshielded Twisted Pair，UTP）。屏蔽双绞线在双绞线与外层绝缘封套之间有一个金属屏蔽层。屏蔽层可减少辐射，防止信息被窃听，也可阻止外部电磁干扰的进入，使屏蔽双绞线比同类的非屏蔽双绞线具有更高的传输速率，但价格较高，安装也比较复杂。非屏蔽双绞线是一种数据传输线，UTP 无金属屏蔽材料，只有一层绝缘胶皮包裹，价格相对便宜，组网灵活。另一种是按照电气特性分为 3 类、4 类、5 类、超 5 类、6 类和 7 类双绞线等类型，数字越大技术越先进、带宽也越宽、价格也越高。目前在局域网中常用的是 5 类、超 5 类或 6 类非屏蔽双绞线，在最大传输距离和传输速度方面，双绞线的最长传输距离为 100m，最高传输速率 100 Mb/s。双绞线如图 2-2 所示。

图 2-1 双绞线

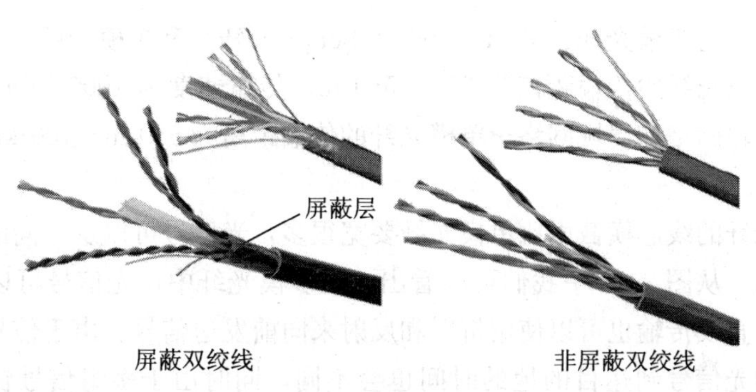

图 2-2 双绞线类型

3. 非屏蔽双绞线的特点

非屏蔽双绞线具有以下优点：

（1）无屏蔽外套，直径小，节省所占用的空间；

（2）重量轻、易弯曲、易安装；

（3）将串扰减至最小或加以消除；

（4）具有阻燃性；

（5）具有独立性和灵活性，适用于结构化综合布线。

二、认识光纤

光纤是一种以玻璃纤维为载体对光进行传输的介质，它具有重量轻、频带宽、不耗电、抗干扰能力强以及传输距离远等特点，在目前通信市场被广泛应用，如图 2－3 所示。

1. 光纤的结构

光纤由外部保护层，内部敷层及光纤核心组成。其中外部保护层主要是为了保护光纤的内部，通常都会使用非常坚硬的材料制成，内部敷层主要是防止光信号的泄露。在光纤的核心部分，是传输光信号的主要部分，一般都是使用石英玻璃制成，横截面积非常小，光纤的线芯直径一般都被设计为 62.5μm 或 150μm。还有一种是没有外部保护层和内部敷层的光纤，我们称之为裸光纤，光纤跳线就是裸光纤的一种，如图 2－4 所示。

图 2－3　光纤　　**图 2－4　光纤内部结构**

2. 光纤分类

光纤通常被分为多模光纤（Multi Mode Fiber，MMF）和单模光纤（Single Mode Fiber，SMF），多模光纤的传输距离为 220～550 m，传输速度为 1000 Mbit/s，常用于中、短距离的数据传输网络和局域网络；单模光纤的传输距离为 550 m～100 km，传输速度为 1000 Mbit/s。

（1）多模光纤的线芯横截面比单模光纤要宽很多，光信号可以从不同的角度进入光纤的线芯进行传输。从图 2－5 中我们可以看出，在多模光纤中，光信号可以以不同的模式进行传输，可以直线传输也可以使用折射和反射来向前发送信号。由于信号的发送模式不同，进入光纤的光信号到达目的地的时间也会不同，同时由于多组信号在一条通道上传输，形成光散的可能性也较大。

（2）单模光纤的线芯横截面通常很窄，只能有一道光信号传输，由于只使用单独模式的光信号，所以在单模光纤中，无光的信号色散，这使得传输信号的距离会更长，传输数据量也更高，如图 2-6 所示。

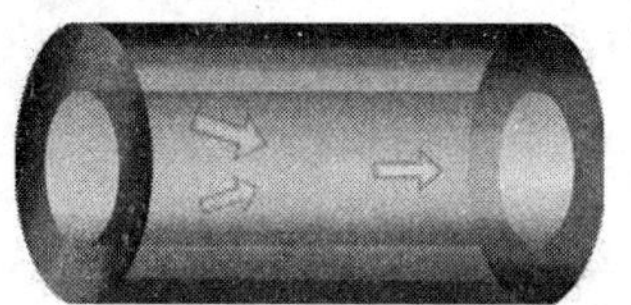

图 2-5　多模光纤

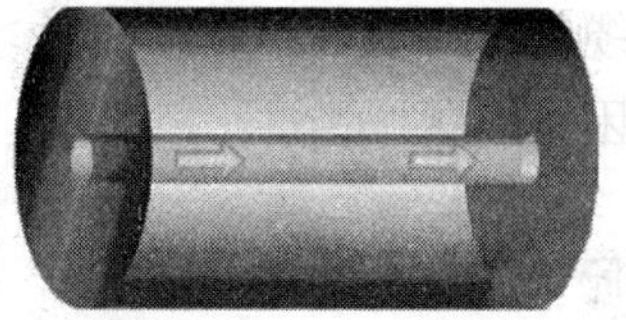

图 2-6　单模光纤

在光纤当中，通常需要有连接器来连接光纤发送器和接收器，通常我们在市场上可以买到光纤的各种连接器，如图 2-7 所示。

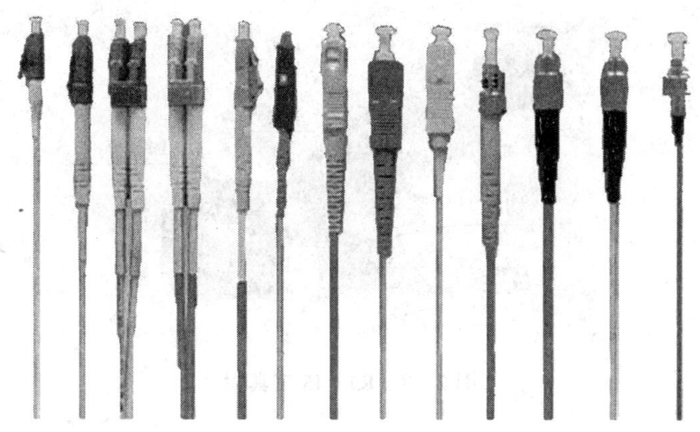

图 2-7　连接器

3. 光纤优缺点

（1）光纤的优点：

①通信容量大、传输距离远；

②信号串扰小、保密性能好；

③抗电磁干扰、传输质量佳，电通信不能解决各种电磁干扰问题，唯有光纤通信不受各种电磁干扰；

④光纤尺寸小、重量轻，便于敷设和运输；

⑤材料来源丰富，环境保护好，有利于节约有色金属铜；

⑥无辐射，难于窃听，因为光纤传输的光波不能跑出光纤以外；

⑦光缆适应性强、寿命长。

(2) 光纤的缺点：

①质地脆，机械强度差；

②光纤的切断和接续需要一定的工具、设备和技术；

③分路、耦合不灵活；

④光纤光缆的弯曲半径不能过小（>20 cm）；

⑤有供电困难问题。

任务实施

1. 网线的制作工具

网线制作工具是 RJ－45 工具钳，该工具上最前端是剥线口，它用来剥开双绞线外壳。中间是压制 RJ－45 头工具槽，可将 RJ－45 头与双绞线合成。离手柄最近端是锋利的切线刀，此处可以用来切断双绞线，如图 2－8 所示。

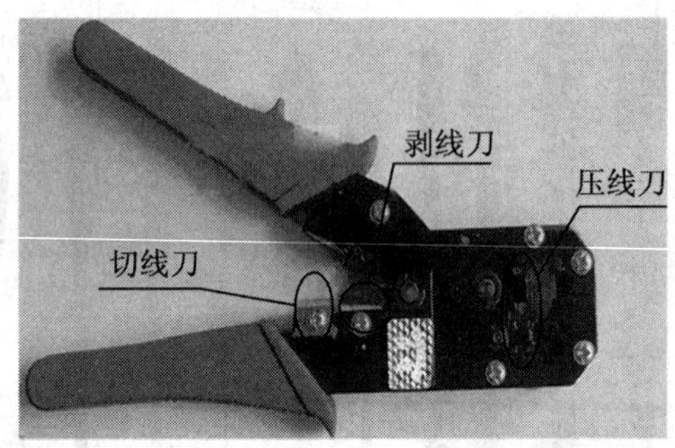

图 2－8 RJ－45 工具钳

2. 网线制作所需材料

网线制作材料是 RJ－45 头和双绞线。由于 RJ－45 头像水晶一样晶莹透明，如图 2－9 所示，所以也被俗称为水晶头，每条双绞线两头通过安装 RJ－45 水晶头来与网卡和交换机路由器等相连。而双绞线是指封装在绝缘外套里的由两根绝缘导线相互扭绕而成的四对线缆，它们相互扭绕是为了降低传输信号之间的干扰。

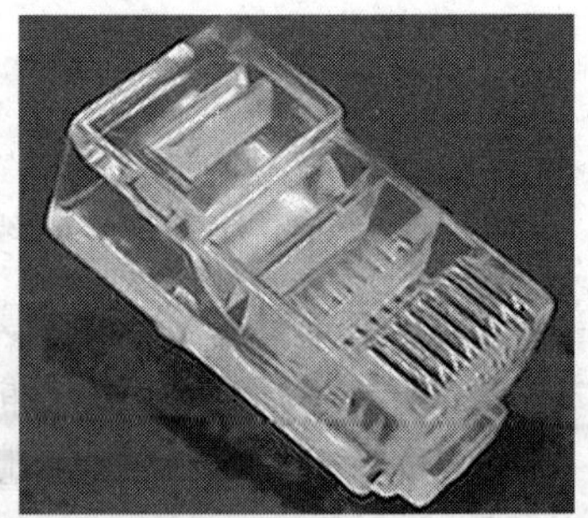

图 2－9 水晶头

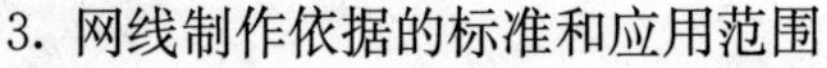

3. 网线制作依据的标准和应用范围

双绞线做法有两种国际标准：EIA/TIA568A 和 EIA/TIA568B，而双绞线的连接方法也主要有直通线缆和交叉线缆两种。直通线缆的水晶头两端都遵循 568A 或 568B 标准，双绞线的每组线在两端是一一对应的，颜色相同的在两端水晶头的相应槽中保持一致。它主要用在交换机 Uplink 口连接交换机普通端口或交换机普通端口连接计算机网卡上。而交叉线缆的水晶头一端遵循 568A，而另一端则采用 568B

标准，即A水晶头的1、2对应B水晶头的3、6，而A水晶头的3、6对应B水晶头的1、2，它主要用在交换机普通端口连接交换机普通端口或网卡连网卡上。如图2-10所示。

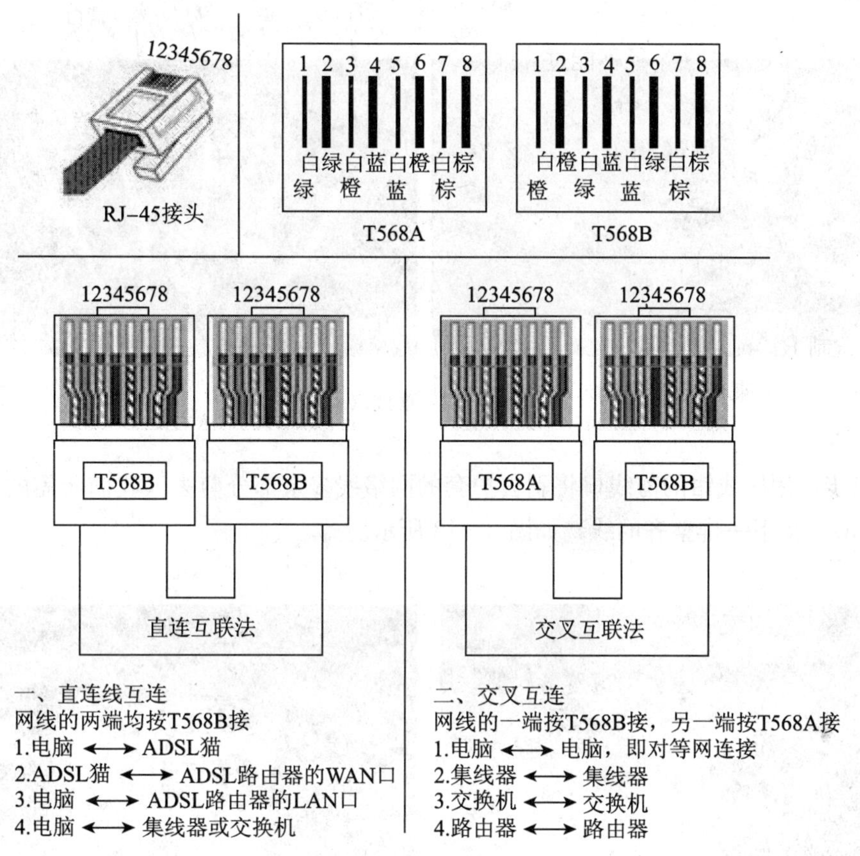

图2-10　RJ-45排线示意

4. 网线制作的步骤

第一步：用压线钳的剥线口将网线外层的护套剥去。如图2-11所示。

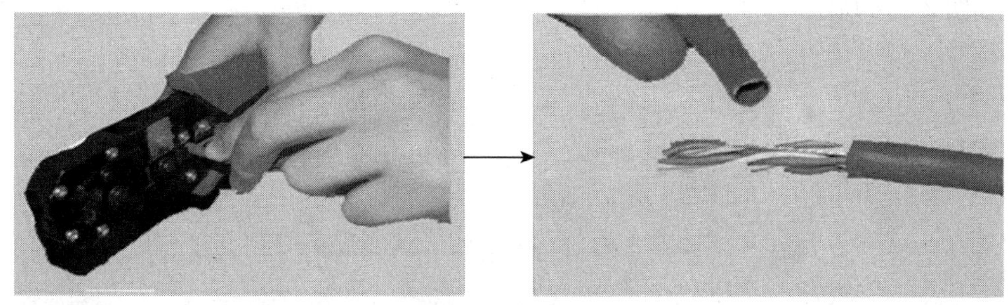

图2-11　剥线

第二步：将 4 对双绞线分开、捋直，按照“橙白—橙—绿白—蓝—蓝白—绿—棕白—棕”的次序排列好，并让线与线紧紧地靠在一起，如图 2－12 所示。

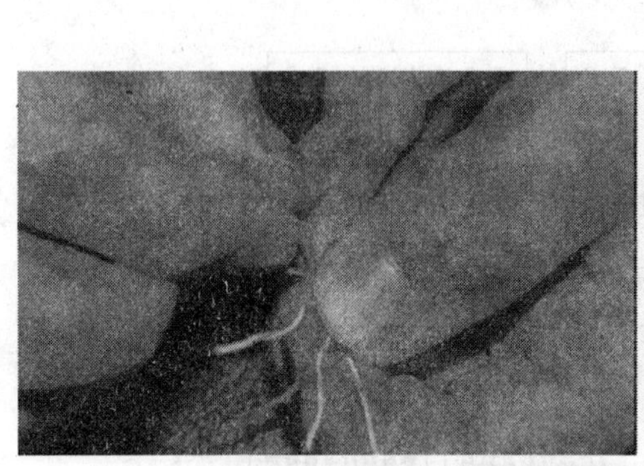

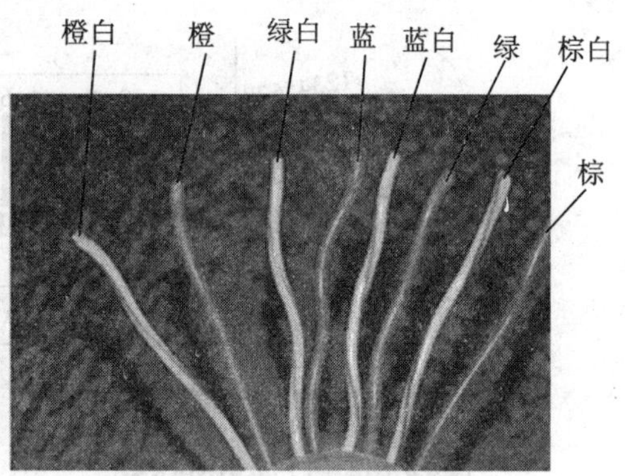

图 2－12　理线（a）

第三步：用压线钳的剪线口将剥去护套的网络线多余部分剪去（我们所需的长度大概是 15 mm），留下一排整齐的线，如图 2－13 所示。

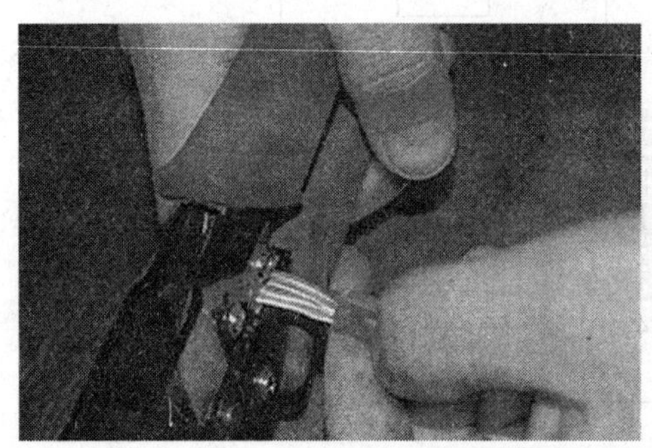

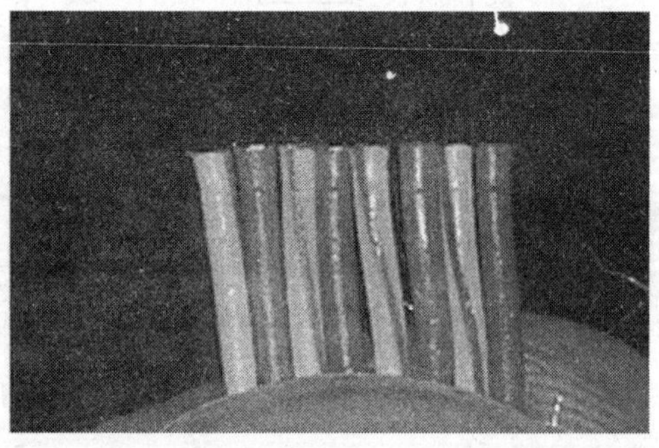

图 2－13　理线（b）

第四步：套上水晶头。注意水晶头的簧卡朝下，网线的 8 根内芯一定要伸入水晶头底部，如图 2－14 所示。

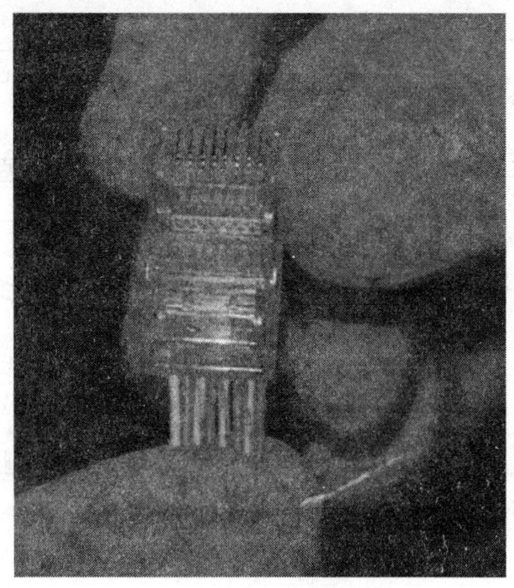

图 2－14　插线

第五步：将水晶头放入压线钳的压线口，用劲握压线钳手柄。最好是反复握几次。压制过与未压制过的水晶头对比，左侧为压制过的，铜压刀已经完全没入水晶头，如图 2－15所示。

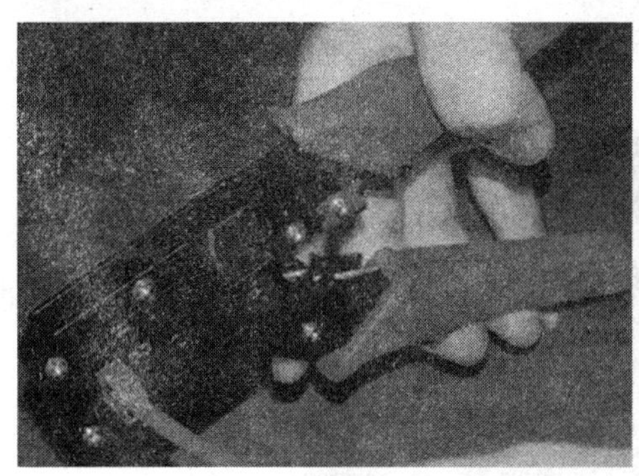

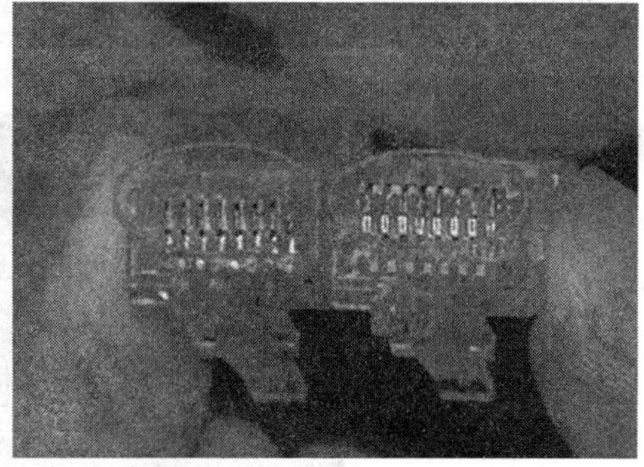

图 2－15　压水晶头

小贴士

利用压线钳的机械压力使 RJ—45 头中的刀片首先压破线芯绝缘护套，然后再压入铜线芯中，实现刀片与线芯的电气连接。每个 RJ—45 头中有 8 个刀片，每个刀片与 1 个线芯连接。注意观察压接后 8 个刀片比压接前低。如图 2－16 所示。

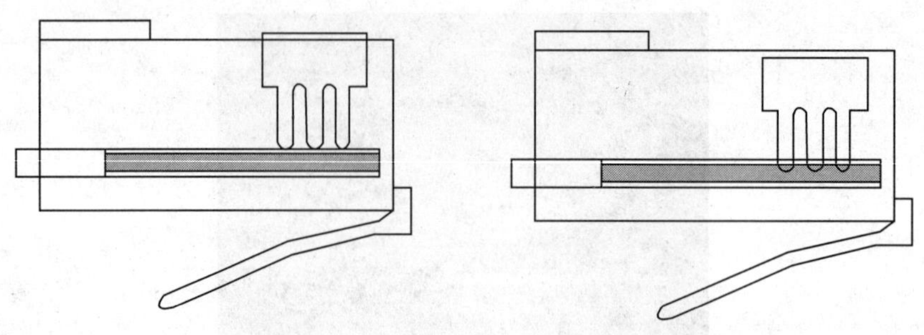

图 2-16 RJ-45 头刀片压线位置示意

第六步：双绞线测试。打开电源，将网线插头分别插入主测试器和远程测试器，主机指示灯从 1 到 G 逐个顺序闪亮，如图 2-17 所示。

主测试器：1—2—3—4—5—6—7—8—G

远程测试器：1—2—3—4—5—6—7—8—G（RJ-45）

若接线不正常，按下述情况显示：

（1）当有一根网线如 3 号线断路，则主测试仪和远程测试端 3 号灯饰都不亮。

（2）当有几条线不通，则几条线都不亮；当网线少于 2 根线连通时，灯都不亮。

（3）当两头网线乱序，例 2 线与 4 线乱序，则显示如下：

主测试器不变：1—2—3—4—5—6—7—8—G

远程测试端为：1—4—3—2—5—6—7—8—G

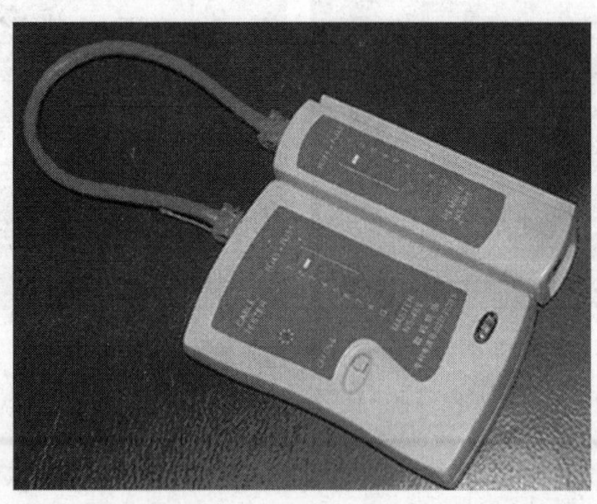

图 2-17 测试网线

任务小结

本任务讲述了双绞线和光纤的结构，对双绞线和光纤的分类、优缺点进行讲述；重点是分析双绞线水晶头制作所需的材料、制作过程和对制作完后的测试等。在双绞线的制作

过程中，一定要注意直连互联法与交叉互联法在制作方面的不同，在网络的连接方面也不同。

任务二　认识交换机

某公司现要组建一个公司内部小型局域网。公司的现有十几台计算机，因公司的发展需要，需要将这十几台计算机互联成一个小型的局域网以便于公司内部开展工作，作为公司的网络管理员，你应该如何操作？

任务分析

对公司现有条件的分析，该公司要将十几台计算机组建成一个小型的局域网络，在局域网的组建过程中，作为一名网络管理员要对公司的网络进行规划设计，得出公司内部网络拓扑结构；因该公司只要将 10 几台计算机互联即可，因此该公司的网络拓扑结构为星型结构，在星型的网络结构中，需要一台网络设备充当星型网络结构的核心，该网络设备从性能与经济方面所作出的选择最好是交换机。

知识准备

交换机（Switch）工作在 OSI 参考模型的第 2 层，是一种计算机级联设备，如图 2－18所示。“交换机”并无准确的定义和明确的概念，而现在的很多交换机已混杂了网桥和路由器的功能。交换机的出现加快了数据的转发速度。

图 2－18　交换机

1993 年，局域网交换设备出现。1994 年，国内掀起了网络交换技术的热潮。其实，交换技术是一个具有简化、低价、高性能和高端口密集特点的交换产品。交换机按每一个包中的 MAC 地址相对简单地决策信息转发，而这种转发决策一般不考虑包中隐藏的更深的其他信息，“交换”指在发送数据的同时可以接收数据，所以交换就像现在的双行车道公路一样，有两个方向的车可以同时行走，而提高车的行走速度。

一、交换机的数据传递方式

交换机具有物理地址学习功能，它会把连接到自己身上的物理地址记住，形成一个节点与物理地址对应表。当交换机接受数据的传入时，交换机对传入数据包的目的 MAC 地址进行检查，如果目的 MAC 地址不在交换机的内部 MAC 地址表中，则交换机就广播该数据包到所有的端口，接收端口回应后交换机会“学习”新的地址，并把它添加入内部 MAC 地址表中，如图 2－19 所示；如果目的 MAC 地址在交换机的内部 MAC 地址表中，则交换机使数据帧直接由源地址到达目的地址，如图 2－20 所示。

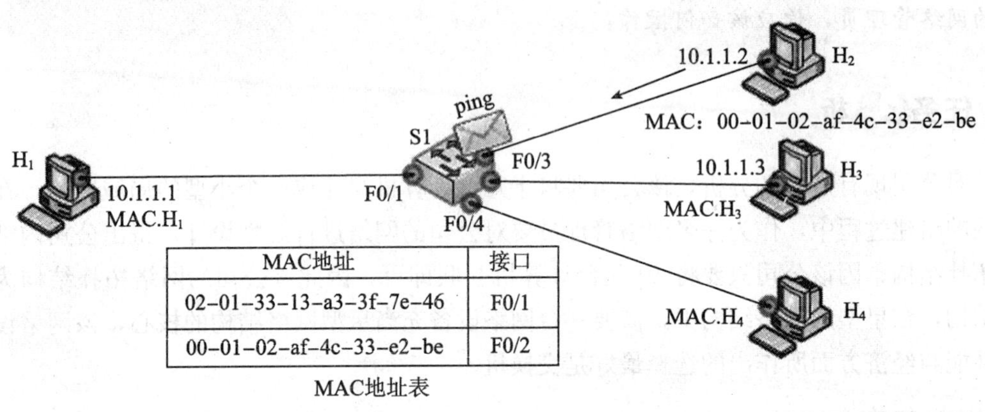

图 2－19 广播方式数据传输

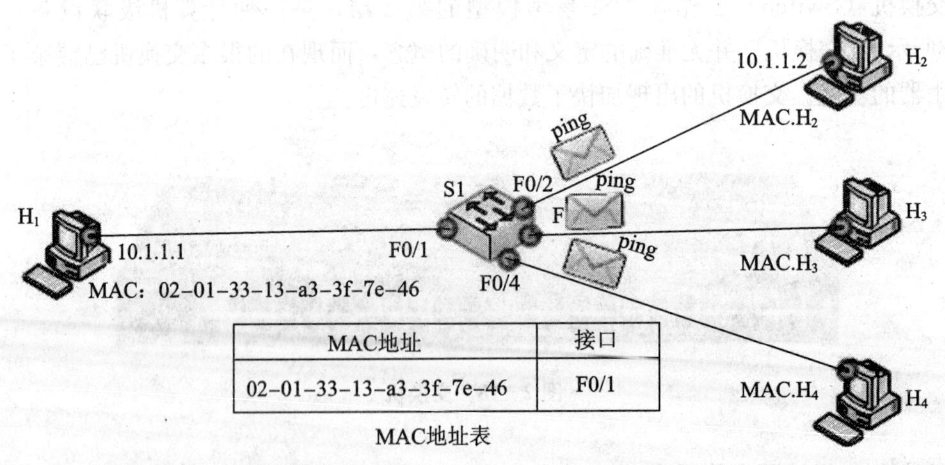

图 2－20 点对点数据传输

二、交换机的功能

(1) 交换机提供了大量可供线缆连接的端口，这样可以采用星型拓扑结构布线。

(2) 交换机在转发帧时，交换机会重新产生一个不失真的方形电信号。

(3) 交换机在每个端口上都会使用相同转发或过滤逻辑。

(4) 交换机将局域网分为多个冲突域，每个冲突域都是有独立的宽带，因此，大大提高了局域网的宽带。

(5) 交换机还提供了更先进的功能，如虚拟局域网（VLAN）和更高的性能。

三、交换机的传输速度

交换机的传输速度是指交换机端口的数据交换速度。目前常见的有 10Mbps、100Mbps、1000Mbps 等几类。除此之外，还有 10GMbps 交换机，但目前很少。

10Mbps/100Mbps/1000Mbps 自适应交换机适合工作组级别使用，纯 100Mbps 或 1000Mbps 交换机一般应用在部门级以上的应用或骨干级别的应用当中。10GMbps 的交换机主要用在电信等骨干网络上，其他应用很少涉及。

四、交换机的选购

1. 核心交换机的选择

核心交换机肩负着信息交换“中枢”的重任，所以必须是一台全线速、无阻塞的交换设备。并且随着端口数和负荷的增加，它的性能应该呈上升趋势，这就要求核心交换机具备很高的设计参数。所以在选购核心交换机时，应从模块化结构、三层交换机、企业需求、可靠性、最佳性价比等方面进行选购。

2. 骨干交换机的选择

骨干交换机可以是固定配置，也可以是模块化配置，通常拥有 12 个以上 1000Mbps 端口，实现与工作组交换机的高速连接。为实现与核心交换机的远程连接，还应当拥有 2 个光纤接口或插槽。骨干交换机应当是智能交换机，支持基于端口的 VLAN，能够实现端口管理，可以对流量进行控制。骨干交换机除了应当是千兆交换机外，还应当是固定配置和可网络管理的。

3. 工作组交换机的选择

工作组交换机为固定配置，拥有 24 个或 48 个 10/100Mbps 端口，为了实现与骨干交换机或其他工作组交换机的高速连接，甚至可以拥有 2 个 1000Mbps 端口或插槽。如果企业网络对安全性要求不高，工作组交换机可以选用不可网管交换机（也称傻瓜交换机）。

任务实施

1. 针对以上任务的描述要求，画出该公司的网络拓扑结构，如图 2－21 所示

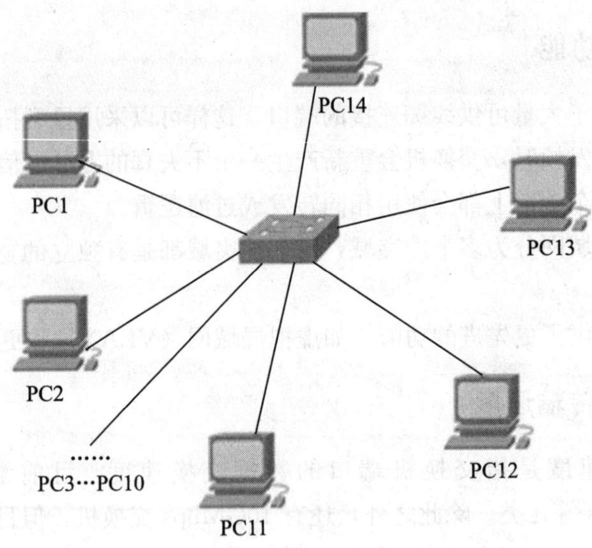

图 2-21　网络拓扑结构

2. 交换机的选择

根据公司的网络拓扑结构，确定该公司的网络工作在一个工作组级别，并且该网络的计算机数量不多，选用可网管的二层交换机就可满足公司的网络需求。

3. 交换机的接入

目前交换机的接入方式有双绞线接入方式、光纤接入方式等。在本任务中，该公司的网络规模不大，没有必要利用光纤接入方式，所以在计算机与交换机的连接方式中，应用双绞线来连接网络，如图 2-22 所示。

图 2-22　网线连接

安装交换机时，首先，确定交换机安装位置并进行安装，其次，将公司内部计算机通过双绞线连接到交换机，并设置每台计算机的 IP 地址，实现公司内部计算机的互联。

任务小结

选择交换机一定要注意端口数量、传输速率及交换机的应用环境，如果配置不合理，可能会造成网络拥塞，使联网速度变慢。另外，考虑以后网络扩充的需要，交换机的端口

数量不能太少。

此任务的主要内容是介绍交换机的结构、接口等，从而使读者对该类设备有更深的认识。

任务三　认识路由器

某公司因业务发展需要将公司现有的网络进行升级改造，以前公司各部门的计算机网络都是独立的，现需要将各部门网络互联并且各部门的网络都能访问 Internet，作为一名网络管理员应该如何操作？

任务分析

通过对该公司的现有网络进行分析并结合公司新的网络需求，得出该公司想整合以前互不相联的网络，并且整合以后的网络在性能方面既要保持独立网络的性能，又可以使每个独立的网络能够访问 Internet。要实现公司各部门网络都能连接 Internet，可以采用路由器与交换机相结合的方式进行设置。

一、路由器的概念

在互联网高速发展的今天，是什么把网络相互连接起来的？是路由器。路由器是互联网络的重要设备之一。那么什么是路由器呢？路由器是一种连接多个网络或网段的网络设备，它能将不同网络或网段之间的数据信息进行“翻译”，以使它们能够相互“读”懂对方的数据，从而构成一个更大的网络。因而，路由器是互联网的枢纽。

路由器工作在 OSI 参考模型的网络层，最基本的功能是转发数据包。它的主要工作是为经过路由器的每个数据帧寻找一条最佳传输路径，为了完成这项工作，在路由器中保存着各种传输路径的相关数据——路由表供路由选择时使用。路由表中保存着子网的标志信息、网上路由器的个数和下一路由器的名字等内容。路由表可以是由系统管理员固定设置好的，也可以由系统动态修改以由路由器自动调整，也可以由主机控制。

在图 2－23 中，计算机 A 与计算机 B 通信。计算机 A 可以通过路径 A 与计算机 B 通信，也可以通过路径 B 到交换机 A，再由交换机 A 到交换机 B，最后再到计算机 B 这条路径与计算机 B 通信。路由器的作用就是为每个数据帧寻找一条最佳传输路径，也就是两点之间距离最短的路径，因而，计算机 A 与计算机 B 通信时，最佳的传输路径是计算机 A

通过路由器，再由路径 A 到计算机 B。

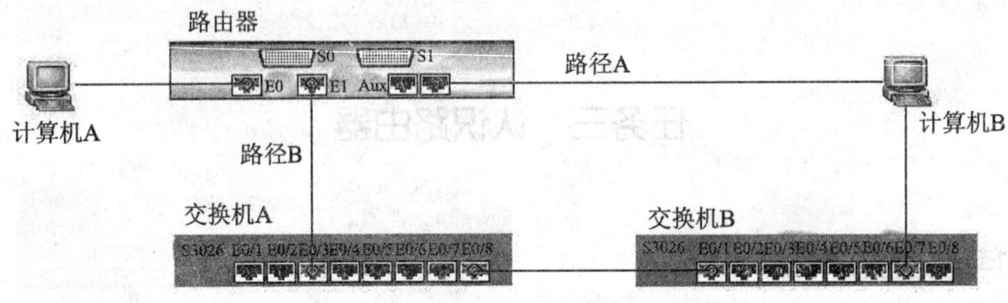

图 2-23　路由器路由选择

在计算机 A 与计算机 B 的通信过程中，在路由器中就产生一个路由表可分为如下两种。

1. 静态路由表

静态路由表是事先由系统管理员设置好的固定的路由表，一般是在系统安装时就根据网络的配置情况预先设定的，它不会随着网络结构的改变而改变。

2. 动态路由表

动态路由表是由路由器监控网络的变化情况而自动调整的路由表。路由器根据路由选择协议提供的功能，自动学习和记忆网络运行情况，在需要时自动计算数据传输的最佳路径。

二、路由器的选购

由于路由器技术相对复杂，价格比较高，因此在组网时尽可能使用交换机，只在需要时才使用路由器。一般路由器的通信带宽只有几兆，如果在局域网中使用，都会形成瓶颈，组建局域网时如果有内部路由的需要，可以考虑使用第三层交换机。选购路由器应考虑的因素如下。

1. 端口

路由器一般都带有以局域网接口和广域网的接口，大部分路由器的局域网接口都是 RJ-45 接口。广域网接口有同步并口和异步串口之分，大部分路由器同时具备这两种接口，具体主要有 E1/T1、E3/T3、DS3、通用串行口（可转换成 X.21 DTE/DCE、V.35 DTE/DCE、RS-232 DTE/DCE、RS-449 DTE/DCE、EIA530 DTE）ATM 接口、POS 接口等网络接口。

2. 连接方式

路由器的连接方式主要考虑所支持的路由协议。路由器又可以分为直连路由和非直连路由，由路由器各网络接口所直连的网络之间使用直连路由进行通信。例如，要实现两个局域网的点到点连接，可以选用直连路由，该类型的路由在配置完路由器网络接口的 IP

地址后自动生成，而不再需要其他复杂的配置。如果要实现本地局域网和其他许多局域网进行互联，此时就必须选择使用非直连路由。非直连路由是指人工配置的静态路由或通过运行动态路由协议而获得的动态路由。

3. 外形尺寸

路由器的外形尺寸主要有机架式路由器和桌面型的路由器。一般来说，如果局域网规模较大，需要用到接线柜时，我们最好应该选择符合机架标准的19英寸机架式路由器。

4. 访问方式

目前的网络访问方式多种多样，不同的访问方式需要不同的协议支持。目前广域网线路主要有X.25、帧中继、DDN、光纤，根据这几种方式来选购路由器时，最好检查一下产品是否对这几种广域网协议都支持。

5. 安全方面

路由器的稳定安全与否，直接决定了内部局域网的安全。主要考虑：

第一，网络本身的安全性，网络不能受非授权路由协议、管理协议的控制。

第二，具有VPN功能，VPN的英文全称是“Virtual Private Network”，翻译为“虚拟专用网络”。该方面的安全考虑通常使用端到端的加密协议或VPN实现。

第三，具有防火墙的功能，目前许多厂家的路由器可以设置访问权限列表，控制哪些数据才可以进出路由器，实现防火墙的功能，防止非法用户的入侵。

第四，具有NAT功能，NAT的英文全称是“Network Address Translation”，翻译为“网络地址转换”。在使用路由器对外连接时，路由器能够屏蔽公司内部局域网的网络地址，利用地址转换功能统一转换成电信局提供的广域网地址，这样网络上的外部用户就无法了解公司内部网的网络地址，进一步防止非法用户入侵。

三、路由器的优缺点

1. 路由器的优点

(1) 适用于大规模的网络；

(2) 复杂的网络拓扑结构，负载共享和最优路径；

(3) 能更好地处理多媒体；

(4) 安全性高；

(5) 隔离不需要的通信量；

(6) 节省局域网的频宽；

(7) 减少主机负担。

2. 路由器的缺点

(1) 不支持非路由协议；

(2) 安装复杂；

(3) 价格高。

任务实施

（1）硬件连接。将网线连接到局域网中每台电脑的网卡，另一端连接路由器后面板中的 LAN 端口（输出端口）；将小区宽带的网线与路由器后面的 WLAN 的端口（输入端口）相连；为路由器后面的电源端口（POWER）接上电源，接口如图 2-24 所示。

图 2-24　路由器接口

（2）硬件连接完毕后，打开电源，启动计算机。双击桌面上的 IE 浏览器图标，打开 IE 浏览器。在地址栏中输入该路由器的默认 IP 地址，本例为 192.168.1.1，如图 2-25 所示，输入完成后按回车键。

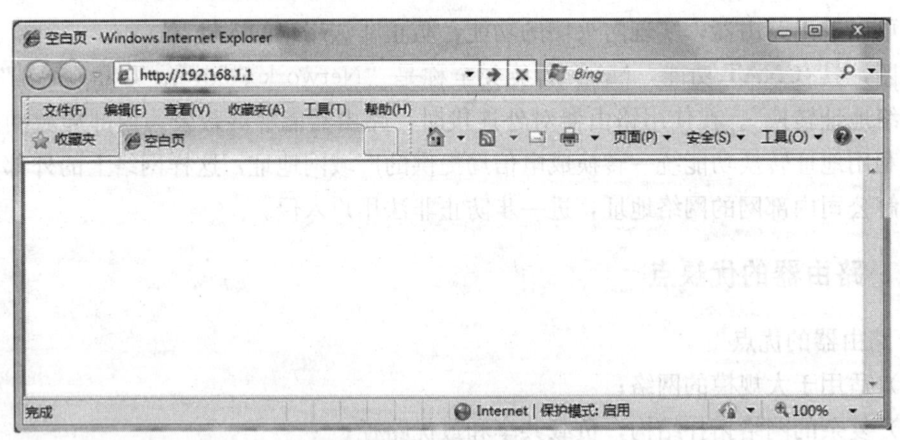

图 2-25　路由器 IP 设置

（3）在弹出的输入用户名和密码对话框中，在用户名一栏输入“admin”，在密码一栏输入“admin”，单击“确定”按钮，如图 2-26 所示。

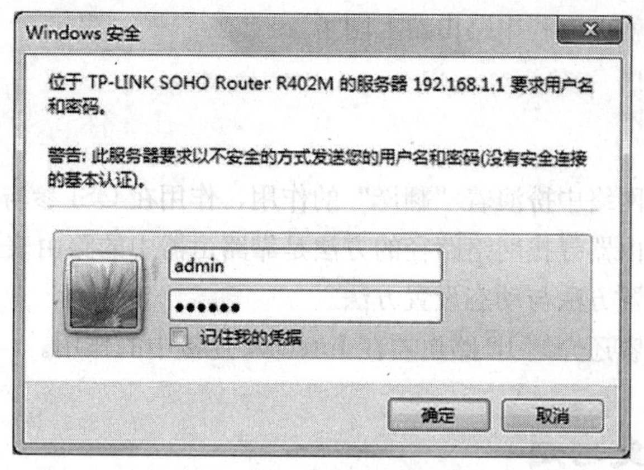

图 2-26　路由器设置登录

不同品牌的宽带路由器设置有所不同，在配置路由器前一定要详细阅读该型号说明书，严格按照说明书的介绍方法时行设置。一般我们需要特别关注路由器配置的 IP 地址、子网掩码、用户名和密码。

(4) 设置计算机网卡的 IP 地址与路由器 IP 地址在同一网段，如图 2-27 所示。

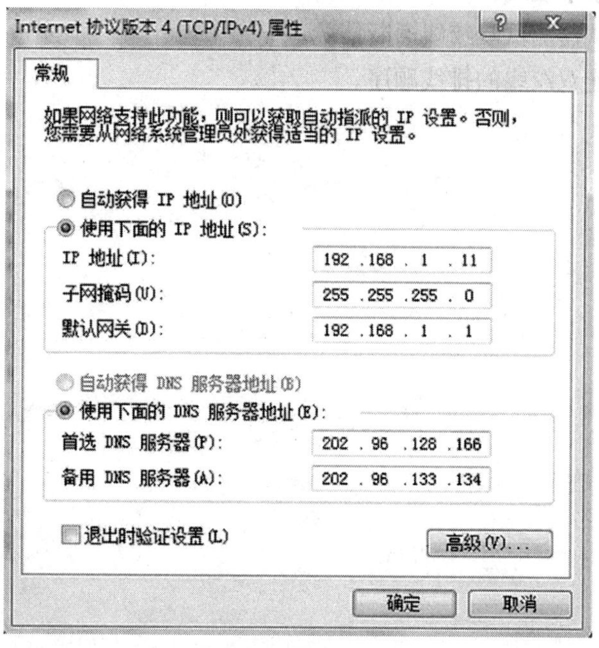

图 2-27　设置 TCP/IP

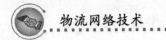

(5) 设置完毕，就可以利用路由器上网了。

任务小结

路由器在计算机网络中扮演着“翻译”的作用，作用在 OSI 参与模型第三层，是连接不同子网的设备；路由器寻找网络路径的方法是靠路由器中的路由表来实现，路由器的路由表的设置有静态设置方法与动态设置方法。

此任务的主要内容还介绍 IP 路由器在 Internet 连接中的作用。

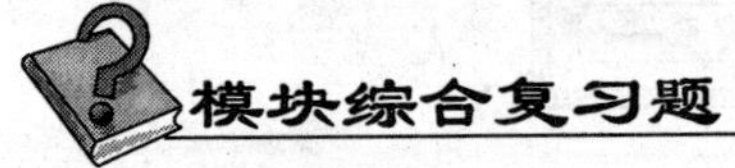

模块综合复习题

一、理论题

1. 讲述双绞线的优缺点。
2. 双绞线的连接方法有几种，交换机与计算机的连接是用哪种双绞线?
3. 连接两种不同网段的设备是什么?
4. 交换机的数据有几种传递方式，有什么异同?

二、操作题

[练习目的] 了解双绞线的制作方法。

[练习设备] RJ-45 水晶头两只，5 类双绞线 1 m，双绞线压线钳，测线器 1 个。

[练习内容]

1. 每人制作一条双绞线。
2. 用双绞线测试器测试双绞线通断情况。
3. 了解双机对连双绞线的排线顺序。

项目三　局域网组网

知识目标

1. 了解局域网的作用，认识局域网的类型。
2. 了解局域网的工作模式。
3. 了解局域网维护的作用。
4. 掌握 Windows 系统的安装与设置。

能力目标

1. 通过对对等局域网的组建，掌握 Windows XP 系统中 IP 的设置；明确 IP 地址在网络中的作用。
2. 通过局域网的组建，掌握网络中如何设置网络资源的共享、网络资源的安全设置。
3. 掌握 Windows Server 2008 系统的安装、DNS、域控制器的备置。
4. 通过客户/服务器工作模式的局域网的组建，能区别对等网与客户/服务器网络的异同点。

通过网络，人们拉近了彼此之间的距离。本来分散在各处的计算机被网络紧紧地联系在一起。局域网作为网络的组成部分，发挥了不可忽视的作用。可以用 Windows 把众多的计算机联系在一起，组成一个局域网，在这个局域网中，可以共享程序、文档等各种资源；还可以通过网络使多台计算机共享同一硬件，如打印机、调制解调器等；同时还可以通过网络使用计算机发送和接收传真，方便、快捷而且经济。

任务一　对等局域网的组建

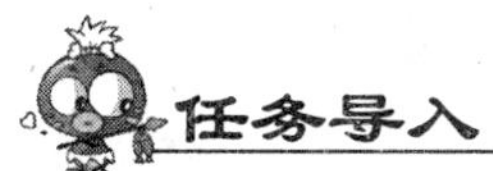

小李受聘于一家公司工作，公司安排你做网络管理员工作，公司先让小李了解公司各个部门的情况了解公司对网络的需要，了解公司现有的计算机与网络设备。

经过一段时间的工作了解，小李很快了解到公司对组网的要求，公司的要求是让每个部门的计算机通过交换机互联，并在公司内部的每台计算机都可以共享相关部门的共享资源如文件、打印机等，而不再需要通过移动硬盘的复制、粘贴。

任务分析

要让公司内部每台计算机上的资源被别的计算机所用而不需要借助于移动硬盘之类的存储设备，就需要将公司内部的所有计算机互联起来，这样公司内部的计算机就可以互相之间进行访问；又由于公司不需要所有共享的资源集中存放，所以使用对等局域网组建该公司的内部网是最好的选择。

知识准备

对等网也称工作组网，在对等网络中，计算机的数量通常不会超过 20 台，所以对等网络相对比较简单。在对等网络中，对等网上各台计算机有相同的功能，无主从之分，网上任意节点计算机既可以作为网络服务器，为其他计算机提供资源；也可以作为工作站，以分享其他服务器的资源；任一台计算机均可同时兼作服务器和工作站，也可只作其中之一。同时，对等网除了共享文件之外，还可以共享打印机，对等网上的打印机可被网络上的任一节点使用，如同使用本地打印机一样方便。

因为对等网不需要专门的服务器来做网络支持，也不需要其他组件来提高网络的性能，因而对等网络的价格相对便宜很多。对等网主要有如下特点：

（1）组网简单，应用灵活；

（2）网络用户都处于同一工作组中；

（3）对于网络来说，网络安全不是最重要的问题；

（4）对等网比较适合人员少，应用网络较多的中小企业，是中小企业组建网络的最佳选择之一。

在对等网络中，没有所谓域的概念，也就是没有专用的服务器，各个站点既是网络服务的提供者即服务器，也是网络中资源的利用者即客户，所以对等网通常也称为点对点网络（Pear to Pear）。由于在对等网络中，每台 PC 机既是服务器也是客户，所以在网络的组建中，网络成本低、网络配置和维护简单；但由于对等每台 PC 机的角色多样化，也导致它的缺点相当明显，主要有网络性能较低、数据保密性差、文件管理分散、计算机资源占用大。

任务实施

对于上面的任务，经过对任务的分析，得出对等网拓扑图如图 3－1 所示。

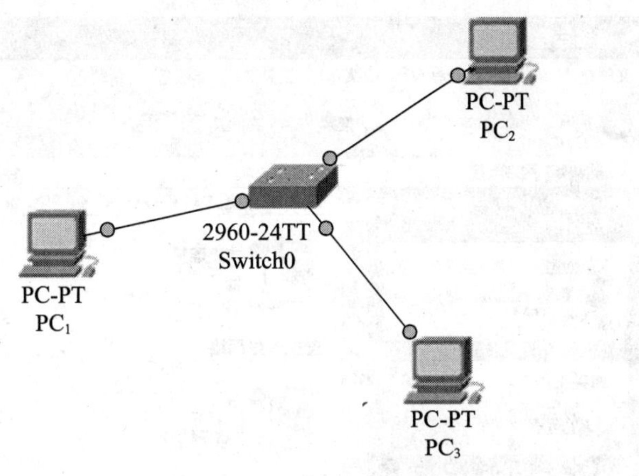

图 3－1　对等网拓扑示意

一、组建对等局域网的实施步骤

(1) 对 PC_1 进行 IP 设置。右击桌面“网上邻居”图标，选择“属性”，如图 3－2 所示。

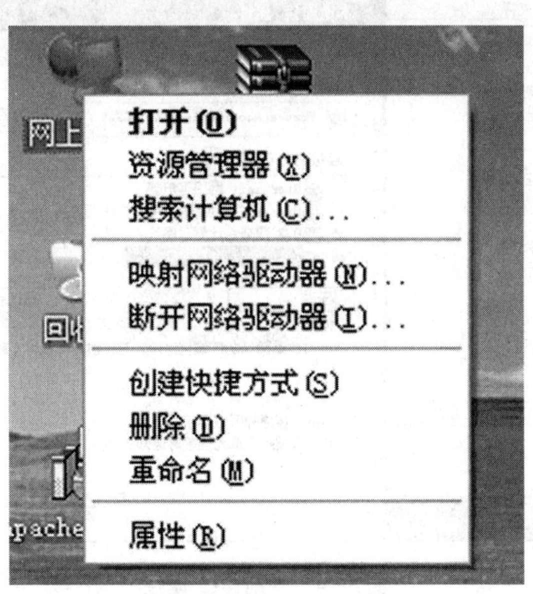

图 3－2　右键菜单

(2) 弹出“网络连接”窗体中，双击打开“本地连接”，如图 3－3 所示。

(3) 在弹出“本地连接状态”对话框中，在常规选项卡中，单击“属性”按钮，将弹出“本地连接属性”对话框，如图 3－4 所示。

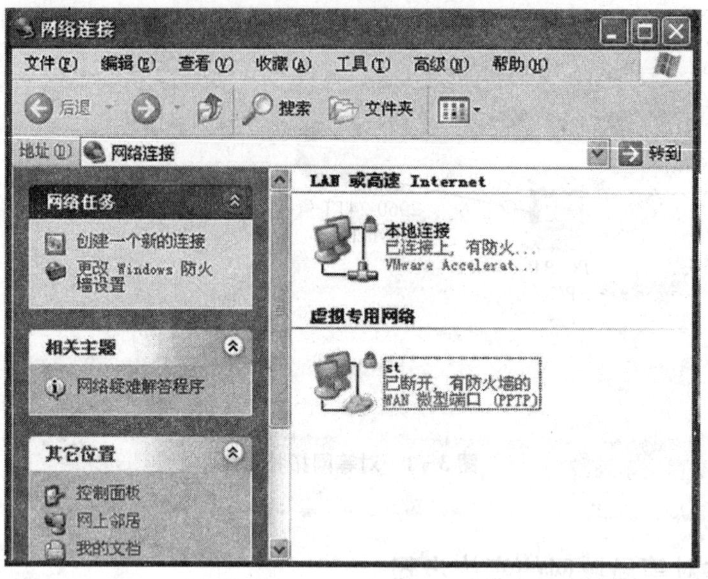

图 3-3 网络连接

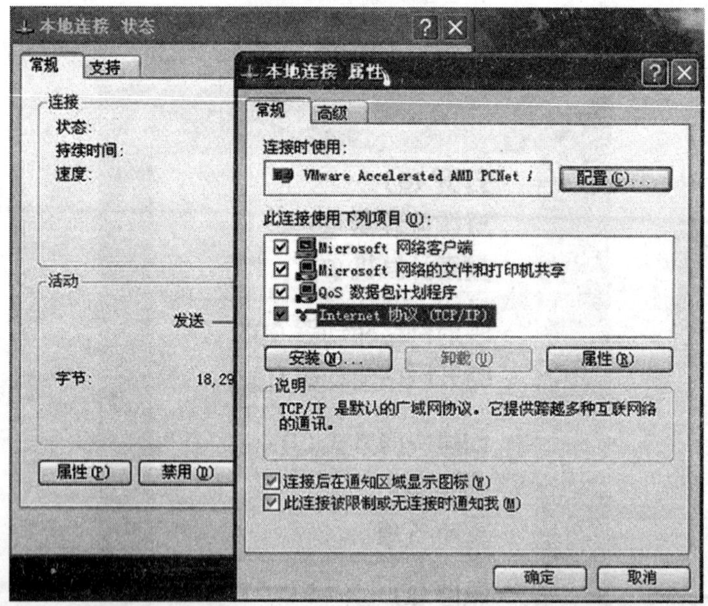

图 3-4 本地连接 属性

(4) 在“本地连接 属性”对话框的常规选项卡中，选择“Internet 协议（TCP/IP)”，单击“属性”按钮，弹出“Internet 协议（TCP/IP)”属性对话框，如图 3-5 所示。

(5) 在“Internet 协议（TCP/IP）属性”对话框的常规选项卡中，可以对系统的 IP 地址进行设置，选“使用下面的 IP 地址”输入 IP 地址为：192.168.1.2，子网掩码为：255.255.255.0，如图 3-6 所示。

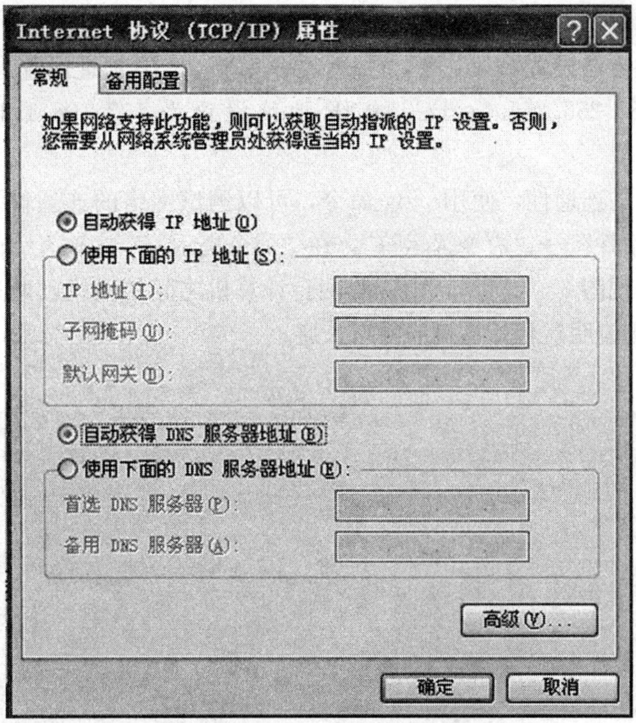

Internet 协议 (TCP/IP) 属性

常规　备用配置

如果网络支持此功能，则可以获取自动指派的 IP 设置。否则，
您需要从网络系统管理员处获得适当的 IP 设置。

◉ 自动获得 IP 地址(O)
○ 使用下面的 IP 地址(S):
IP 地址(I):
子网掩码(U):
默认网关(D):

◉ 自动获得 DNS 服务器地址(B)
○ 使用下面的 DNS 服务器地址(E):
首选 DNS 服务器(P):
备用 DNS 服务器(A):

高级(V)...

确定　取消

图 3－5　Internet 协议属性（a）

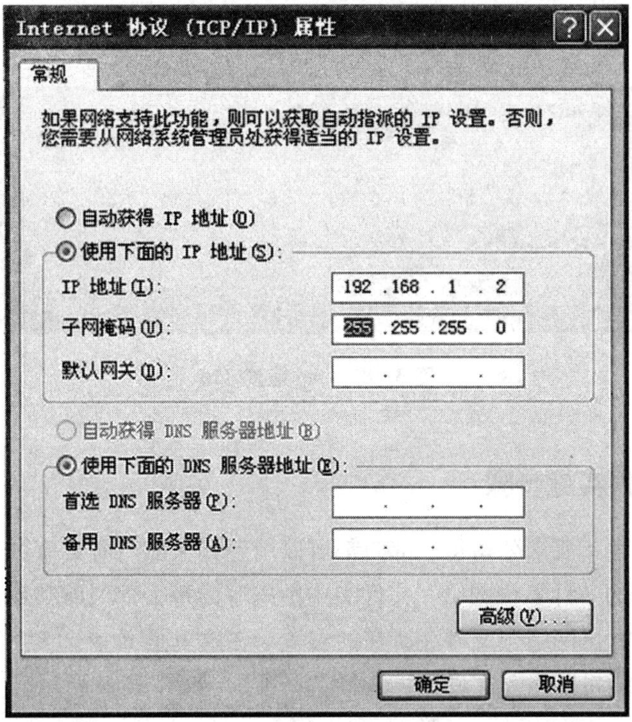

Internet 协议 (TCP/IP) 属性

常规

如果网络支持此功能，则可以获取自动指派的 IP 设置。否则，
您需要从网络系统管理员处获得适当的 IP 设置。

○ 自动获得 IP 地址(O)
◉ 使用下面的 IP 地址(S):
IP 地址(I): 192 .168 . 1 . 2
子网掩码(U): 255 .255 .255 . 0
默认网关(D): . . .

○ 自动获得 DNS 服务器地址(B)
◉ 使用下面的 DNS 服务器地址(E):
首选 DNS 服务器(P): . . .
备用 DNS 服务器(A): . . .

高级(V)...

确定　取消

图 3－6　Internet 协议属性（b）

（6）单击“确定”，完成 PC_1 的 IP 地址的设置。

（7）用相同的方法设置 PC_2、PC_3 的 IP 地址，PC_2 的 IP 地址设置为 192.168.1.3，子网掩码设置为 255.255.255.0；PC_3 的 IP 地址设置为 192.168.1.4，子网掩码设置为 255.255.255.0。

（8）测试网络的连通性，使用 ping 命令，可以测试网络的连通性。通过“开始”→“所有程序”→“附件”→“命令提示符”，在“命令提示符”中输入“ping 192.168.1.3”按回车键，如果出现图 3－7 所示，则说明两台计算机之间的网络已经连通了；如果出现如图 3－8 所示，则说明这台计算机的网络未通。

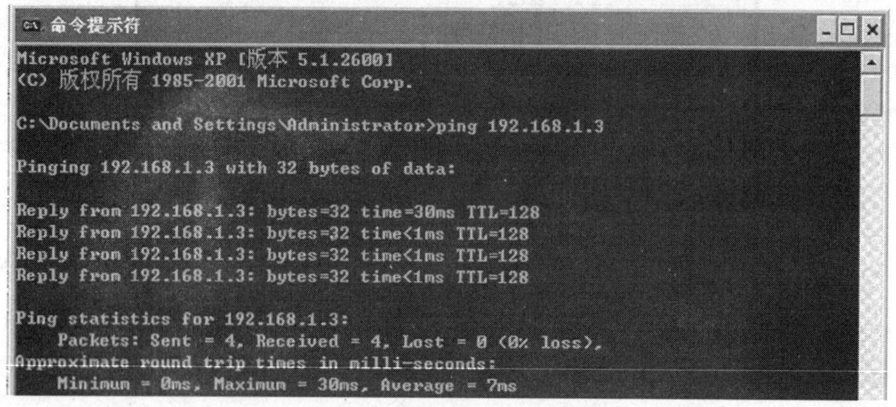

图 3－7　ping 连接（a）

```
C:\Documents and Settings\Administrator>ping 192.168.1.3

Pinging 192.168.1.3 with 32 bytes of data:

Request timed out.
Request timed out.
Request timed out.
Request timed out.

Ping statistics for 192.168.1.3:
    Packets: Sent = 4, Received = 0, Lost = 4 (100% loss),
```

图 3－8　ping 连接（b）

二、共享文件实施步骤

在上面的任务中，要求公司每个部门都可以用到其他部门所共享的文件资源，现在想 PC_1 计算机 E 盘中的“计算机网络”文件夹中的内容为每个部门所共用，应如何设置？

（1）打开“计算机网络”文件夹所在的位置，在这里是 E 盘。

（2）右击“计算机网络”文件夹，选择“属性”。如图 3－9 所示。

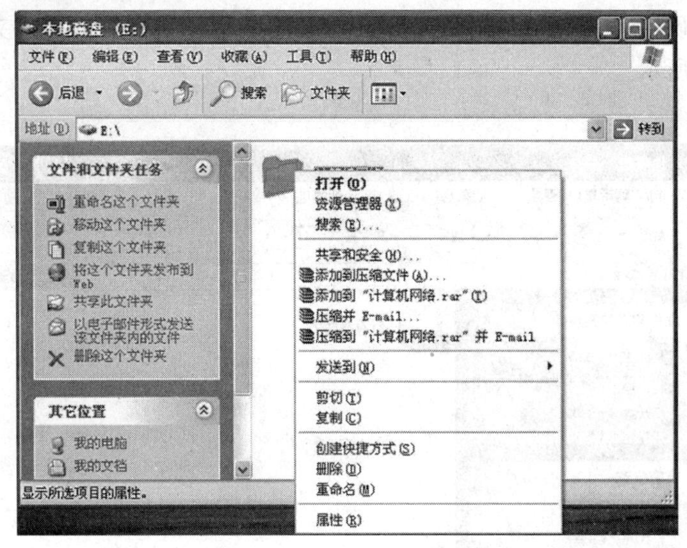

图 3-9　文件右键菜单

(3) 在“计算机网络 属性”对话框中，选择“共享此文件夹”，共享名使用计算机默认的名字。如图 3-10 所示。

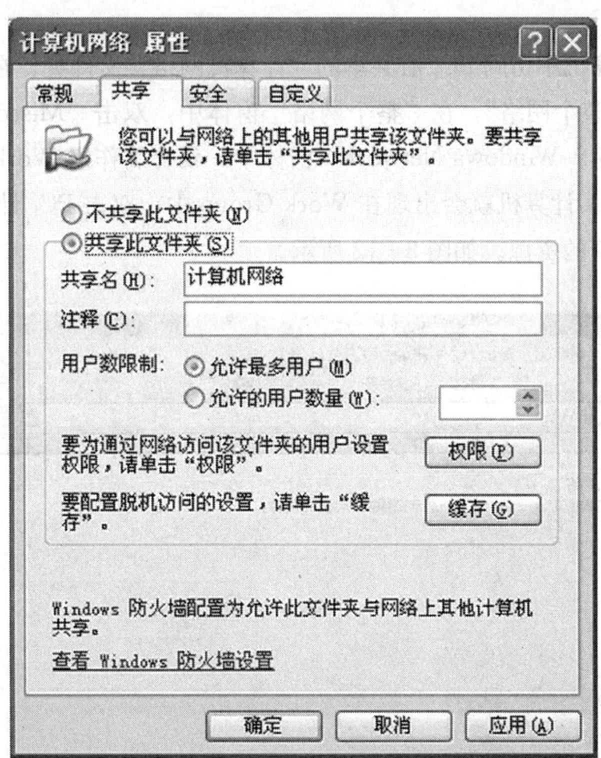

图 3-10　文件共享 (a)

(4) 单击“确定”、“应用”按钮完成文件夹的共享，共享后的文件夹的图示发生变化。如图 3-11 所示。

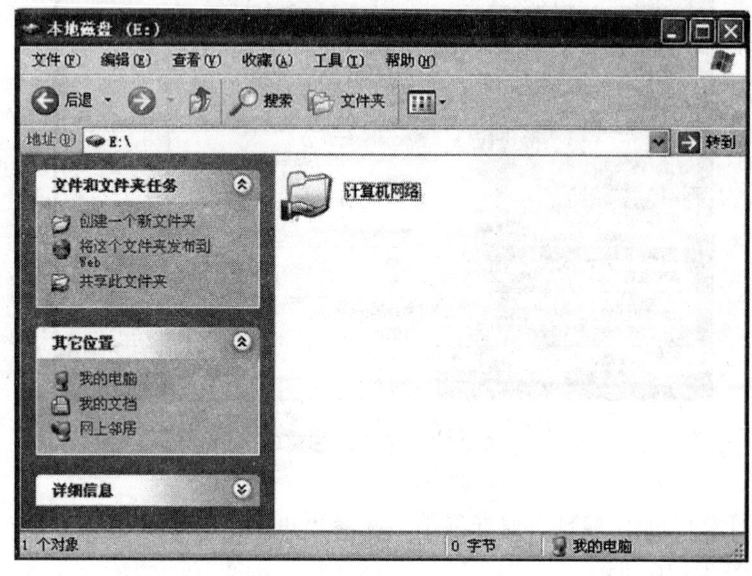

图 3-11　文件共享 (b)

(5) 在 PC_2 计算机中访问 PC_1 所共享的“计算机网络”文件夹，在桌面打开“网上邻居”，选择并双击“整个网络”，在“整个网络”窗体中，双击“Miscosoft Windows Network”，在“Miscosoft Windows Network”窗体中，就有工作组 Work Group，双击工作组 Work Group，PC_1 计算机就会出现在 Work Group 中，双击 PC_1 计算机名，就可以看到 PC_1 计算机所共享的资源。如图 3-12 所示。

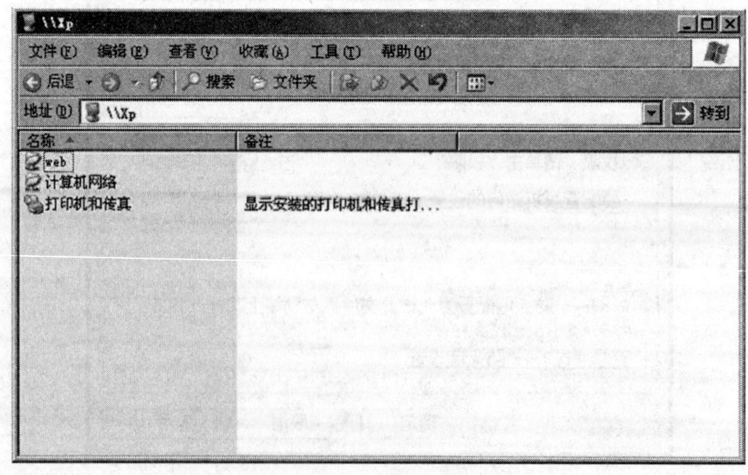

图 3-12　网络文件共享

(6) 如果出现如图 3－12 所示，就完成了文件夹的共享。

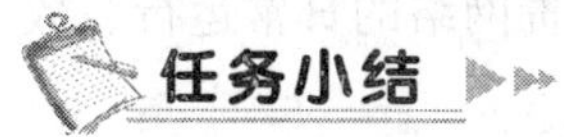

任务小结

对等网也称工作组网，是现在网络配置中最常用的一种局域网工作模式，也是现在很多小型企业所应用到的网络，该网络的特点是置备简单、易学；但是在安全性方面比较薄弱，也是对等网络的缺点。

任务二　Windows Server 2008 网络组建

任务导入

某公司为提高内部网络的安全性，购买一台服务器，并要求设置为域控制器，目的要求是公司任何一台计算机都接入网络，只有作为服务器的域成员计算机才能访问到共享资源，如共享上网等。

任务分析

要把服务器上的资源共享，并且还要确保安全性，只要在服务器管理中安装域控制器（Domain Controller，DC）即可。它具有对整个 Windows 域及域中所有计算机的管理权限。当计算机连入网络时，域控制器首先要鉴别这台计算机是否属于这个域，用户使用的登录账号是否存在、密码是否正确。如以上信息正确，则用户可以成功登录该域并可以使用域中的共享资源；否则用户只能以对等网络的工作模式访问别的用户的共享资源。

知识准备

一台或几台较大的计算机集中进行共享数据库的管理和存取，称为服务器，而将其他的应用处理工作分散到网络中其他微机上去做，构成分布式的处理系统，服务器控制管理数据的能力已由文件管理方式上升为数据库管理方式，因此，C/S 服务器也称为数据库服务器，注重数据定义及存取安全备份及还原，并发控制及事务管理，执行诸如选择检索和索引排序等数据库管理功能，它有足够的能力做到把通过其处理后用户所需的那一部分数据而不是整个文件通过网络传送到客户机去，减轻了网络的传输负荷。C/S 结构是数据库技术的发展和普遍应用与局域网技术发展相结合的结果。

如果公司对安全性要求很高，或者公司规模不断扩大，那么客户/服务器网络可能是一个很好的选择。正如其名称所隐含的那样，客户/服务器网络需要一台服务器，它作为文件、电子邮件、应用程序和打印机等共享设备的集中存储和管理点，所有这些东西都可以被网络上的其他计算机访问到，并且所有的这些资源都在一台服务器上集中管理并且安全、统一布置。服务器一般是一台具有很大存储量的高性能计算机，由公司的系统管理员进行管理。只有系统管理员对服务器有访问权限。系统管理员还负责网络的日常运行、数据备份、管理登录口令和处理其他安全方面的问题。

对客户/服务器工作模式网络而言，有很多软件可供选择，有微软最新的 Windows Server 2008 服务器软件，还有开源社区的 Linux 服务器软件等。其中 Winodows Server 2008 是当今世界上功能最强大的操作系统之一，尤其是在中小型网络中，几乎都是 Windows 系统的天下。

客户/服务器最适合需要集中化管理、可靠数据备份和高度信息安全性的大型组织。客户机或服务器网络中的计算机有专门分工，有的是客户机，有的是服务器，服务器大多是一些专门设计的性能较高的计算机，并发处理能力强，存储容量大，网络数据传输速率高。如图 3－13 所示。

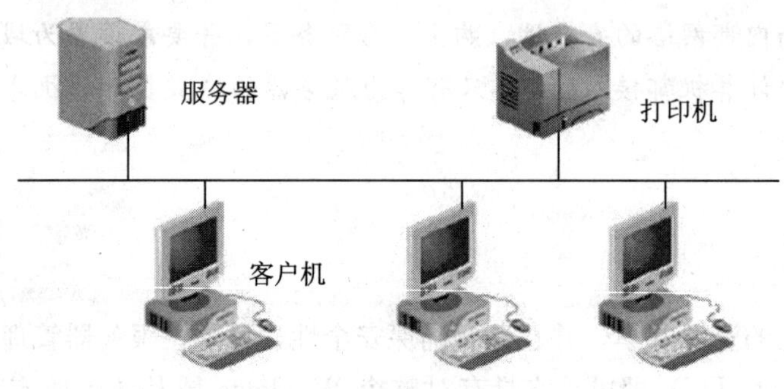

图 3－13　客户/服务器拓扑示意

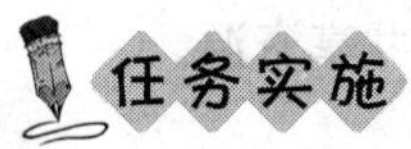

任务实施

一、Windows Server 2008 安装

（1）从光盘引导计算机。将计算机的 CMOS 设置为从光盘（DVD—ROM）引导，将 Windows Server 2008 安装光盘置于光驱内并重新启动，计算机就会从光盘启动。如果硬盘内没有安装任何操作系统，便会直接启动安装界面；如果硬盘内安装有其他操作系统，则会显示“Press any key to boot from CD...”的提示信息，此时请在键盘上按任意键，才可以从 CD—ROM 启动。

（2）启动安装过程以后，显示如图 3－14 所示“安装 Windows”对话框，首先需要选择安装语言、时间以及输入法等设置。

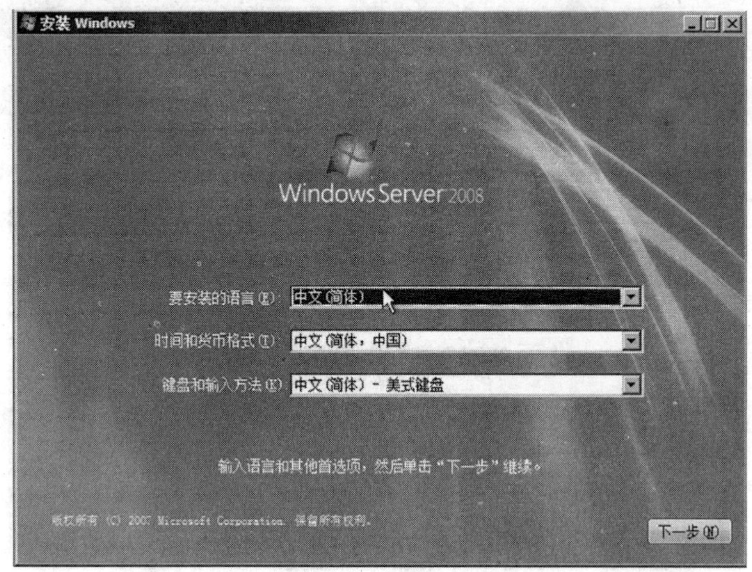

图 3-14　"安装 Windows"对话框

(3) 在这里保留默认的选择，单击"下一步"按钮，显示如图 3-15 所示对话框，提示是否现在立即安装 Windows Server 2008。

图 3-15　Windows Server 2008 安装

(4) 单击"现在安装"，显示如图 3-16 所示"选择要安装的操作系统"的对话框。在操作系统列表中，列出可安装的 Windows Server 2008 系统类型，这里选择"Windows Server 2008 Enter prise (完全安装)"，即安装 Windows Server 2008 企业版。

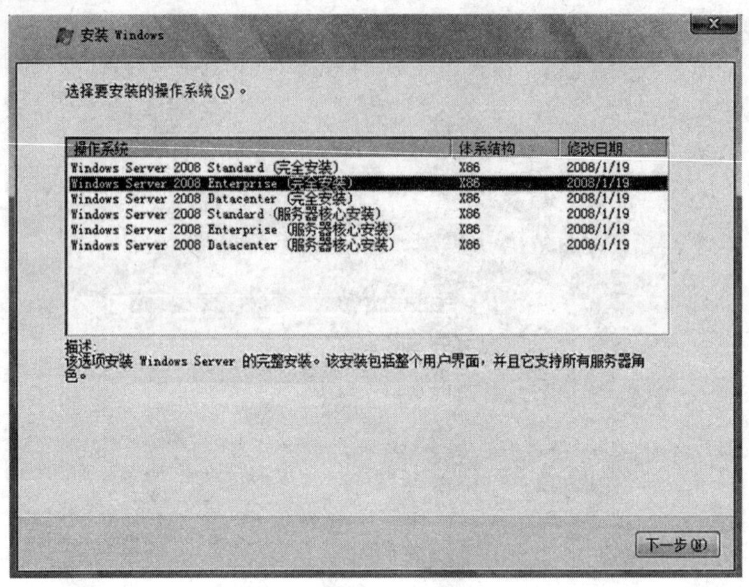

图 3-16 选择安装操作系统

(5) 单击“下一步”，出现许可条款对话框，选择“我接受许可条款”。如图 3-17 所示。

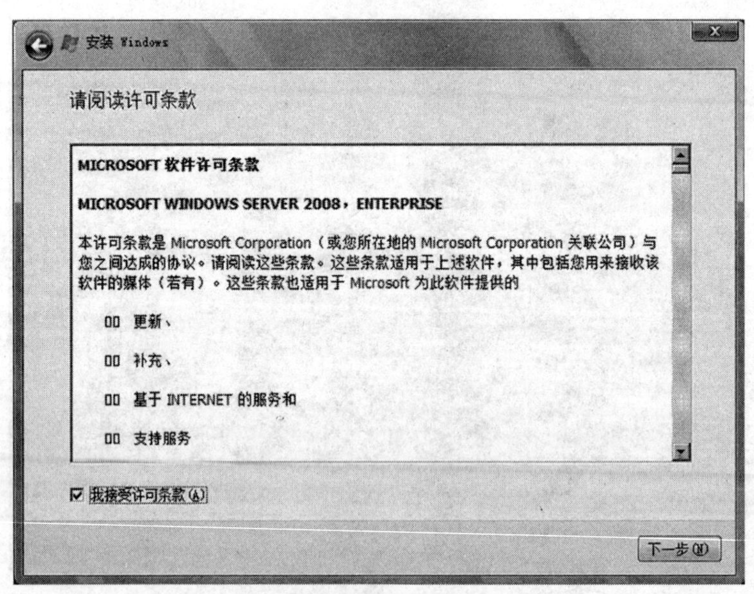

图 3-17 安装许可条款

(6) 单击“下一步”，出现如图 3-18 所示的“您想进行何种类型的安装?”对话框。其中“升级”用于从 Windows Server 2003 升级到 Windows Server 2008，且如果当前计算

机没有安装操作系统，该项不可用；而“自定义（高级）”则用于全新安装，这里单击“自定义（高级）”。

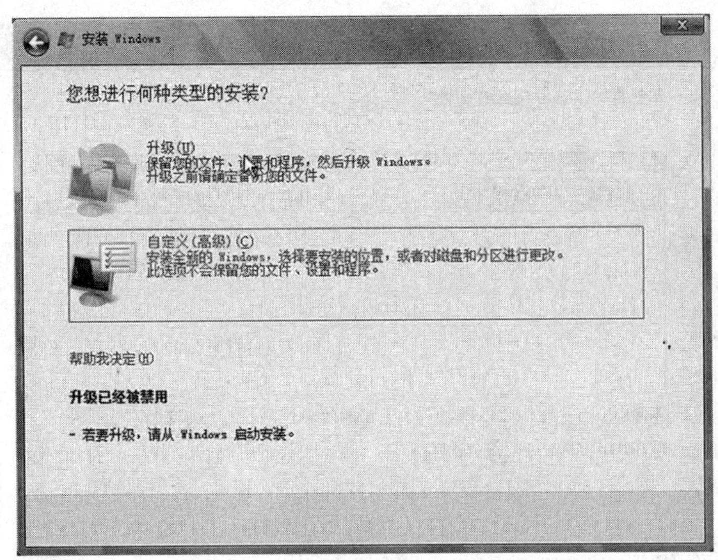

图 3-18　“您想进行何种类型安装”对话框

（7）单击“自定义（高级）”后，出现图 3-19 所示“您想将 Windows 安装在何处?”对话框，在该对话框中，将列出该计算机全部的硬盘信息，因为在本例计算机中只有一个磁盘，所以只列出磁盘 0；如果有多个，分别列出磁盘 0、磁盘 1、磁盘 2……

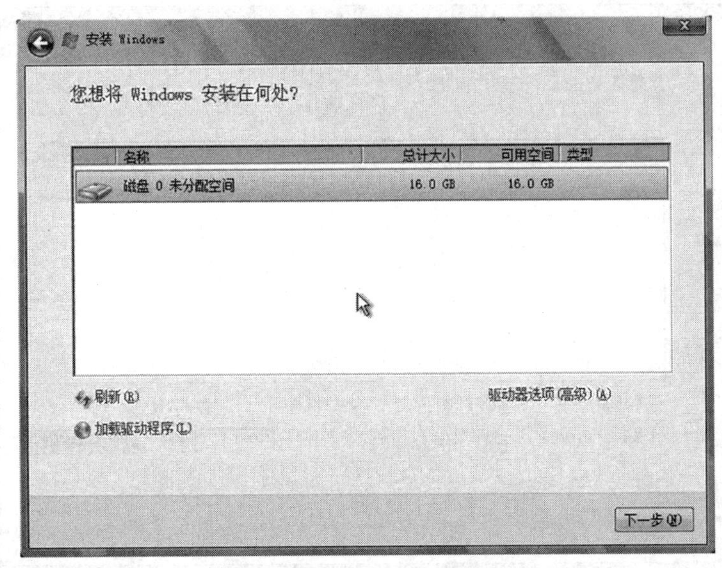

图 3-19　选择安装磁盘

（8）单击“驱动器选项（高级）”，出现如图 3－20 所示，对硬盘创建分区、格式化分区、删除分区等。

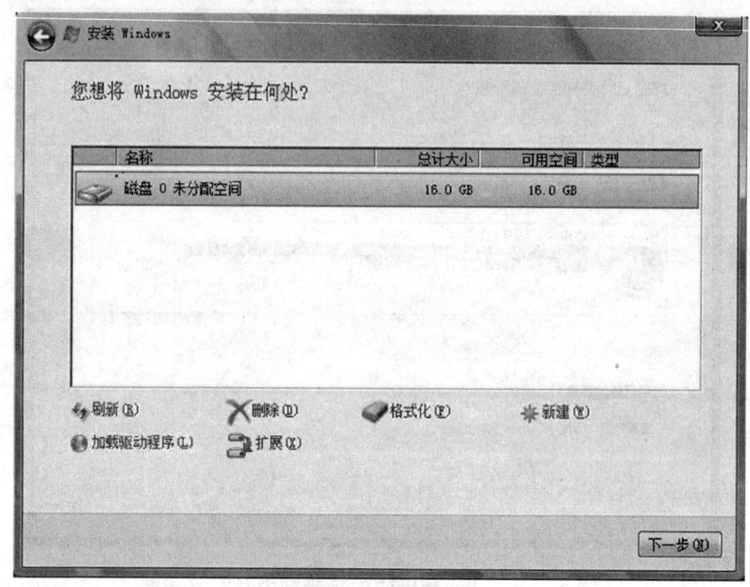

图 3－20 磁盘选项

（9）现在来对硬盘进行分区。单击“新建”链接，在“大小”文本框中键入第一个分区的大小，例如 12000 MB，如图 3－21 所示。

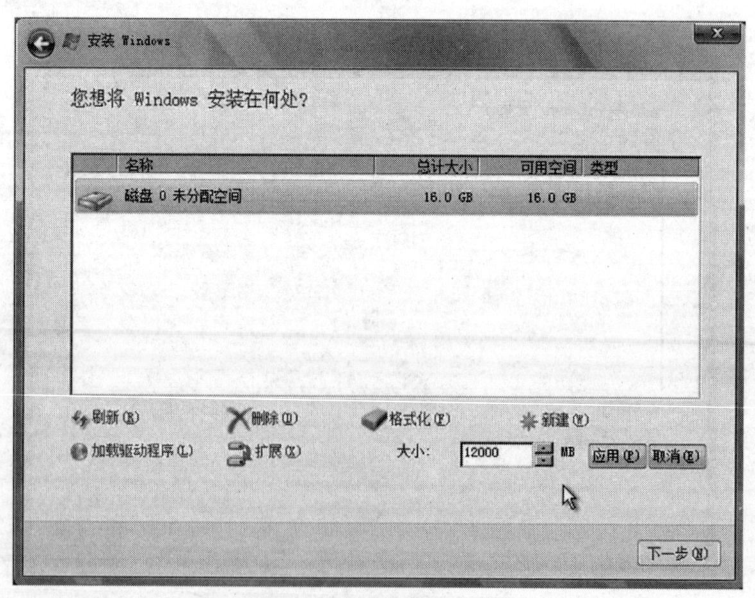

图 3－21 格式化磁盘

（10）单击“应用”按钮，完成第一个分区的创建，如图 3－22 所示。

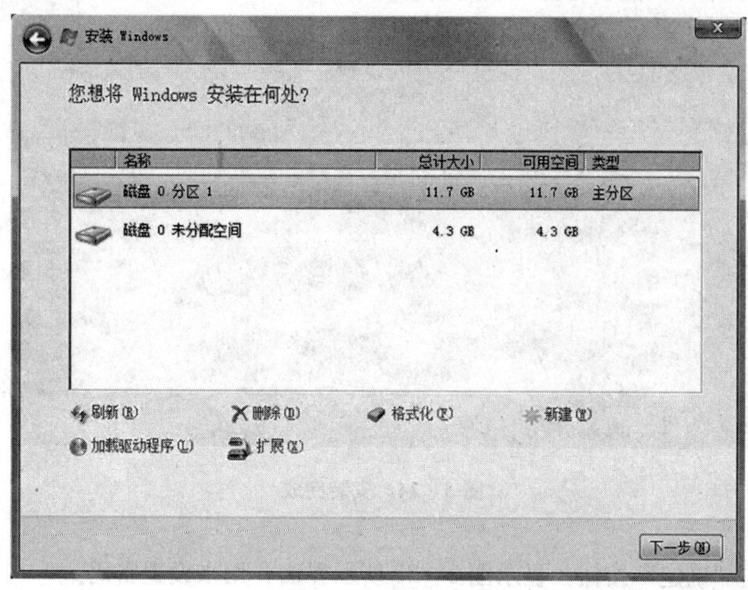

图 3－22　选择安装磁盘

（11）如果想对未分配空间的磁盘再进行分区，可按第 8 步～第 10 步重做即可。现在，选择“磁盘 0 分区 1”来安装操作系统，单击“下一步”按钮，出现如图 3－23 所示“正在安装 Windows...”对话框，开始复制文件并安装 Windows。

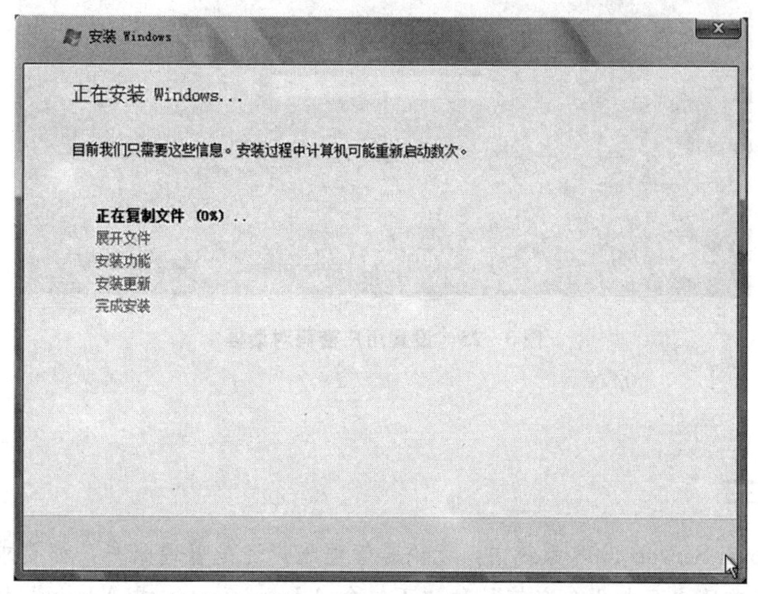

图 3－23　“正在安装 Windows...”对话框

(12) 在安装过程中，系统会根据需要自动重新启动。安装完成后，出现如图 3-24 所示界面，要求第一次登录之前必须更改密码。

图 3-24　安装完成

(13) 单击“确定”按钮，显示图 3-25 所示界面，用来设置密码。

图 3-25　设置用户密码对话框

在 Windows Server 2008 系统中，无论是管理账户还是普通账户，都要求必须设置强密码。除必须满足“至少 6 个字符”和“不包含 Administrator 或 Admin”的要求外，还要至少满足以下任意两个条件：

(1) 包含大写字母 (A、B、C 等);

(2) 包含小写字母 (a、b、c 等);

(3) 包含数字 (0、1、2 等);

(4) 包含非字母数字字符 (#、&、! 等)。

(14) 在“新密码”和“确认密码”文本框中输入密码，然后按回车键，密码更改成功，如图 3-26 所示。

图 3-26　用户密码设置成功

(15) 单击“确定”按钮，即可登录到 Windows Server 2008 系统，并默认自动启动“初始配置任务”窗口，如图 3-27 所示。

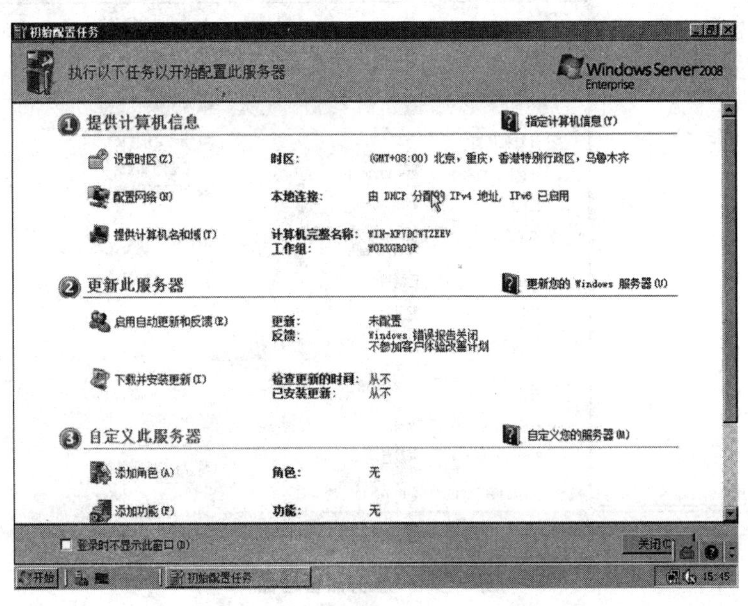

图 3-27　“初始配置任务”窗口

至此，Windows Server 2008 安装完成，现在可以使用了。

二、域和用户的创建

活动目录（Active Directory）是 Windows Server 系统中非常重要的目录服务，可用于管理网络中的用户和资源，如计算机、打印机或应用程序。Active Directory 域服务包含了在先前版本的 Windows 中活动目录所没有的新特性，使管理员能够更简单、更安全地部署各种服务，并更有效地进行管理。

域控制器用于管理所有的网络访问，包括登录服务器、访问共享目录和资源。域控制器中存储了域内的账户和策略信息，包括安全策略、用户身份验证信息和账户信息。

活动目录必须安装在 NTFS 分区，因此要求 Windows Server 2008 所在的分区必须是 NTFS，并且正确安装了网卡驱动程序，安装并启用了 TCP/IP。

（一）安装 Active Directory 域服务

（1）以管理员用户身份登录到 Windows Server 2008，单击“开始”—“管理工具”—“服务器管理器”，显示图 3－28 所示的“服务器管理器”窗口。

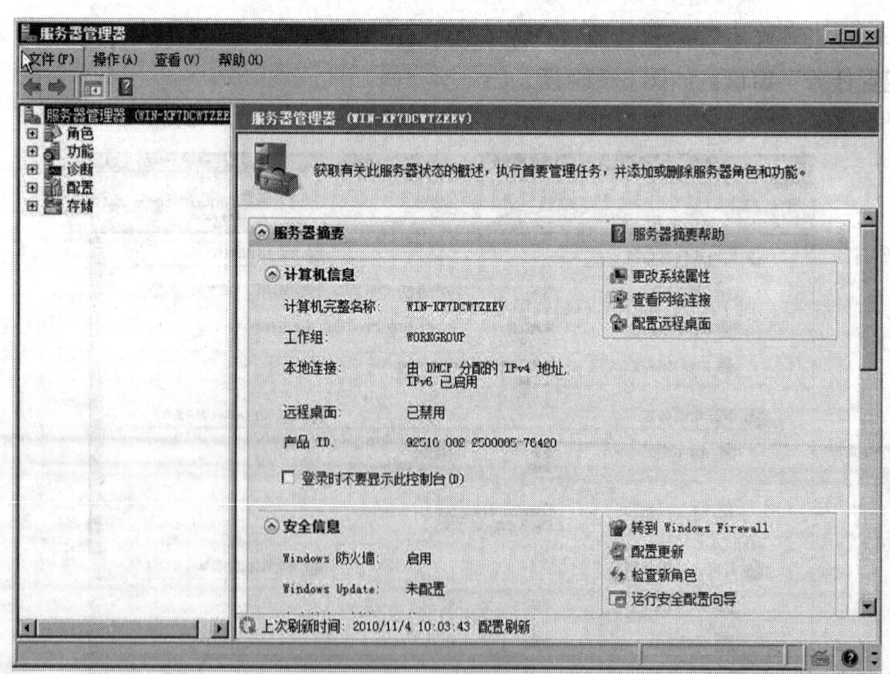

图 3－28　服务器管理器

（2）选择“角色”，在窗体的右边选择“添加角色”，出现图 3－29 所示的“添加角色向导”窗口。

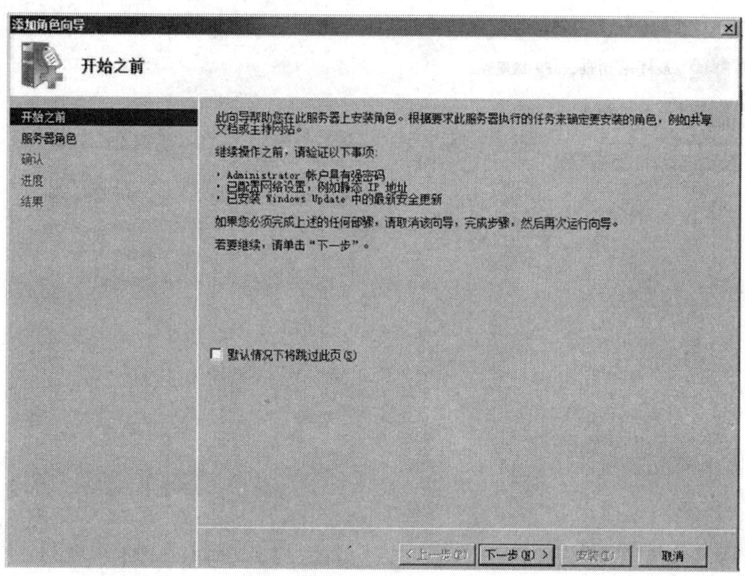

图 3－29 添加角色向导

（3）单击“下一步”，选择要在本机安装角色，在这里选择“Active Directory 域服务”，如图 3－30 所示。

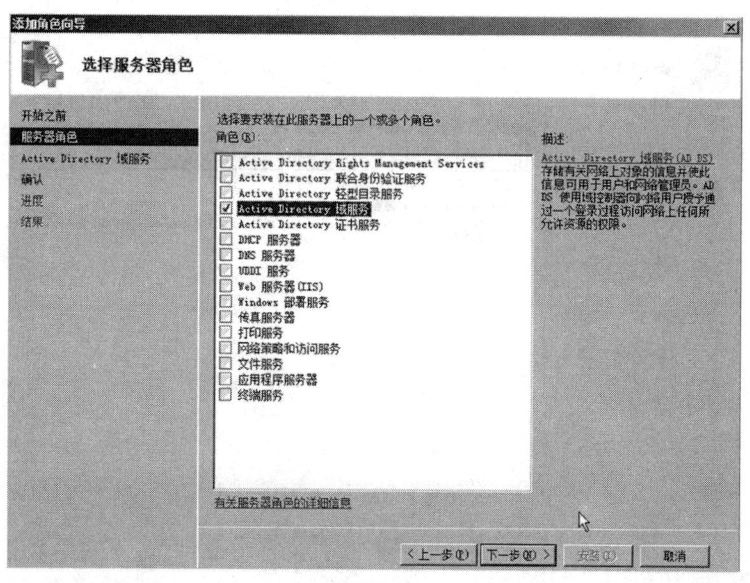

图 3－30 选择服务器角色

（4）单击“下一步”，出现如图 3－31 所示介绍 Active Directory 域服务主要功能以及安装过程中的注意事项的页面。

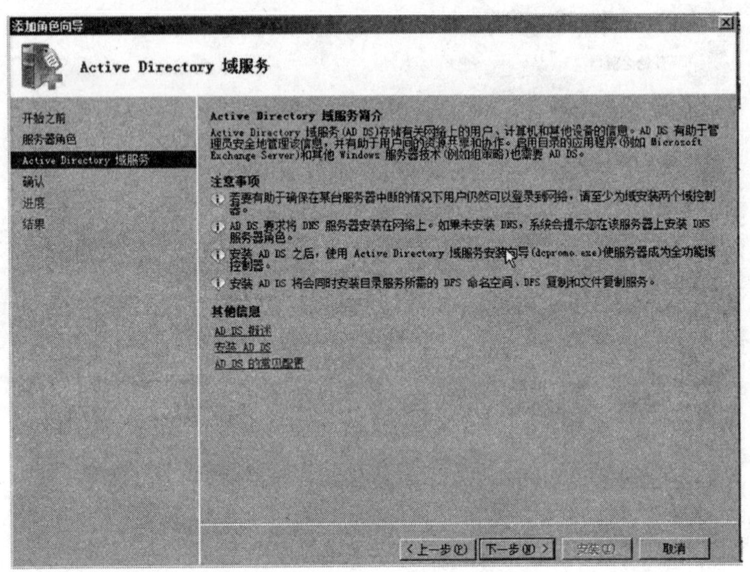

图 3－31　Active Directory 域服务

（5）单击“下一步”，出现如图 3－32 所示的“确认安装选择”窗口，在对话框中确认要安装的服务。

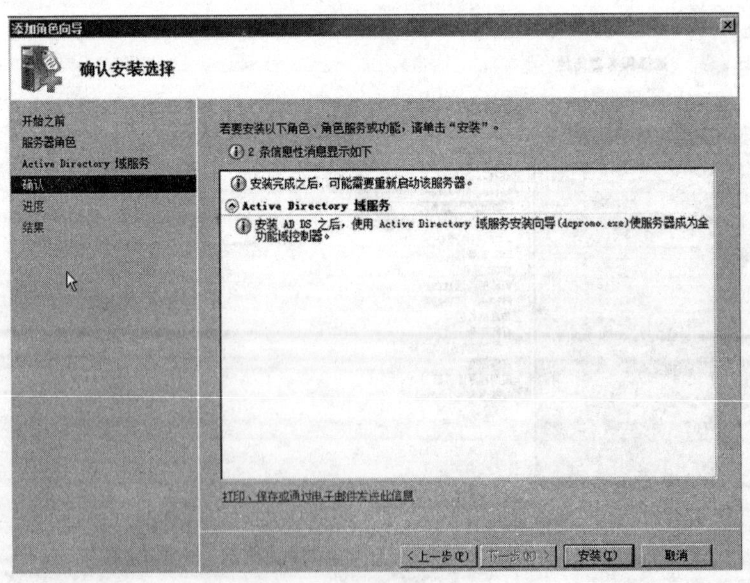

图 3－32　确认安装选择

（6）单击“安装”按钮即可开始安装。如图 3－33 所示。

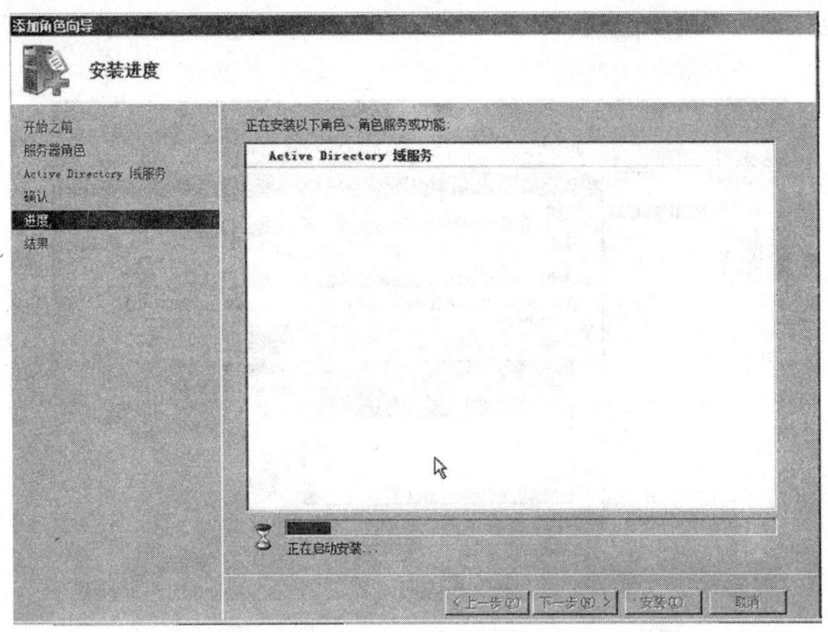

图 3－33　安装进度

（7）安装完成后显示如图 3－34 所示的“安装结果”窗口，提示“Active Directory 域服务”已经成功安装。

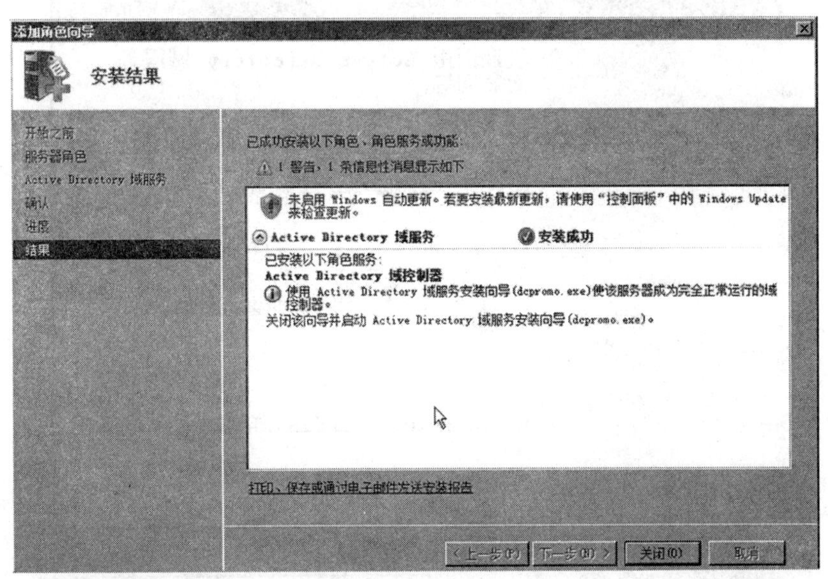

图 3－34　安装结果

(二) 安装活动目录

(1) 单击“开始”—“管理工具”—“服务器管理器”，打开“服务器管理器”窗口中，展开“角色”，即可看到已经安装成功的“Active Directory 域服务”，如图 3-35 所示。

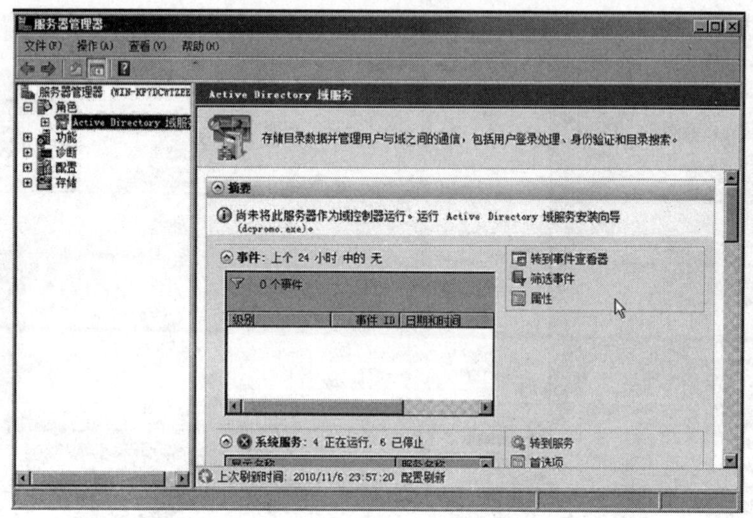

图 3-35 “Active Directory 域服务”对话框

(2) 单击“摘要”区域中的“运行 Active Directory 域服务器安装向导”或运行命令“dcpromo”，开启了“Active Directory 域服务器安装向导”，如图 3-36 所示。

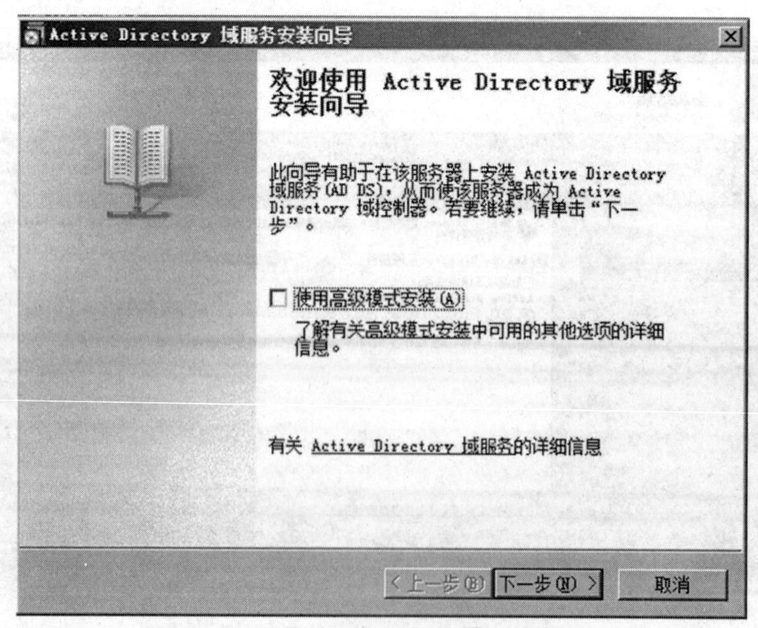

图 3-36 Active Directory 域服务安装向导 (a)

（3）单击“下一步”，出现了如图 3－37 所示“操作系统兼容性”对话框。

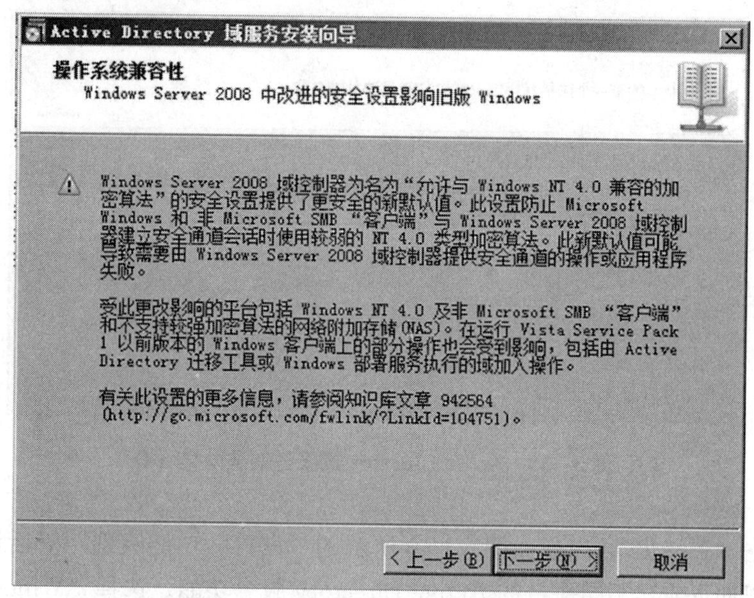

图 3－37　Active Directory 域服务安装向导（b）

（4）单击“下一步”，出现如图 3－38 所示“选择某一部署配置”的对话框，如果网络中已经存在其他域控制器或林，则可以选择“现有林”按钮；否则选择“在新林中新建域”按钮，在这里选择后者。

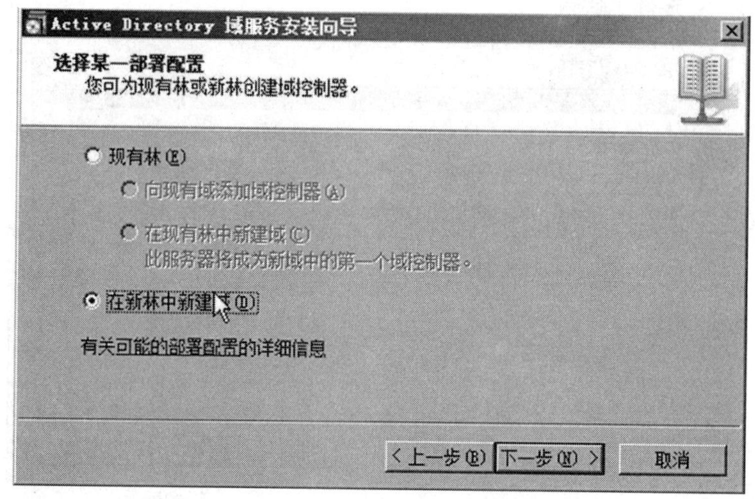

图 3－38　Active Directory 域服务安装向导（c）

（5）单击“下一步”，出现如图 3－39 所示的“命名林根域”对话框。在“目录林根级域的 FQDN”文本框中输入林根域的域名（如 wl. com）。

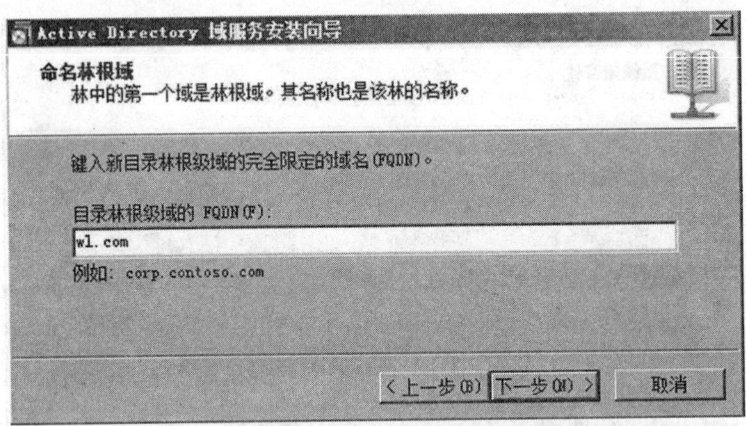

图 3-39　Active Directory 域服务安装向导（d）

（6）单击“下一步”，出现如图 3-40 所示的“设置林功能级别”对话框。不同的林功能级别可以向下兼容不同平台的 Active Directory 服务功能。选择“Windows 2000”则可以提供 Windows 2000 平台以上的所有 Active Directory 功能；选择“Windows 2003”则可以提供 Windows 2003 平台以上的所有 Active Directory 功能。用户可以根据自己实际网络环境选择合适的功能级别。

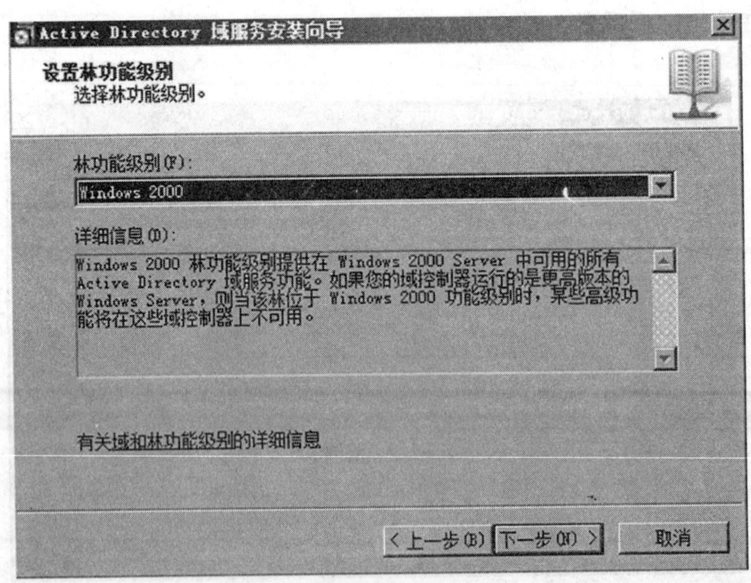

图 3-40　Active Directory 域服务安装向导（e）

（7）单击“下一步”，出现如图 3-41 所示“设置域功能级别”的对话框。设置不同的

域功能级别主要是为兼容不同平台下的网络用户和子域控制器。例如，设置了“Windows Server 2003”，则只能向该域中添加 Windows Server 2003 平台或更高版本的子域控制器。

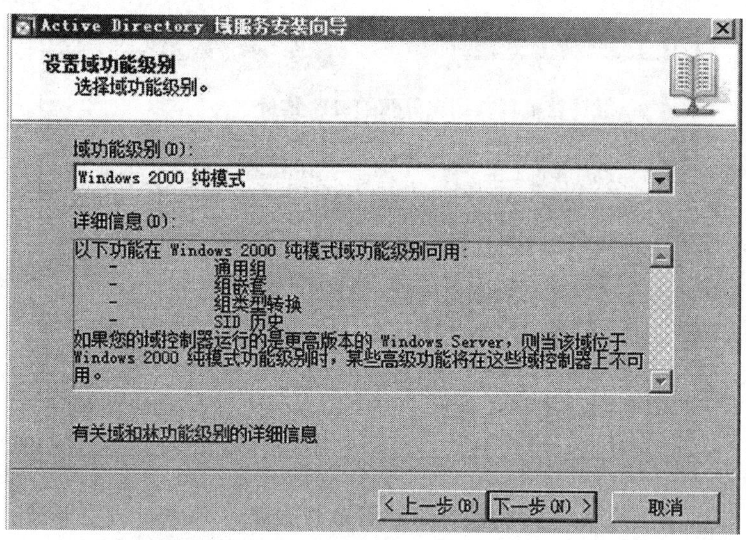

图 3－41　Active Directory 域服务安装向导（f）

（8）单击“下一步”按钮，出现如图 3－42 所示的“其他域控制器选项”对话框。林中的第一个域控制器必须是全局编录服务器且不能是只读域控制器，所以“全局编录”和“只读域控制器”两个选项都不可选。建议勾选“DNS 服务器”复选框，在域控制器上同时安装 DNS 服务器。

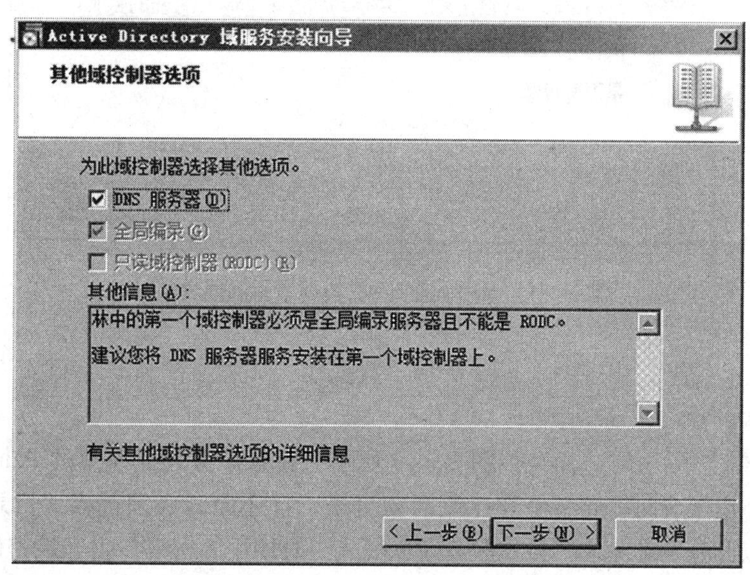

图 3－42　Active Directory 域服务安装向导（g）

(9) 单击“下一步”按钮，出现如图 3－43 所示的“静态 IP 分配”对话框，单击“否”。

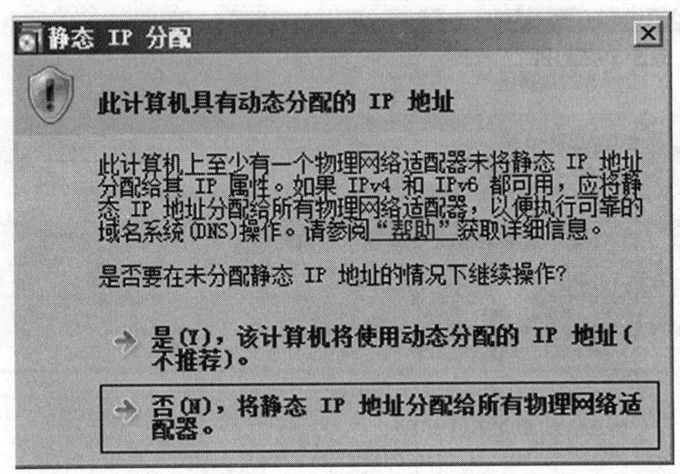

图 3－43　静态 IP 分配

(10) 分配 IP 地址后，开始检查 DNS 配置，并显示如图 3－44 所示的警告框，提示无法创建 DNS 服务器的委派。

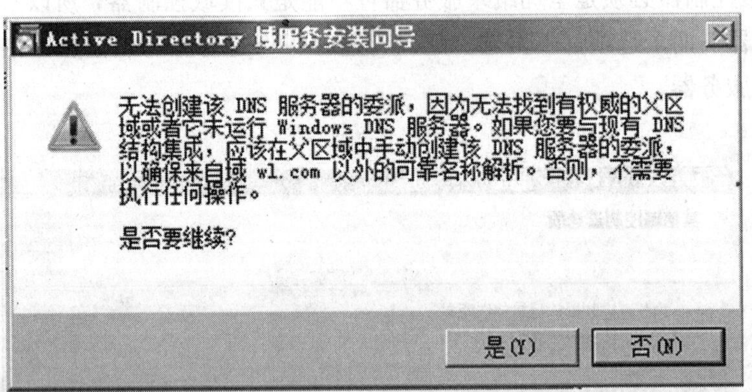

图 3－44　Active Directory 域服务安装向导（h）

(11) 单击“是”，出现图 3－45 所示“数据库、日志文件和 SYSVOL 的位置”对话框，保持默认。

(12) 单击“下一步”，出现如图 3－46 所示“目录服务还原模式的 Administrator 密码”对话框。由于有时需要备份和还原活动目录，且还原时必须进入“目录服务还原模式”下，所以此处要求输入“目录服务还原模式”时使用的密码。由于该密码和管理员密码可能不同，所以一定要牢记该密码。

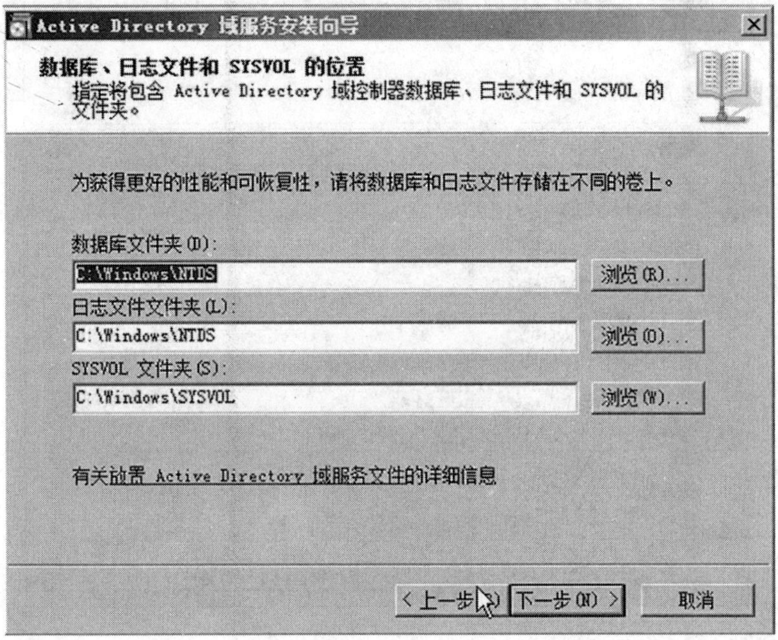

Active Directory 域服务安装向导

数据库、日志文件和 SYSVOL 的位置

指定将包含 Active Directory 域控制器数据库、日志文件和 SYSVOL 的文件夹。

为获得更好的性能和可恢复性，请将数据库和日志文件存储在不同的卷上。

数据库文件夹(D):

C:\Windows\NTDS 浏览(R)...

日志文件文件夹(L):

C:\Windows\NTDS 浏览(O)...

SYSVOL 文件夹(S):

C:\Windows\SYSVOL 浏览(W)...

有关放置 Active Directory 域服务文件的详细信息

< 上一步(B) 下一步(N) > 取消

图 3-45 Active Directory 域服务安装向导（i）

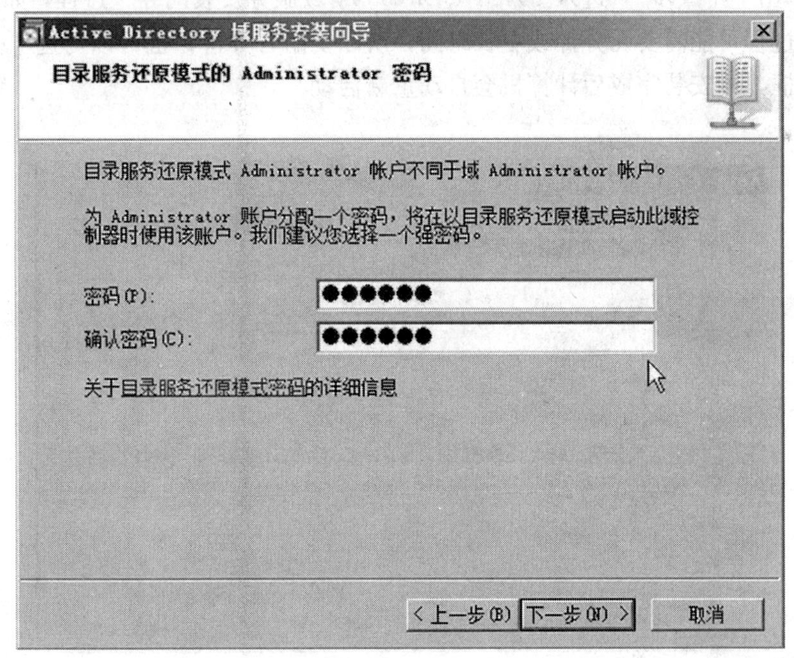

图 3-46 Active Directory 域服务安装向导（j）

（13）单击“下一步”，出现如图 3-47 所示“摘要”对话框，列出前面所有的配置信息。如须修改单击“上一步”返回。

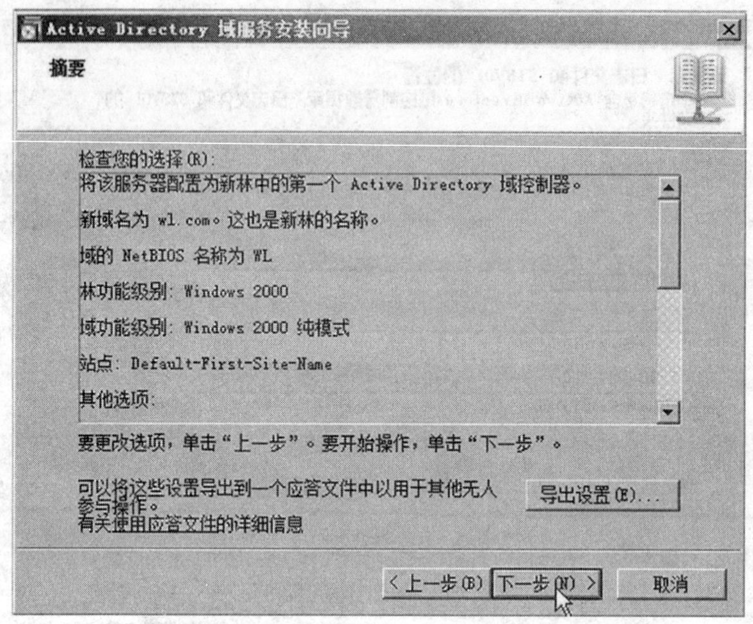

图 3-47 Active Directory 域服务安装向导（k）

（14）单击“下一步”，进入“Active Directory 域服务安装向导”过程，如图 3-48 所示，该安装过程可能需要几分钟或更长时间，所以要耐心等待，也可以勾选“完成后重新启动”复选框，则安装完成后计算机会自动重新启动。

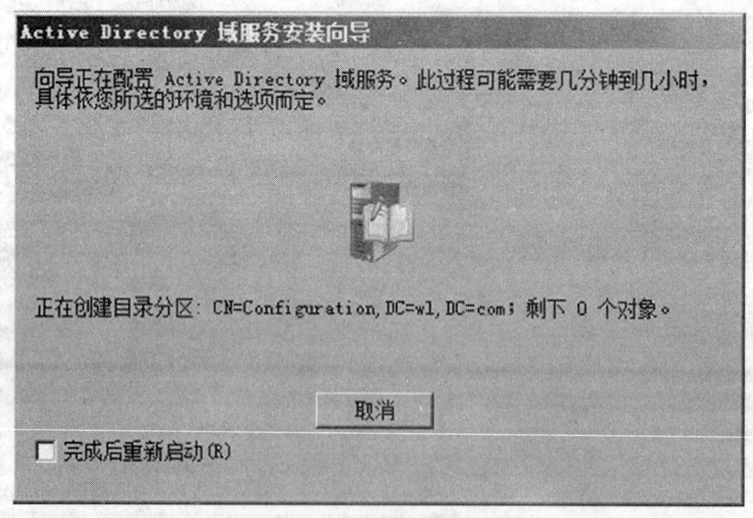

图 3-48 Active Directory 域服务安装向导（l）

（15）配置完成后，出现如图 3-49 所示“完成 Active Directory 域服务安装向导”的对话框，表示 Active Directory 已安装完成。

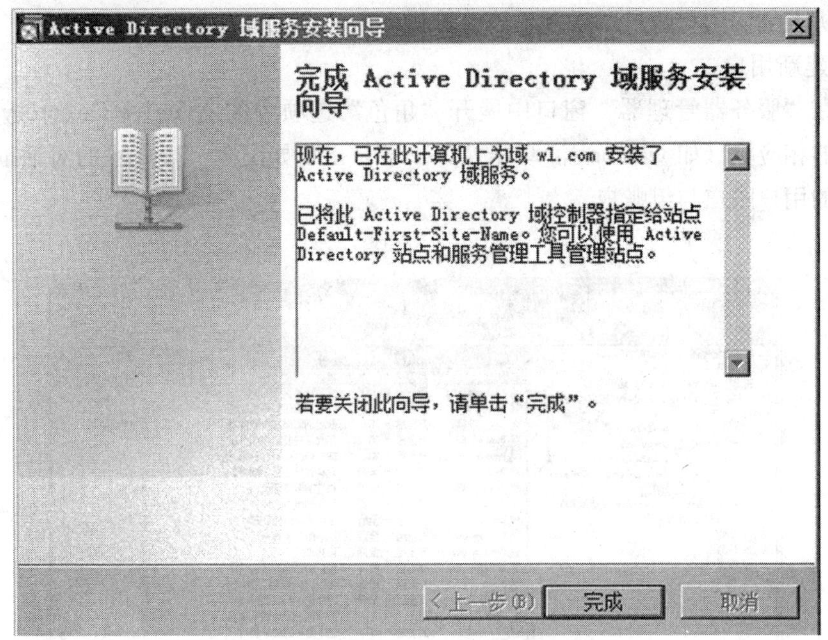

图 3 - 49　Active Directory 域服务安装向导（m）

（16）单击“完成”按钮，出现如图 3 - 50 所示必须重新启动计算机，Active Directory 域服务安装向导所做的更改才能生效。单击“立即重新启动”按钮重启计算机，配置完成。

图 3 - 50　Active Directory 域服务安装向导（n）

（三）用户与组的管理

每个使用计算机的人都有一个代表“身份”的名称，称为“用户”。用户的权限不同，对计算机及网络控制能力与范围也不同。有两种不同类型的用户，即只能访问本地计算机的本地用户账户和可以访问网络中所有计算机的“域用户账户”。在非域控制器中，本地用户和组是主要的管理对象。

用户账户用于验证、授权或拒绝对资源的访问，审核网络上个别用户的活动。组账户是用户账户的集合，它可将一组权限同时分配给多个用户，组中可以包含联系人、计算机和其他组。管理员可以在 Active Directory 中创建用户账户和组来管理域用户，也可以在本地计算机上创建用户账户和组管理该计算机。

1. 创建新用户

（1）在“服务器管理器”窗口中展开“角色”选项中的“Active Directory 用户和计算机”下的相应域（如 wl.com），单击“Users”，出现如图 3-51 所示的对话框，显示了系统默认的用户账户与组账户。

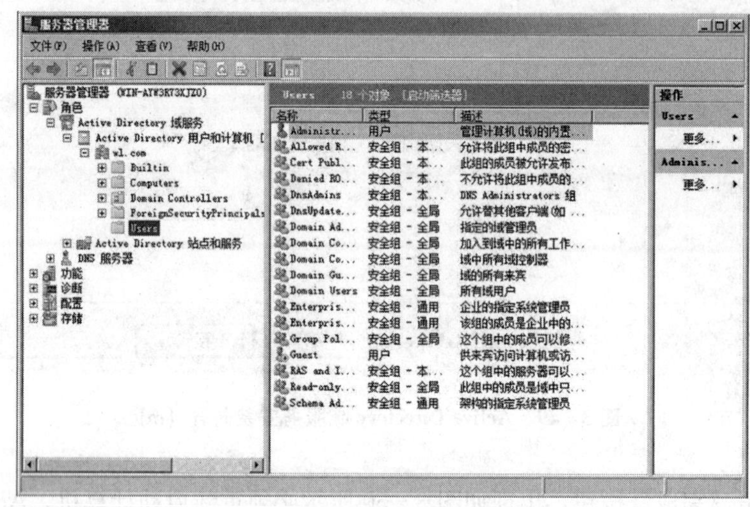

图 3-51 Users 用户管理

（2）右键单击“Users”，选择“新建”—“用户”，如图 3-52 所示，弹出“新建对象—用户”对话框，如图 3-53 所示，在该对话框中分别输入用户“姓”、“名”和用户登录名，并选择用户要登录的那个域。

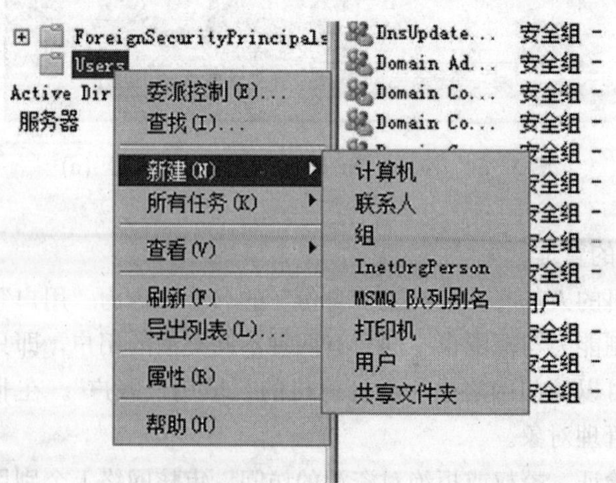

图 3-52 新建用户

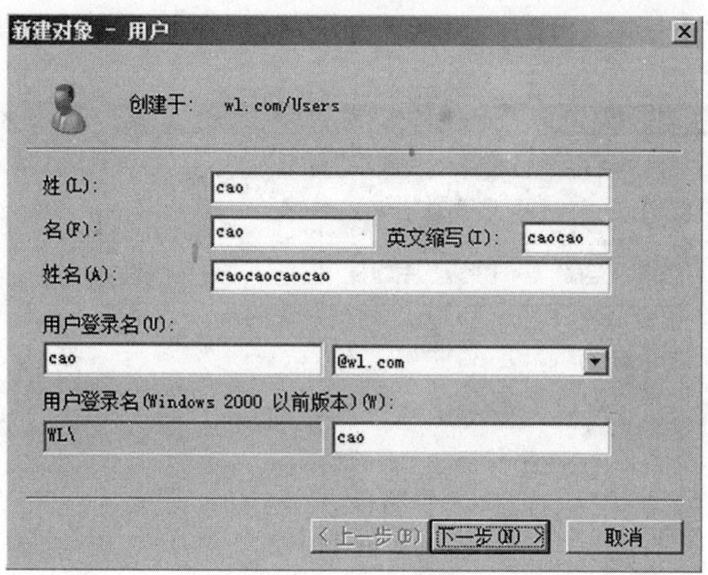

图 3-53　输入用户名

(3) 单击“下一步”，出现如图 3-54 所示的对话框，为新添加的域用户指定登录域时的密码，并指定密码的控制权限：

①用户下次登录时须更改密码：用户每次登录到域之前都要修改密码。

②用户不能更改密码：用户没有权限对自己的密码进行修改。

③密码永不过期：用户可以一直使用该密码，而不会过期。

④账户已禁用：用户不能用该账户登录。

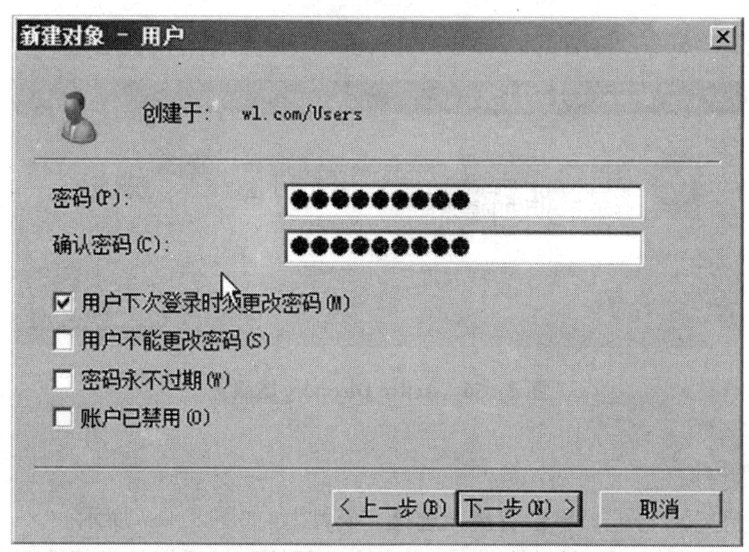

图 3-54　设置用户密码

(4) 单击“下一步”，出现如图 3-55 所示，单击“完成”按钮，完成用户的创建。

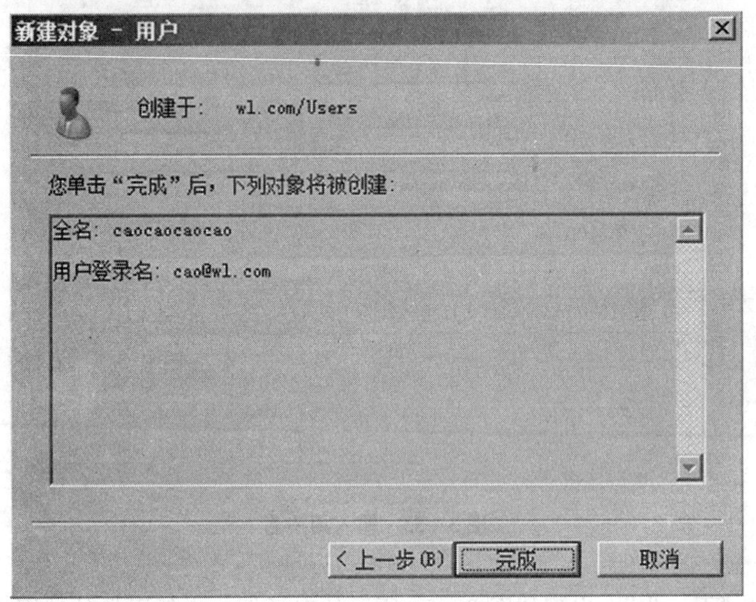

图 3-55 用户新建完成

如果在创建用户时，输入的用户密码不满足系统密码规则的要求，将出现如图 3-56 所示的对话框。

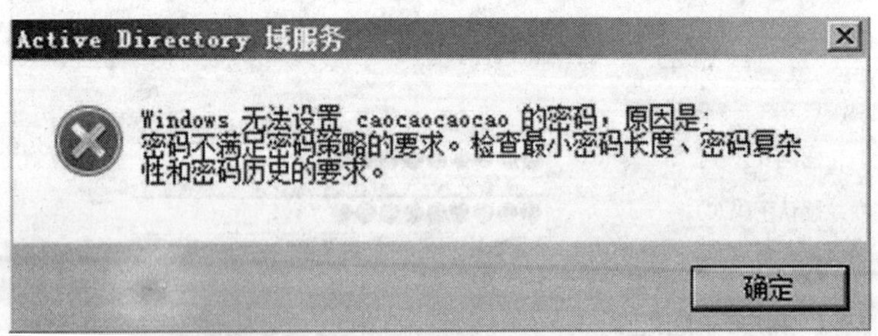

图 3-56 Active Directory 域服务

2. 设置用户属性

(1) 选用户“caocao”，单击右键，选择“属性”，如图 3-57 所示。

(2) 在弹出如图 3-58 所示的“caocaocaocao 属性”对话框的常规选项卡中，列出了用户的基本信息。该信息是创建用户时所输入的。

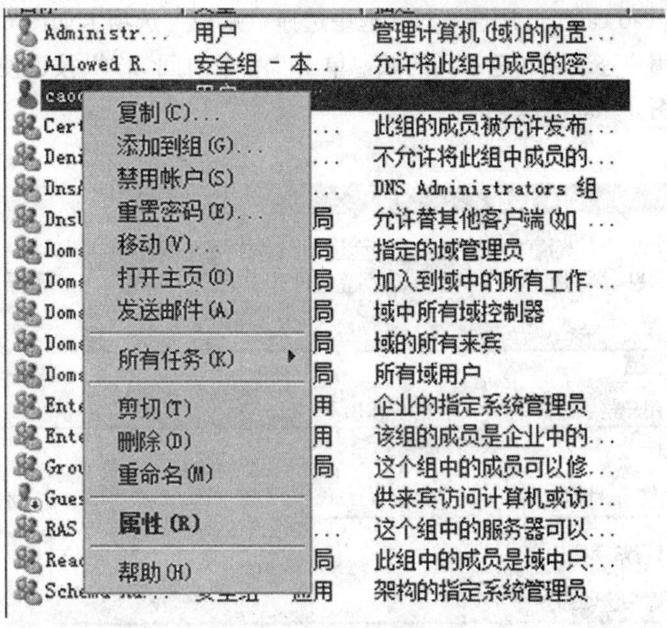

图 3-57　用户右键菜单

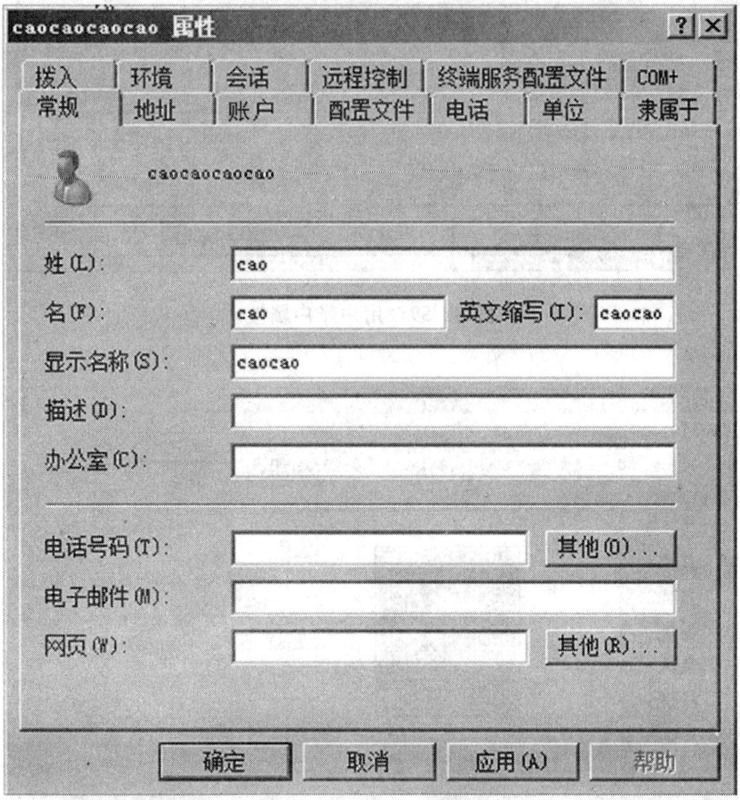

图 3-58　用户属性

(3) 在“cao cao cao cao 属性”对话框中选择“账户”选项卡如图 3－59 所示，在该选项卡中列出了用户登录名和登录到的域，单击“登录时间...”按钮便可进行用户登录时间的设置，如图 3－60 所示。

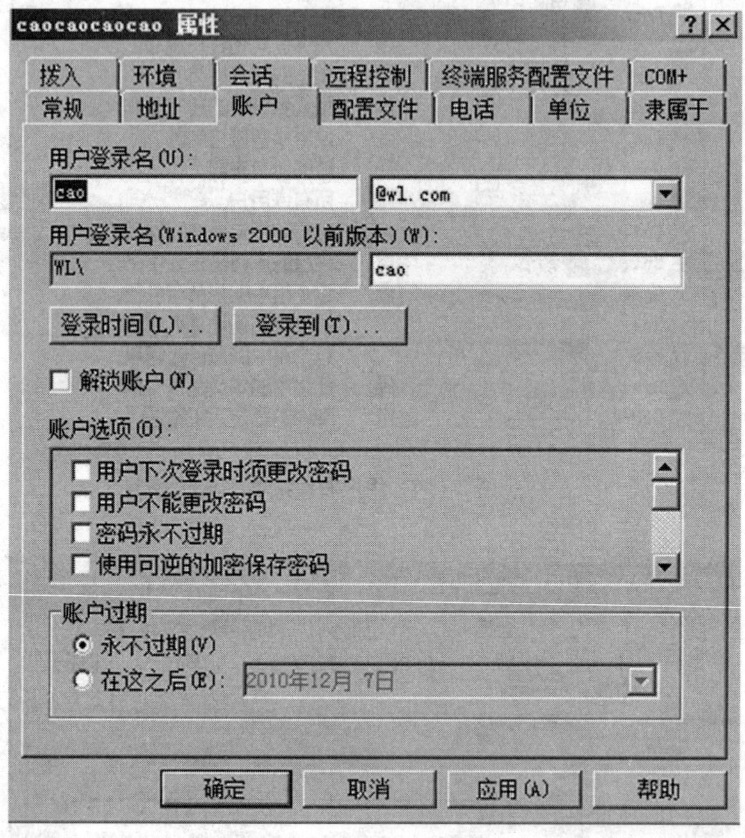

图 3－59　用户账户属性

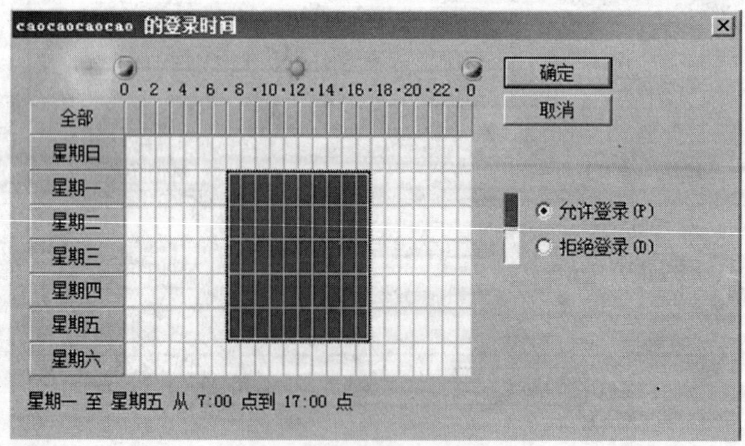

图 3－60　用户登录时间

在图 3-59 中，用户 caocaocaocao 设置的登录时间为星期一至星期五从 7：00 点到 17：00 点。该时间段用户都允许登录到域，其他时间拒绝登录到域。在图 3-60 中还可以解除用户账户的锁定。

（4）在“Users”容器中右键单击用户名称，在弹出的快捷菜单中选择“重置密码”选项，出现如图 3-61 所示的“重置密码”对话框，可以修改用户账户密码。

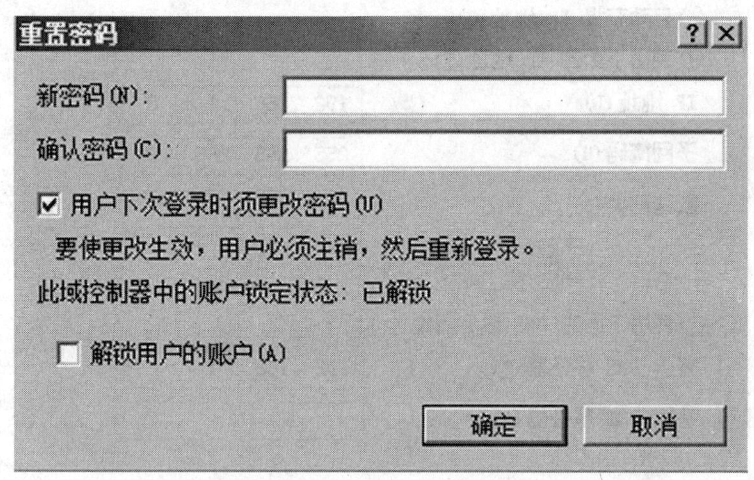

图 3-61　重置用户密码

三、组建 Windows Server 2008 网络

（一）XP 加入域

（1）设置网卡的 IP 地址并使之与 Windows Server 2008 的 IP 地址是同一网段，同时使每台客户机的 DNS 服务器的地址都是 Windows Server 2008 的 DNS 服务器的地址，如图 3-62 所示。

小贴士

在设置网卡的 IP 地址时，如果是在局域网内，默认网关可以不用设置，如果是通过路由而要出去本局域网的就要设置默认网关为路由器的端口 IP 地址。

（2）设置好 IP 地址后，用 Ping 的方法测试 DNS 域名的连通性。如图 3-63 所示说明网络是连通的。

Internet 协议 (TCP/IP) 属性

常规

如果网络支持此功能，则可以获取自动指派的 IP 设置。否则，您需要从网络系统管理员处获得适当的 IP 设置。

○ 自动获得 IP 地址(O)

◉ 使用下面的 IP 地址(S):

IP 地址(I): 192 .168 . 1 . 3

子网掩码(U): 255 .255 .255 . 0

默认网关(D): . . .

○ 自动获得 DNS 服务器地址(B)

◉ 使用下面的 DNS 服务器地址(E):

首选 DNS 服务器(P): 192 .168 . 1 . 2

备用 DNS 服务器(A): . . .

高级(V)...

确定　取消

图 3-62　设置 Internet 协议属性

命令提示符

```
Microsoft Windows XP [版本 5.1.2600]
(C) 版权所有 1985-2001 Microsoft Corp.

C:\Documents and Settings\Administrator>ping wl.com

Pinging wl.com [192.168.1.2] with 32 bytes of data:

Reply from 192.168.1.2: bytes=32 time=9ms TTL=128
Reply from 192.168.1.2: bytes=32 time<1ms TTL=128
Reply from 192.168.1.2: bytes=32 time<1ms TTL=128
Reply from 192.168.1.2: bytes=32 time<1ms TTL=128

Ping statistics for 192.168.1.2:
    Packets: Sent = 4, Received = 4, Lost = 0 (0% loss),
Approximate round trip times in milli-seconds:
    Minimum = 0ms, Maximum = 9ms, Average = 2ms

C:\Documents and Settings\Administrator>
```

图 3-63　ping 命令

如果 ping 不能通过 DNS 服务器，请检查 IP 地址是否设置在同一网络中，DNS 服务器的 IP 地址是否设置正确、网线是否连接等。

(3) 右键单击“我的电脑”，从右键菜单中单击“属性”，出现“系统属性”对话框，选择“计算机名”，如图 3－64 所示。

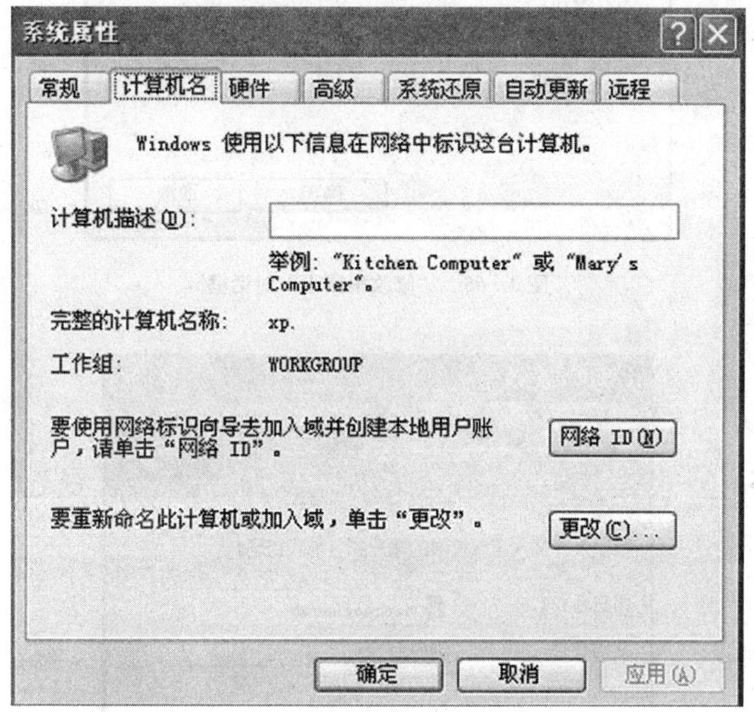

图 3－64　系统属性

(4) 单击“更改”按钮，弹出对话框“计算机名称更改”如图 3－65 所示，在“隶属于”中选择“域”，在“域”文本框中输入在 Windows Server 2008 中的域名（如 wl. com），也可以对计算机名进行修改。

(5) 单击“确定”按钮，显示如图 3－66 所示的登录对话框，要求输入有加入该域权限账户名称和密码。

(6) 在用户名和密码文本框中分别输入用户名和密码，单击“确定”按钮，显示如图 3－67所示的提示加入域成功。

图 3－65　“修改隶属于”对话框

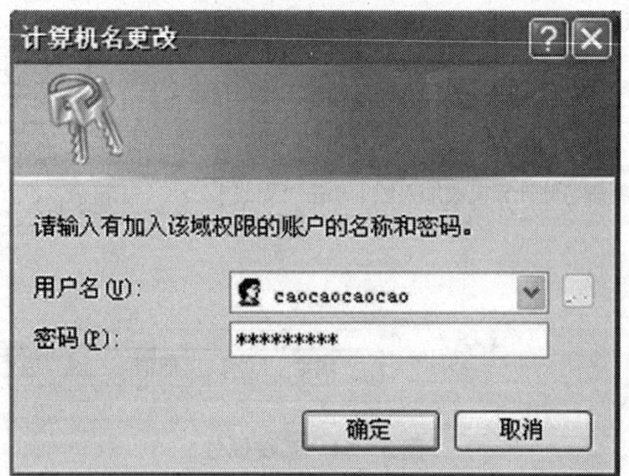

图 3－66　“计算机名更改”对话框

图 3－67　完成“计算机名更改”对话框

小贴士

在图 3-64 中，如果“更改”是灰色不可用，可能是 WorkStation 服务没有启动，请启动 WorkStation 服务“更改”即可使用。不能加入域请启动服务“Remote Registry”和“TCP/IP NetBIOS Helper”。

(二) 登录域

在 Windows XP 加入域并重新启动计算机登录界面，在登录界面中有登录到选项，可以选择“本机”也可以选择登录到域。在这里选择登录到域并输入用户名和密码如图 3-68所示，单击“确定”按钮，计算机就登录 Windows Server 2008 域中。

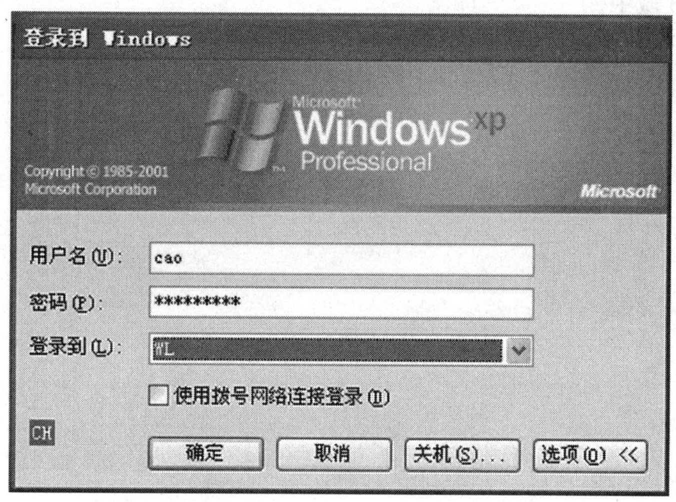

图 3-68 “登录到 Windows”对话框

任务小结

Windows Server 2008 服务器操作系统是基于 Windows Server 2003 发展而来的，它可以充分发挥服务器的硬件性能，为企业网络提供高效的网络传输和可靠的安全保证。特别是在客户/服务器工作模式下，对网络的管理提供了更加方便的作用，不仅减轻了管理员的负担，而且提高了工作效率。

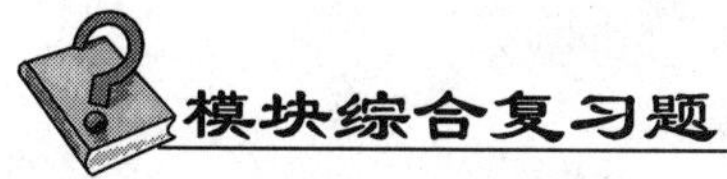

模块综合复习题

一、理论题

1. 对等网的优点与缺点。

2. 在什么情况下公司选择对等网？

3. 客户/服务器网络与对等网有什么异同？

4. 在什么情况下公司选择客户/服务器网络？

二、操作题

［练习目的］掌握局域网配置方法。

［练习设备］PC 机 3 台，交换机 1 台。

［练习内容］

1. 在一台 PC 机上安装好 Windows Server 2008 系统，并配置域，本机的作用就是相当于一个服务器的作用。

2. 在其他的本台 PC 机中安装 Windows XP 系统，当客户端。

3. 通过交换机使三台 PC 机互相通信，并且 Windows XP 所在的 PC 机加入到 Windows Server 2008 域中。

4. 实现网络资源共享。

项目四 Internet 的应用

知识目标

1. 了解 Internet 的基础知识。
2. 掌握接入 Internet 的相关技术。
3. 掌握 Internet 的应用。

能力目标

1. 能学会如何接入 Internet。
2. 能够运用网络浏览工具，学会使用电子邮件、即时通信、文件传输。

Internet 又称互联网，全国自然科学名词审定委员会推荐的译名是“因特网”。Internet 是一种计算机网络的集合。它以 TCP/IP 网络协议为基础进行数据通信，把全世界众多的计算机网络和成千上万台计算机相互连接起来，使原本分散在单台计算机上或限制在局域网络中的信息资源，便于人们相互交流与使用。它使得任何人只要拥有一台与 Internet 相连的普通微机，就可与世界范围内上网的计算机用户进行跨时空的信息交流与资源共享。

任务一 接入 Internet

任务导入

某用户已开通了 ADSL，现在想在 Windows XP 操作系统中使用 ADSL 上网。

任务分析

用户开通了 ADSL 之后，服务商将给用户提供一个唯一确定的用户名和密码。当用户确认所有硬件安装完毕，并且 Modern 运行正常后，新建一个连接，并输入服务商提供的用户名和密码后，就可以连机上网“冲浪”了。

知识准备

一、Internet 的产生和发展

Internet 的产生最早要追溯到 20 世纪 60 年代初，当时，美国国防部认为，当仅有一

个集中的军事指挥中心，如果这个指挥中心被苏联的核武器摧毁，那么全国的军事将陷于瘫痪状态，其后果将不堪设想。因此，有必要设计这样一个分散的指挥系统——它由一个个分散的指挥点组成，当部分指挥点被摧毁后，其他指挥点仍能正常工作，而这些分散的点又能通过某种形式的通信网络取得联系。

在这种考虑下，美国国防部高级研究计划管理局（Advanced Research Projects Agency，ARPA）开始建立一个名为 ARPA Net 的网络，把美国的几个军事及研究用的计算机主机连接起来。当时，ARPA Net 只连接了 4 台主机，并被置于美国国防部高级机密的保护下。从技术上看，它还不具备向外推广的条件。但是，ARPA Net 的诞生，是现代意义的计算机网络诞生的标志，是计算机网络发展史上的一个重要里程碑。

Internet 的发展经历了研究实验、实用发展和商业化 3 个阶段。

1. 研究实验阶段（1969—1983 年）

1969 年 ARPA Net 诞生至 1979 年，基本完成了 TCP/IP 体系结构和协议规范；1980 年，ARPA 和美国国防部通信局成功研制了用于异构网络中的 TCP/IP 协议，并将之全面推广。1983 年，美国加利福尼亚伯克莱分校把 TCP/IP 作为其 BSD UNIX（Berkley Software Distribution）的一部分，使得该协议得以在社会上流行起来，从而诞生了真正的 Internet。

2. 实用发展阶段（1983—1991 年）

1984 年，由于安全和管理上的需要，ARPA Net 被分为 ARPA Net（民用科研）和 MIL Net（军用）两个网络。

1986 年，美国国家科学基金会（National Science Foundation，NSF）利用 TCP/IP 协议，将 5 个科研教育服务超级计算机中心与 ARPA Net 相连，并在此基础上建立了 NSFNET 广域网。由于 NSF 的鼓励和支持，很多大学和科研机构纷纷把自己的局域网并入 NSFNET 中。由此，NSFNET 几乎覆盖了全美的所有大学和科研机构。由于 ARPA Net 设备的逐渐陈旧，于是，ARPA Net——网络之父，逐步被 NSFNET 所替代。到 1990 年，ARPA Net 完成了其历史使命，被正式关闭，退出了历史舞台。

1989 年，由 CERN 开发成功 www 网，为 Internet 实现广域超媒体信息截取/检索奠定了基础。

3. 商业化阶段（1991 年至今）

在 20 世纪 90 年代以前，Internet 的使用仅限于科研与学术领域，商业性机构进入 Internet 一直受到各种法规和传统问题的困扰。

1991 年，美国的 3 家公司 Genelral Atomics、Performance Systems International 和 UUnet Telchnologies 分别经营着自己的 CERFNET、PSINET 和 AlterNET，可以在一定程度上向看客户提供 Internet 连网服务。他们组成了“商用 Internet 协会”，该协会宣布用户可以把他们的 Internet 子网用于任何的商业用途。Internet 商业化服务提供商的出现，使工商企业终于可以堂堂正正地进入 Internet。商业机构一踏入 Internet 这一领域就发现了它在通信、资料检索、客户服务等方面的巨大潜力。于是，其势一发不可收拾，世界各地成千上万的企业和个人纷纷加入 Internet，由此带来 Internet 发展史上的一个新的飞跃。

1991 年，Internet 主干网交由私人经营，对接入 Internet 的用户开始收费。1995 年 4 月 30 日，NSFNET 完成了自己的历史使命，正式宣布转为研究性网络，代替它维护和运营 Internet 主干网的是经美国政府指定的 3 家私营企业：Pacific Bell、Ameritech Advanced Data Services and Bellcore 和 Sprint。至此，Internet 商业化彻底完成。

二、我国 Internet 发展简史

Internet 引入我国的时间不长，但发展迅速，总体可分为以下 3 个阶段。

1. 研究实验阶段（1986—1993 年）

1986 年，北京市计算机应用技术研究所实施的国家连网项目——中国学术网（CANET）正式启动。1987 年 9 月 CANET 在北京计算机应用技术研究所正式建成中国第一个国际互联网电子邮件节点。1988 年 12 月，在清华大学开通了电子邮件的应用。

1989—1993 年建成世界银行贷款项目中关村地区教育与科研示范网络（NCFC）工程。它包括 1 个主干网和 3 个院校网——中科院院网（CASNET）、清华大学校园网（TUNET）和北京大学校园网（PUNET）。

1991 年 11 月 28 日，中国正式在斯坦福研究机构的网络信息中心（SRI－NIC）注册登记了中国的顶级域名 CN，并开通了使用中国顶级域名 CN 的国际电子邮件服务，从此中国的网络有了自己的身份标示。

2. 起步阶段（1994—1996 年）

1994 年 1 月，NFS 同意 NCFC 正式连入 Internet 的要求。同年 4 月，NCFC 通过美国 Sprint 公司连入 Internet，实现了与 Internet 的全功能连接。1994 年 5 月，国内开始建立和运行我国的域名体系。

随后几大公共数据通信网——中国公用分组交换数据通信网（China PAC）、中国公用数字数据网（China DDN）、中国公用帧中继网（China FRN）建成，为我国 Internet 的普及奠定了良好的基础。

1994 年，中国公用计算机因特网络（China NET）开始启动；1994 年 10 月，中国教育和科研计算机网（CERNET）启动并于 1995 年 7 月连入 Internet；1996 年 9 月，中国金桥信息网（China GBN）连入美国的专线开通；1997 年年底，中国当时最著名的四大网络——China NET、CERNET、CSTNET（中国科学技术网）和 China GBN 互连，并与 Internet 建立连接。

3. 快速增长阶段（1997 年至今）

1997 年 6 月 3 日，根据国务院信息化工作领导小组办公室的决定，中国科学院在中科院网络信息中心组建了中国互联网络信息中心（CNNIC），同时，成立了中国互联网络信息中心工作委员会。这一阶段我国的 Internet 沿着两个方向发展：一是商业网络迅速发展；二是政府上网工程开始启动。

商业网络方面。我国接入 Internet 的用户由 1998 年的 80 万人增至 2009 年 6 月的 3.38 亿人。此外，到 2009 年 6 月 CN 注册的域名数、网站数分别达到 1296 万个和 306 万

个，IP 地址数量也增至 2.05 亿个，网络国际出口带宽总量达到 747541Mbps。

政府上网工程方面。1991 年 1 月 22 日，由原国家经济贸易委员会信息中心和中国电信共同主办，联合 48 个部委和国务院直属机构共同发起的"政府上网工程"正式启动。2000 年，80%以上的各级政府和部门已经建立网站，并提供信息共享和便民应用项目。到目前，政府上网已达到一定广度和深度，电子政务已大面积立项并展开建设。

三、域名地址

IP 地址由 4 段从 0 到 255 之间的数字组成，但这些数字比较难记，所以有人发明了一种新方法来代替这种数字，即域名（Domain Name）地址。域名格式是由若干部分组成，每个部分又称为子域名，它们之间用"."隔开，每部分最少由两个字母或数字组成。域名通常按分层结构来构造，每个子域名都有其特定的含义。例如 www.hbctc.edu.cn 就具有一定的意义，其中"hbctc"代表湖北交通职业技术学院，"www"代表万维网（World WideWeb，WWW），"edu"代表教育网（Education）"cn"代表中国（China），整个域名合起来就代表中国教育网上的湖北交通职业技术学院站点。

域名地址和用数字表示的 IP 地址实际是相同的，只是外表上不同。在访问一个站点的时候，可以输入这个站点的 IP 地址，也可以输入它的域名地址。一个域名地址和对应的 IP 地址相互转换称为域名解析。域名和 IP 地址信息实际是存放在互联网服务提供商（ISP）中称为域名服务器（DDS）的计算机上，当输入一个域名地址时，DDS 就会搜索其对应的 IP 地址，然后访问该地址所表示的站点。

通常情况下，一个完整的 IP 地址由 4 部分组成：

计算机主机名. 本地名. 组名. 顶级域名

从右到左，子域名分别表示不同的国家或地区的名称（只有美国可以省略表示国家的顶级域名）、组织类别、组织名称和计算机名称等。顶级域名大致上可以分为两大类：一类是组织性顶级域名；另一类是地理性顶级域名。

在组织性顶级域名中，不显示所属的国家或地区，直接用顶级域名表示该网络的属性，其相互之间的对应关系如表 4-1 所示。

表 4-1　　组织性顶级域名与组织类别对照

域　名	组织类别	域　名	组织类别
com	工商、金融等企业	edu	教育机构
gov	政府组织	int	国际组织
mil	军事部门	net	网络相关机构
org	非营利性组织	info	信息相关机构
biz	工商企业	name	个人网站
coop	合作组织	aero	航空运输
pro	医生、律师、会计专用	museum	博物馆

在地理性顶级域名中，顶级域名表示国家或地区，组名表示网络的属性，其相互之间的对应关系如表 4-2 所示。

表 4-2 国家性顶级域名与国家或地区对照

域 名	国家或地区	域 名	国家或地区
cn	中国	au	澳大利亚
uk	英国	jp	日本
hk	中国香港	in	印度

四、URL 地址

统一资源定位地址（URL）是在 WWW 中标识某一特定信息资源所在位置的字符串，是一个具有指针作用的地址标准，在 WWW 上查询信息必不可少的一项操作，在浏览器中输入查询目标的地址，这个地址就是 URL 地址，也称 Web 地址，俗称"网址"。一个 URL 指定一个远程服务器域名和一个 Web 页，换言之，每个 Web 页都有唯一的 URL。使用 WWW 的浏览程序（例如 Internet Explorer、Netscape、Mosaic 等），网页的超文本链接将引导用户找到所需要的信息资源。URL 也可指向 FTP、WAIS 和 gopher 服务器代表的信息。

一个 URL 包括以下几个部分：协议、主机域名、端口号（任选）、目录路径（任选）和一个文件名（任选）。其格式为：

Scheme：//host. Domain [：port/Upath/filename]

其中，scheme 指定服务连接的方式（协议），通常有下列几种。

file：本地计算机上的文件

ftp：FTP 服务器上的文件

gopher：Gopher 服务器上的文件

http：WWW 服务器上的文件

New：一个 Usenet 的新闻组

telent：一个 Talent 站点

wais：一个 WAIS 服务器

mailto：发送邮件给某人

在协议的冒号之后通常有两个反斜线，内容表示指定信息资源的位置，其后是一个可选的端口号，地址的最后部分是路径或文件名。如果端口号缺省，表示使用与某种服务方式相对应的标准端口号。根据查询要求的不同，给出的 URL 中目录路径这一项可有可无。如果在查询中要求包括文件路径，那么，在 URL 中就要具体指出访问的文件名称。

http：//www. whut. edu. com 代表使用 http 协议登录位于 WWW 服务器上的武汉理工大学网址的服务

telent：//bbs. nstd. edu 代表使用远程登录的服务

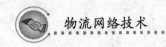

ftp：//ftp. microsoft. com	代表使用文件传输协议，通过互联网传输文件
mailto：sun _ girl@21cn. com	代表发送一封 E-mail 给 21cn 网站中的某一邮箱
file：//c：/temp/abc. html	代表存取 C 盘文件的服务

五、ADSL（Asymmetrical Digital Subscriber Line，非对称数字用户线路）

ADSL 是一种新的数据传输方式，它因为上行和下行带宽不对称，因此被称为非对称数字用户线路。它采用频分复用技术把普通的电话线分为电话、上行和下行三个相对独立的信道，从而避免了相互之间的干扰。

ADSL 具备的主要特点：

（1）ADSL 具有很高的传输速率

ADSL 可达到下行 2～8Mbps，上行 64～640Kbps 的传输速度，是普通拨号 MODEM 的百倍以上，也是宽带上网中速度较高的一种。

（2）ADSL 上网和打电话互不干扰

ADSL 数据信号和电话音频信号以频分复用原理调制于各自频段互不干涉，上网的同时可以打电话，避免了拨号上网的烦恼。

（3）ADSL 独享带宽安全可靠

虽然宽带方式在速度方面更快，但有的则属于共享宽带方式，如 cable MODEM 下行可达到 20Mbps。由于它是一种粗糙的总线广播网络，成千上万用户争抢 20Mbps 的带宽，属于总线型的网络，先天的广播特性造成了信息传输的不安全性。而 ADSL 利用中国电信深入千家万户的电话网络，先天形成星形结构的网络拓扑构造，骨干网络采用中国电信遍布全国的光纤传输，独享 2～8Mbps 带宽，信息传输快速可靠安全。

（4）ADSL 费用低廉

一方面，虽然电话线同时传输电话语音和数据，但数据并不通过电话交换机，因此不用拨号，一直在线，属于专线上网方式，意味着使用 ADSL 上网不需要缴纳拨号上网的电话费用。另一方面，不需要对原有电话线路进行改造，用户不需要购买价格昂贵的设备，只需要一个现在相当普及的 ADSL MODEM 即可，相对来说投资较少。

（5）ADSL 能提供多媒体服务

ADSL 能提供真正的视频点播 VOD、网上游戏、交互电视、网上购物等宽带多媒体服务，远程 LAN 接入、远程办公等高速数据应用，享受远程医疗、远程教学、可视会议、体育比赛现场直播等服务。

使用 ADSL 上网需要有配备网卡的计算机和 ADSL 专用 MODEM，由专门的 ADSL 网络服务提供商给每个用户提供一个专门账号。

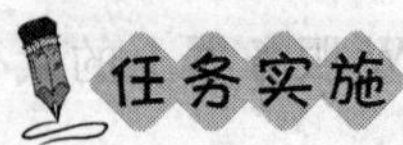

在 Windows XP 操作系统中通过新建连接来实现 ADSL 上网：

（1）选择“开始”菜单中的“网上邻居”命令，在打开的“网上邻居”窗口左侧的“网络任务”列表中单击“查看网络连接”，如图 4－1 所示。

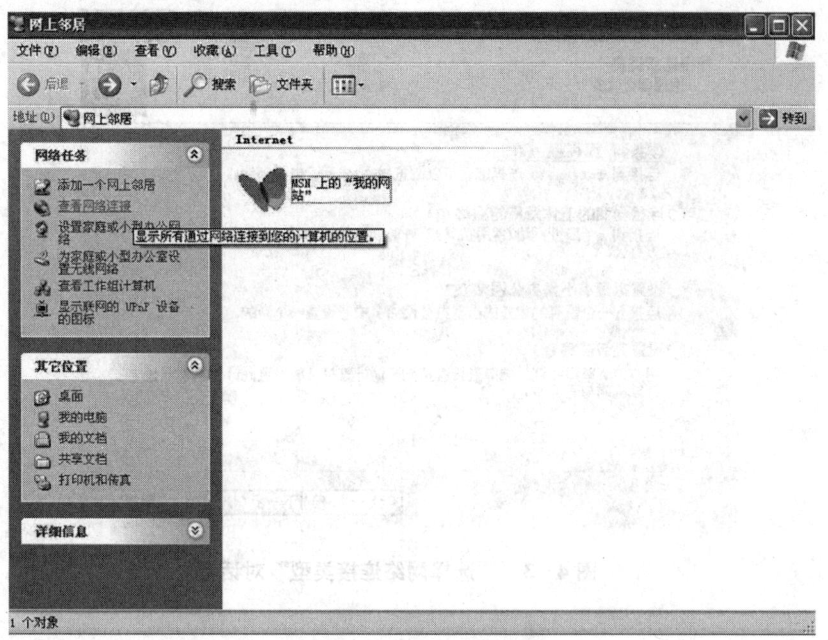

图 4－1 “网上邻居”窗口

（2）在打开的“网络连接”窗口中，单击“网络任务”列表下的“创建一个新的连接”，开始新建连接，如图 4－2 所示。

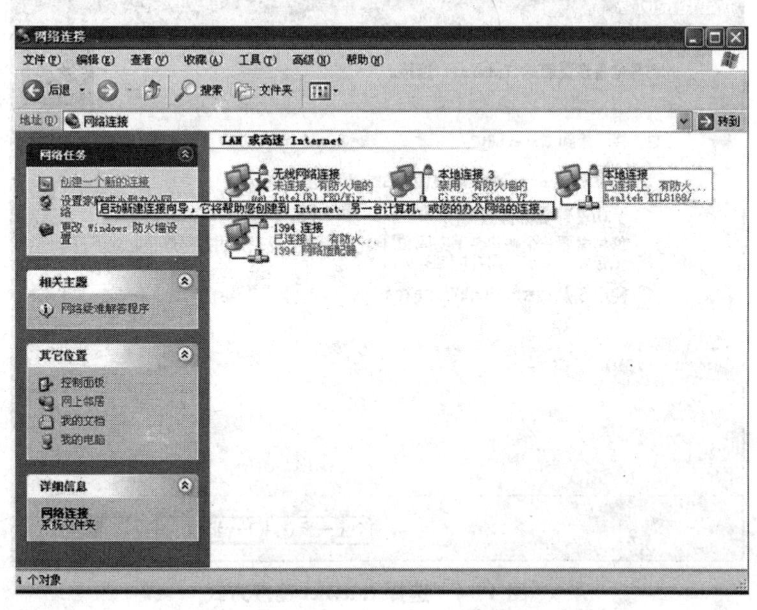

图 4－2 “网络连接”窗口

(3) 在打开的“新建连接向导”对话框中单击“下一步”按钮，在网络连接类型中选择第一项“连接到 Internet”，然后单击“下一步”按钮，如图 4-3 所示。

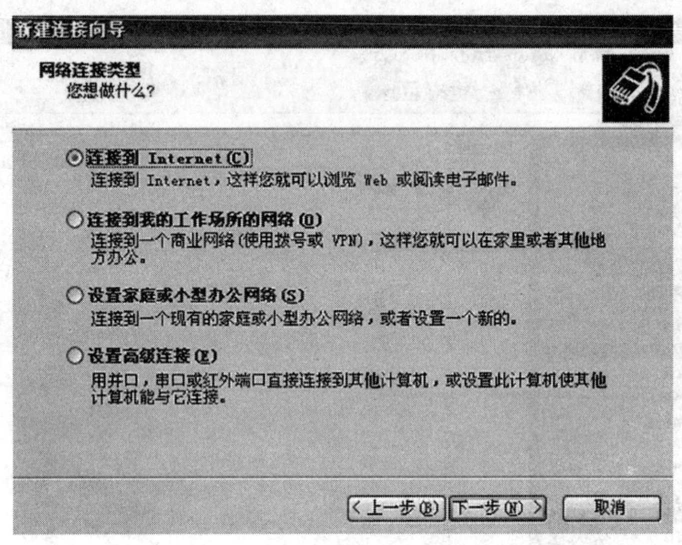

图 4-3 “选择网络连接类型”对话框

(4) 在打开的对话框中选择 Internet 连接方式，选择“手动设置我的连接”单选按钮后单击“下一步”按钮，如图 4-4 所示。在 Internet 连接中选择“用要求用户名和密码的宽带连接来连接”单选按钮，并单击“下一步”按钮，如图 4-5 所示。

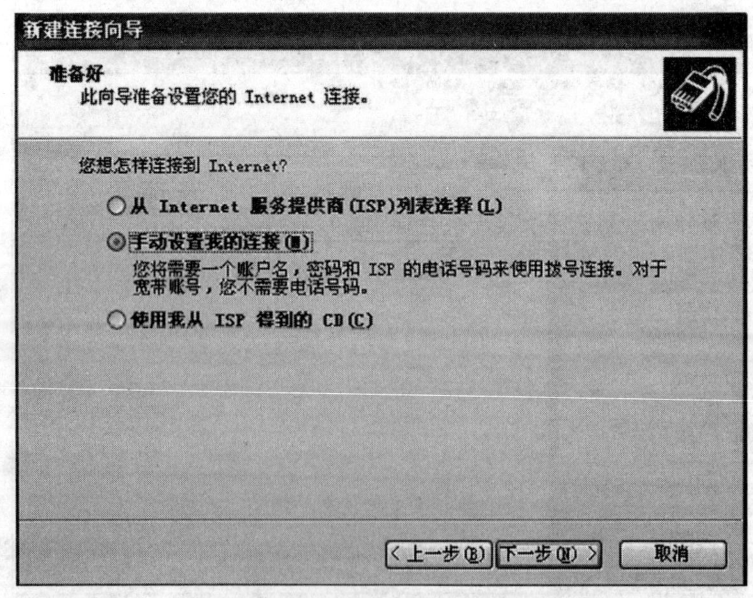

图 4-4 选择 Internet 连接方式

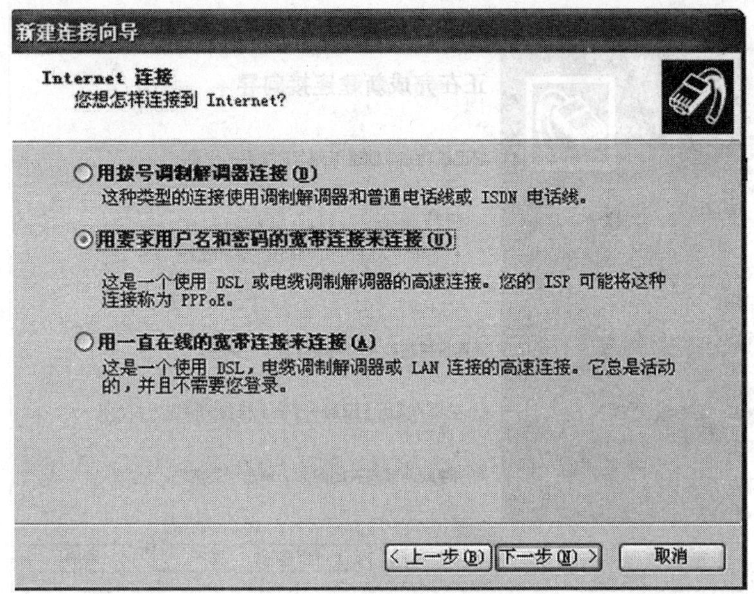

图 4－5 选择“Internet 连接”

(5) 在打开的对话框中输入 ISP 名称“adsl”后单击“下一步”按钮，如图 4－6 所示。在新打开的对话框中输入自己的账户信息，包括用户名和密码。

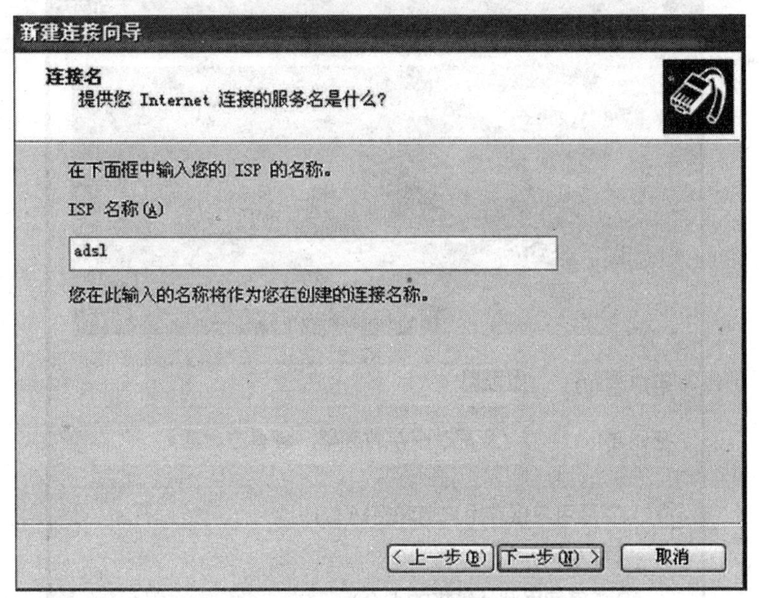

图 4－6 输入连接名

(6) 在“正在完成新建连接向导”界面中选择“在我的桌面上添加一个到此连接的快捷方式”复选框后，单击“完成”按钮，如图 4－7 所示。至此，完成了 ADSL 的新建连接。

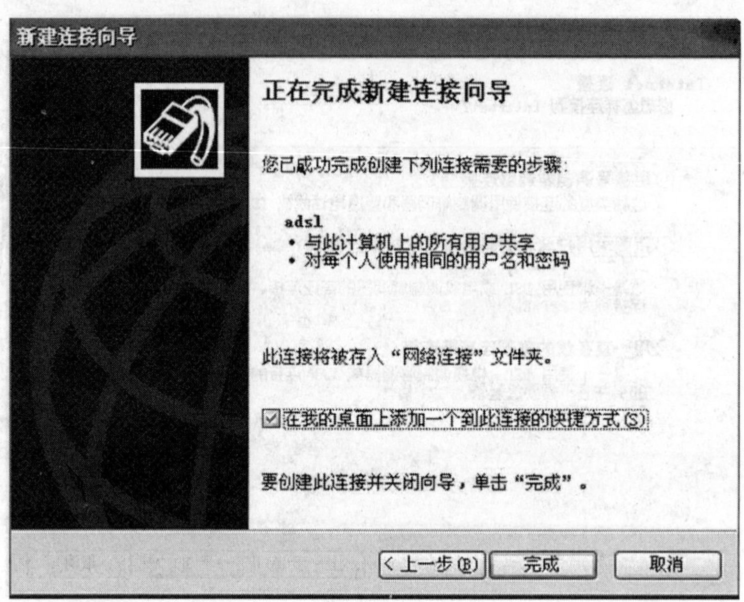

图 4-7　正在完成新建连接向导

(7) 在桌面上双击“adsl”的图标，输入用户名和密码后单击“确定”按钮，即可连接上网，如图 4-8 所示。

图 4-8　连接“adsl”的对话框

ADSL即非对称数字用户线路，是现在常用的有线接入Internet的方式，它是利用分频的技术把普通电话线路所传输的低频信号和高频信号分离，即在同一线路上分别传送数据和语言信号，因此在达到较高传输速率的同时，并不影响电话的正常使用，且设备简单、费用低廉。

任务二 使用IE浏览器

小王家里买了台电脑，想实现以下内容：上网浏览网页，并在网上搜索资料；将要经常访问的网站添加到收藏夹中，以便快速地访问该网站；将“http：//www.sina.com.cn”设置为IE浏览器的默认主页，并且清除IE浏览器中的历史记录。

任务分析

IE浏览器可以实现的功能：让用户浏览网页，在网上搜索资料；对用户有用的网页，可以下载保存。用户可以使用IE浏览器的收藏夹把经常访问的网站的URL地址保存起来，便于以后快速访问该网站，同时还可以通过“整理收藏夹”来创建文件夹、重命名、移动和删除某一收藏。用户可以通过设置IE浏览器的“Internet选项”，将用户经常浏览的网页设置为浏览器的默认主页；在浏览器使用一段时间之后，可以清除它的历史记录；可以设置Internet的安全、隐私、连接和高级等属性，从而能更方便、安全、高效的使用IE浏览器。

知识准备

IE（Internet Explorer）浏览器是微软公司推出的一款网页浏览器，是使用最广泛的网页浏览器，在2005年4月，它的市场占有率约为85%。IE浏览器是微软Windows操作系统的一个组成部分。在旧版的操作系统上，它是独立、免费的。从Windows 95开始，它被捆绑作为所有新版本操作系统中的默认浏览器。微软公司于2009年3月20日正式发布了Internet Explorer 8这个最新版本的浏览器，并同时开放下载。

任务实施

1. 使用IE浏览器上网冲浪的步骤

(1) 将计算机接入Internet后，双击桌面上的“Internet Explorer”图标，可启动IE

浏览器。

（2）在地址栏中输入 URL 地址“http：//www. sina. com. cn”，按回车键后即可打开并浏览新浪主页，如图 4 - 9 所示。

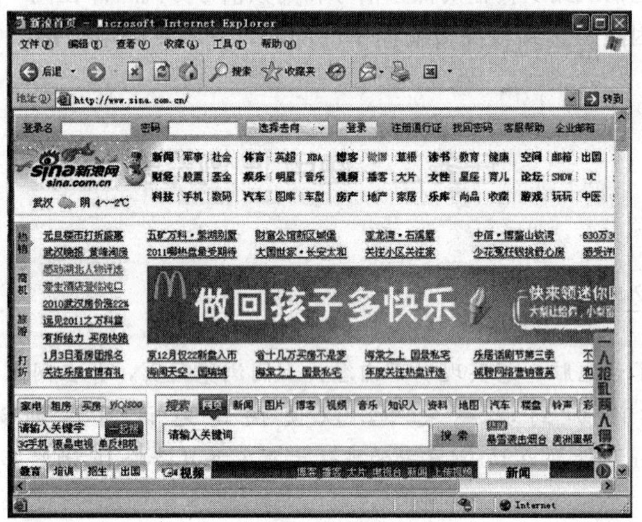

图 4 - 9 浏览网页

（3）查找资料。上网浏览的主要目的之一就是利用网上丰富的资源，在网上搜索要查找的资料。例如，在打开的搜索网站中，输入要查找资源的关键字“方正电脑笔记本”，然后单击“百度一下或搜索”按钮即可，如图 4 - 10 所示。网站会根据所选类别和关键字进行搜索，搜索结果以网页形式显示出来，可点击相关链接直接打开相应的网页进行浏览，如图 4 - 11 所示。

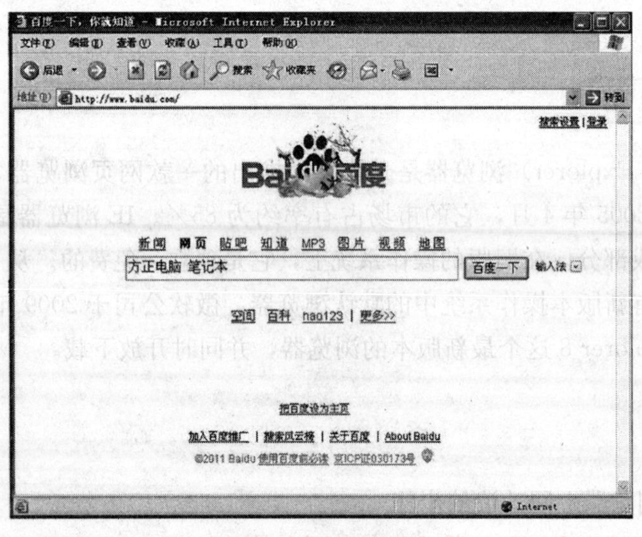

图 4 - 10 查找资料

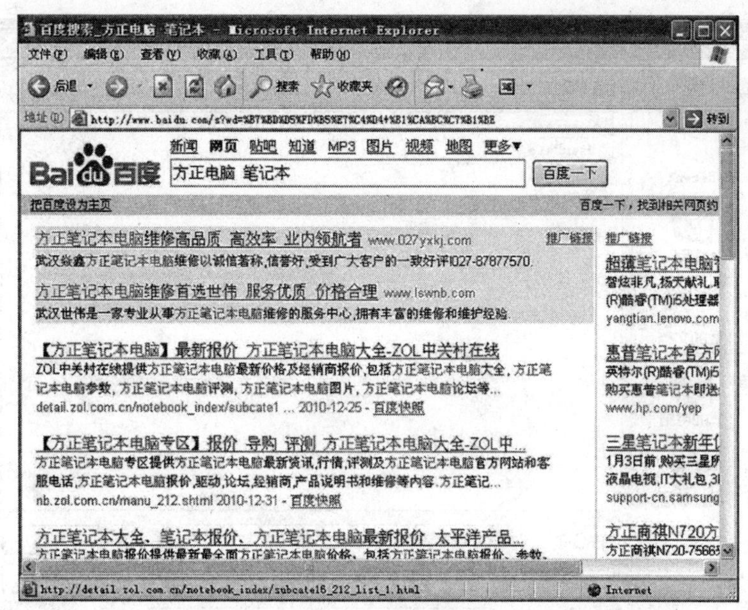

图 4-11　搜索结果页面

（4）下载网页。在打来的网页中，选择“文件”菜单中的“另存为”命令，如图 4-12所示。在弹出的“保存网页”对话框中填写好保存的文件名和位置，单击“保存”按钮即可将当前网页页面保存到指定的位置，如图 4-13 所示。

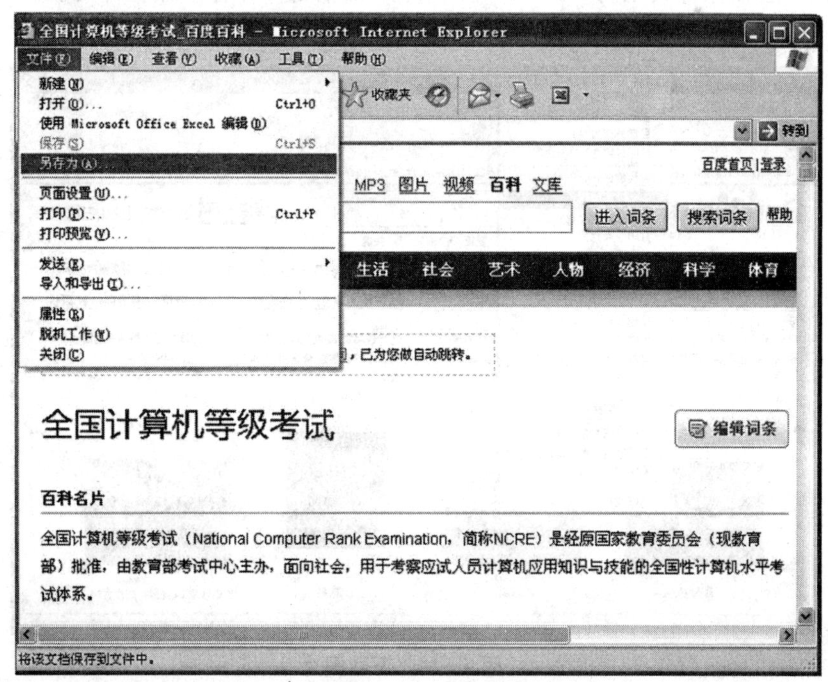

图 4-12　下载网页

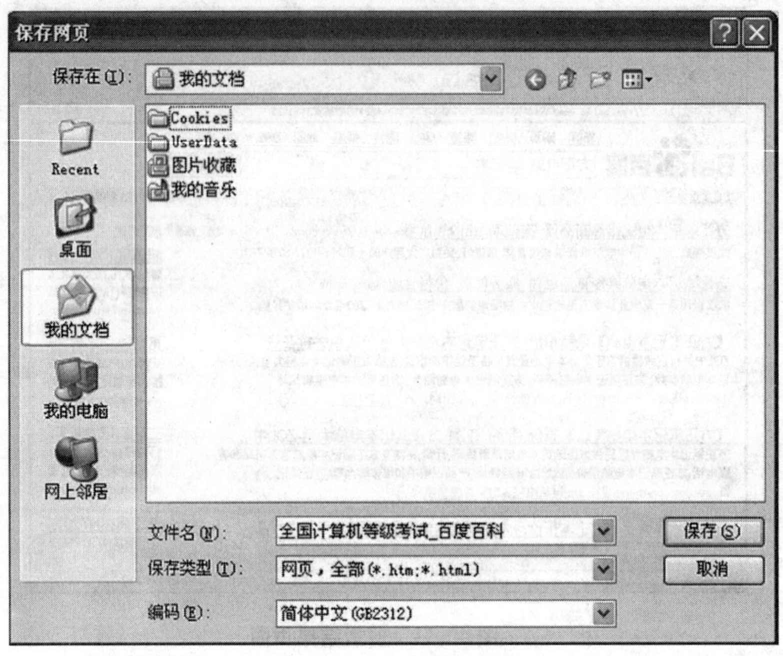

图 4－13　保存网页

（5）下载图片。在打开的网页中用鼠标右键单击下载的图片，在弹出的快捷菜单中选择“图片另存为”命令，如图 4－14 所示。在弹出的“另存为”对话框中填写好保存的文件名和位置，选择保存类型为“JPEG（＊.jpg）”，单击“保存”按钮即可。

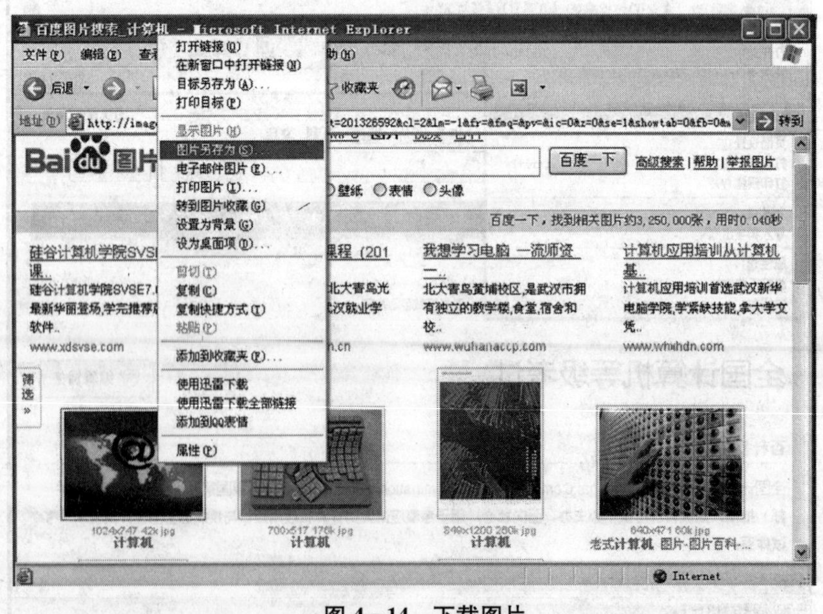

图 4－14　下载图片

2. 使用收藏夹

(1) 添加到收藏夹。打开网页后选择“收藏”菜单中的“添加到收藏夹”命令，如图4-15所示，在弹出的“添加到收藏夹”对话框中输入该网址的名称后，单击“确定”按钮即可。

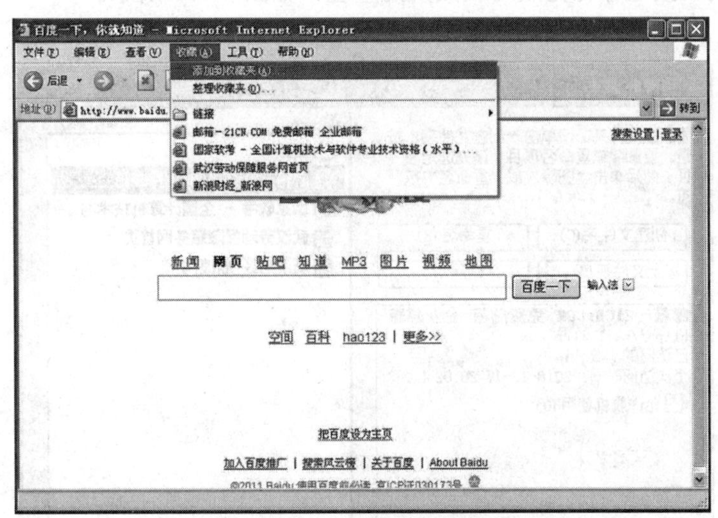

图4-15 添加到收藏夹

(2) 使用某一收藏。在工具栏上单击“收藏夹”按钮，在窗口左侧出现的“收藏夹”栏中单击收藏的网页名称即可打开收藏的网页，如图4-16所示。

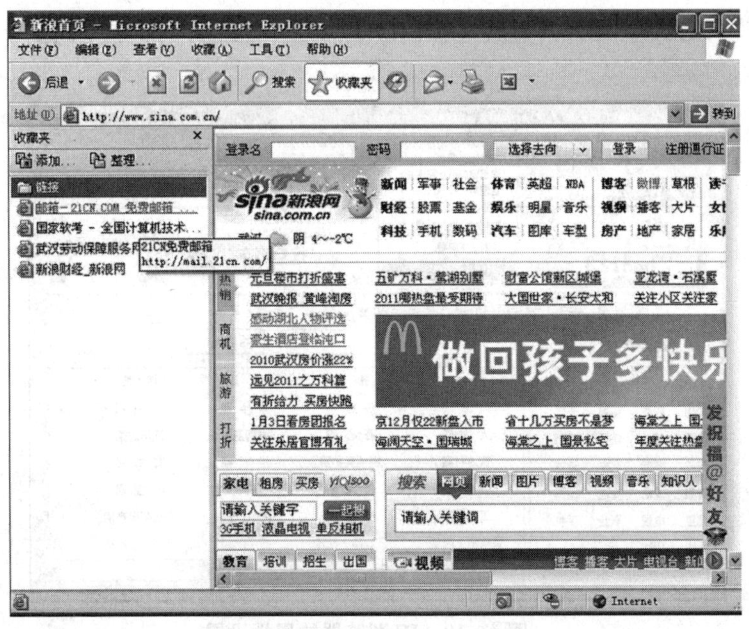

图4-16 使用某一收藏夹

(3) 删除某一收藏。用鼠标右键单击要删除的项目，在弹出的快捷菜单中选择“删除”命令即可。

(4) 整理收藏夹。选择“收藏”菜单中的“整理收藏夹”命令，打开“整理收藏夹”对话框，按照自己的需要进行“创建文件夹”、“重命名”、“删除”等整理收藏夹的操作后，单击“关闭”按钮即可完成对收藏夹的整理，如图 4 - 17 所示。

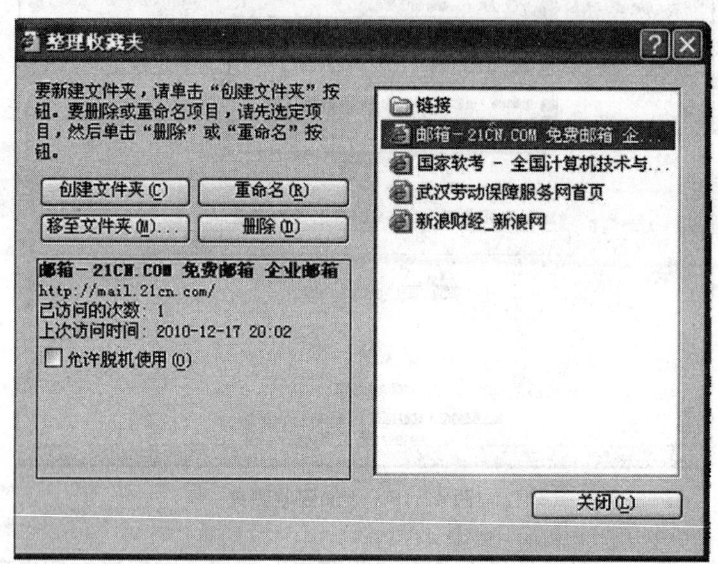

图 4 - 17 “整理收藏夹”对话框

3. 设置 IE 浏览器

(1) 打开 IE 浏览器，选择“工具”菜单中的“Internet 选项”命令，如图 4 - 18 所示。

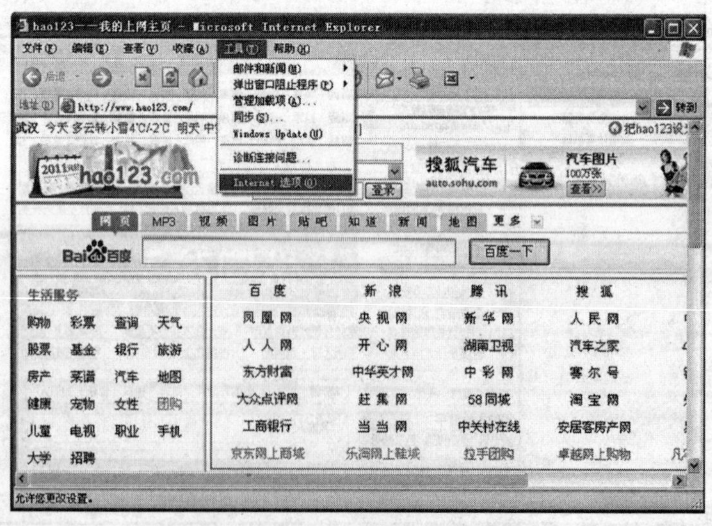

图 4 - 18 IE 浏览器的属性设置

（2）在打开的“Internet 选项”对话框中选择“常规”选项卡，默认的主页为空白页“about：blank”。

（3）在“地址”文本框中输入 hao123 地址“http：//www. hao123. com”，然后单击“应用”按钮来完成主页的设置，如图 4－19 所示。

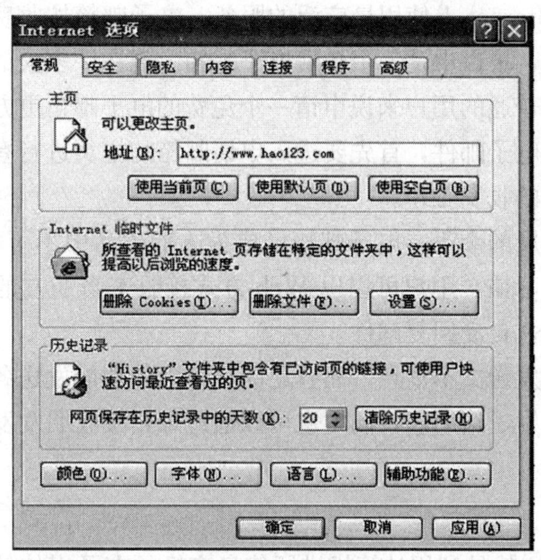

图 4－19　设置主页为“www. hao123. com”

（4）在“常规”选项卡中的“历史记录”选项区中单击“清除历史记录”按钮。在弹出的确认对话框中单击“是”按钮完成对上网历史记录的清除，如图 4－20 所示。

图 4－20　清除历史记录的确认对话框

任务三　使用电子邮件

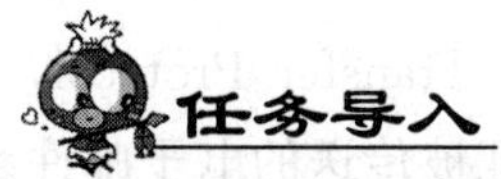

小李想申请一个电子邮箱，电子邮箱申请成功后，给朋友发送一封电子邮件，并接收

回复来自朋友的邮件。最近跟朋友一起出去旅游，各自的数码相机里有很多对方的照片和合影，现在想将这些照片发给朋友们。

任务分析

电子邮件服务是 Internet 上使用最广泛的服务，电子邮箱按收费方式可以分为付费和免费两种，作为初学者，可以申请一个免费电子邮箱。现在许多大的门户网站都提供免费的电子邮件服务，对于普通的用户来说申请一个免费的电子邮箱更方便、实惠。

如果想给朋友发送电子邮件，首先要进入申请邮箱的主页进行登录，之后才能进入邮箱管理页面，进行邮件的收发工作。

在信息技术不断发展的今天，电子邮箱已成为人们生活中不可缺少的一部分。因此，应养成及时查看邮箱的习惯。用户可以以 Web 方式接收来自朋友的电子邮件，并通过邮箱管理页面的回复功能，自动回复邮件。

电子邮件不但可以发送文本消息，而且还能利用附件功能发送各种格式的文件。可以通过附件的形式把照片发送给朋友，同时也可以通过邮箱接收朋友发送过来的附件。

知识准备

电子邮件（E-mail）就是利用计算机进行信息交换的电子媒体信件。它是随着网络的出现而出现的，依靠网络的通信手段实现普通邮件信息的传输，是应用最广泛的一种服务。

如果要使用 E-mail，必须先拥有一个电子邮箱，它是由 E-mail 服务提供者为用户建立在电子邮件服务器磁盘上的专用于电子邮件的存储区域，并由电子邮件服务器进行管理。用户可使用 E-mail 客户软件在自己的电子邮箱里收发电子邮件。

电子邮件地址的一般格式：用户名@主机名，例如 yanghui@21cn. com。

一封电子邮件主要由两部分组成：邮件头和邮件体。此外还包含其他方面的内容，如附件等。邮件头如同普通邮件的信封，用来存放邮件重要的投递信息，包括收信人地址、发件人地址、邮件主题。邮件体是指电子邮件的正文部分，也就是信件的内容。附件可以是文本文件，也可以是图片、程序、数据等其他文件。

E-mail 系统基于客户/服务器模式，整个系统由电子邮件客户软件、电子邮件服务器和通信协议 3 部分组成。电子邮件客户软件是用户用来收发和管理电子邮件的工具。电子邮件服务器主要充当“邮局”的角色，它除了为用户提供电子邮箱外，还承担着信件的投递业务，当用户发送一封电子邮件后，电子邮件服务器通过网络若干中间节点“存储—转发”式的传递，最终把信件投递到目的地（收信人的电子邮箱）。

电子邮件服务器主要采用简单邮件传输协议（Simple Mail Transfer Protocol, SMTP)，本协议描述了电子邮件的信息格式及其传递处理方法，保证被传送的电子邮件能够正确寻址和可靠传输，它是面向文本的网络协议，其缺点是不能传送非 ASCⅡ码文本

和非文字性附件，随着日益发展的信息网络，人们更加关注邮件私密性，于是更显出它的局限性。SMTP 协议用在大型多用户、多任务的操作系统环境中，它用于 PC 机上收信十分困难，所以在 TCP/IP 网络上的大多数邮件管理程序使用 SMTP 来发信，采用邮局协议（Post Office Protocol，POP）来保管用户未能及时取走的邮件。

POP 协议有两个版本：POP2 和 POP3。目前使用的 POP3 既能与 SMTP 共同使用，也可以单独使用，用来传送和接收电子邮件。POP 协议是一种简单的纯文本协议，每次传输以整个 E-mail 为单位，不能部分传输。

用户要传送 E-mail，首先须在互联网的计算机上使用电子邮件客户软件编写好邮件正文，填写好邮件的收件人 E-mail 地址、发信人的 E-mail 地址（或自动填上）、邮件的主题等内容，然后使用发送命令发出邮件。此时，E-mail 发送端和接收端的计算机在工作时并不直接进行通信，而是在发送端计算机发出邮件后，先到达自己所注册的电子邮件服务器主机，再在网络中经过多个计算机和路由器的中转，到达目的地的电子邮件服务器主机，送进收件人的电子邮箱，最后当邮件的收件者上网并启动电子邮件客户软件后，它就会自动检查电子邮件服务器中的电子邮箱，若发现新邮件，便下载到自己的计算机上，从而完成接收邮件的任务。

除了可以使用 Web 方式来收发邮件外，还可以使用 Outlook、FoxMail 等软件来实现邮件的收发，其优点是上网收下邮件后，可以在脱机状态下阅读邮件。由于 Outlook Express 集成在 Windows 操作系统内，免去了安装过程，因此成为使用最为广泛的客户端电子邮件收发软件。

电子邮件给人们带来方便的同时，也带来了安全隐患，对于一般用户来说，使用电子邮件应该注意以下两个问题。

1. 密码的安全性

在上网冲浪时，经常需要设置密码，许多人喜欢用类似于“12345”或自己的名字、生日等作为密码。事实上，这是非常不安全的。网络中的一些非法用户，往往会利用一些软件来破译密码，特别是设置过于简单的密码很容易被破解，因此在设置和使用密码时应尽量使用数字、字符、大小写混合的形式，并保持一定的长度。应多采用一些特殊字符如 #、$、&、* 等，最好不要用有意义的单词、与自己相关的资料等。

2. 垃圾邮件

垃圾邮件是使用电子邮箱时令人十分头疼的问题。用户的个人邮箱经常会莫名其妙地收到一些毫无用处的电子邮件，这些邮件被形象地称为垃圾邮件。发送垃圾邮件的人可能出于各种各样的动机，包括商业的或恶意的，但都会对用户造成不同程度的危害，有些电子邮件带有计算机病毒，影响了人们对计算机的正常使用。因此，在使用电子邮箱的时候应该注意以下几点：①不要随便打开陌生人的邮件；②不要回复垃圾邮件；③充分利用邮件的过滤功能，申请一个专门的免费邮箱，以供在 Internet 上填写申请表格、请求服务或其他用途。主要的电子邮件地址应该只提供给朋友、家人和其他自己认为可靠的人。

任务实施

1. 申请电子邮箱

（1）打开 IE 浏览器，登录到 21cn 网站的主页，网址是 http：//www.21cn.com，如图 4－21 所示。

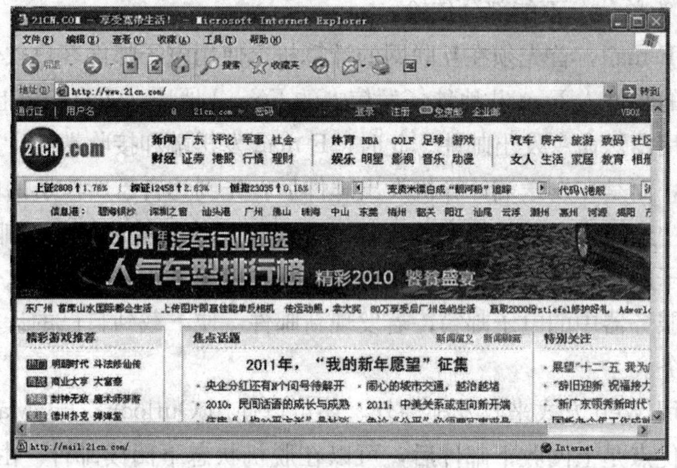

图 4－21　21cn 网站主页

（2）单击页面上方的“免费邮”链接，将进入“21cn 免费邮箱”页面，单击“立即注册”的链接，将进入“21cn 通行证”页面，我们选择“普通注册”选项卡，按要求填写相关注册信息，如图 4－22 所示。填写完毕后单击“创建账号”按钮。

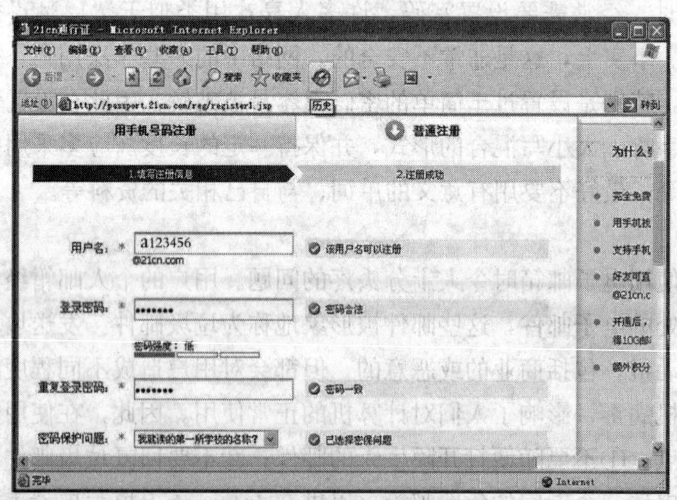

图 4－22　填写注册信息

（3）若注册信息填写无误，将出现注册成功的欢迎页面，如图 4－23 所示。用户可以

单击“进入我的邮箱”按钮进入 21cn 邮箱登录页面。

图 4－23　注册成功页面

(4) 在 21cn 邮箱登录页面中输入刚才申请的邮箱用户名和密码，单击“登录”按钮，如图 4－24 所示，即可进入邮箱管理页面，如图 4－25 所示。

图 4－24　21cn 免费邮箱登录页面

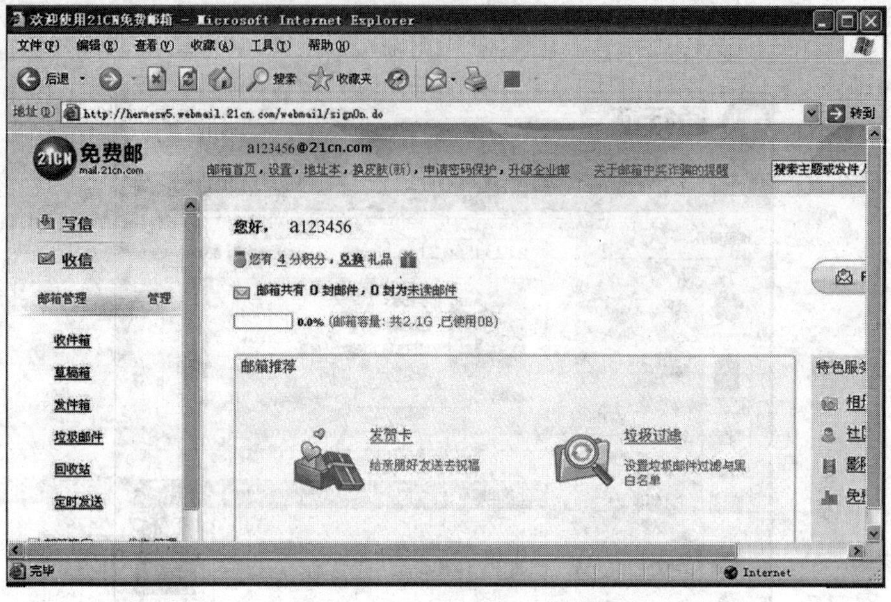

图 4-25 21cn 邮箱管理页面

2. 发送电子邮件

（1）进入邮箱管理页面后，单击“写信”链接，进入邮件编辑页面。在“收件人”文本框中填写收信人的邮箱地址“012345678@qq.com”，在“主题”文本框中填写“折扣信息”，如图 4-26 所示。

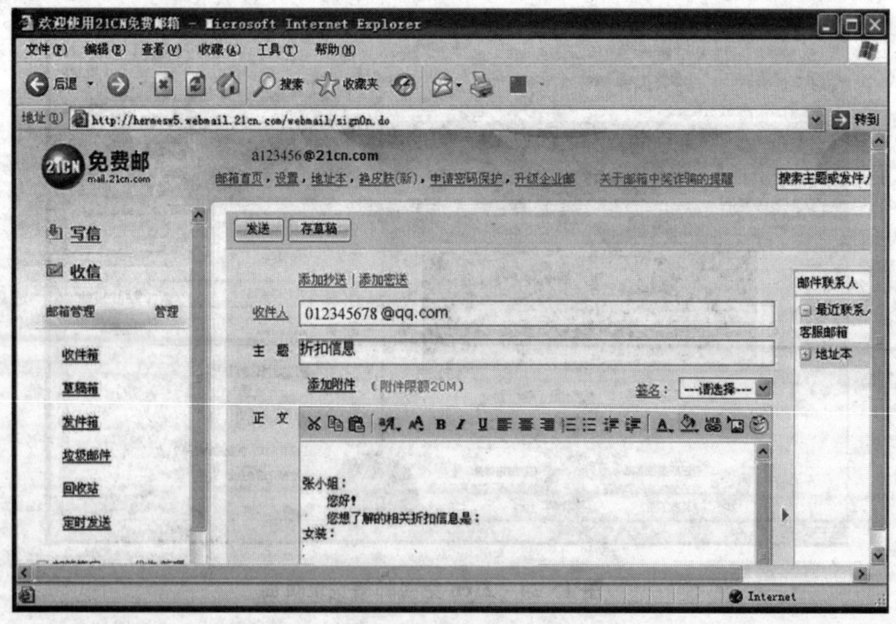

图 4-26 邮件编辑页面

(2) 写完邮件的内容后，单击“发送”按钮，若邮件被成功发送，将出现发送邮件成功的提示，如图 4－27 所示。此时单击“确定”按钮，完成邮件的发送。

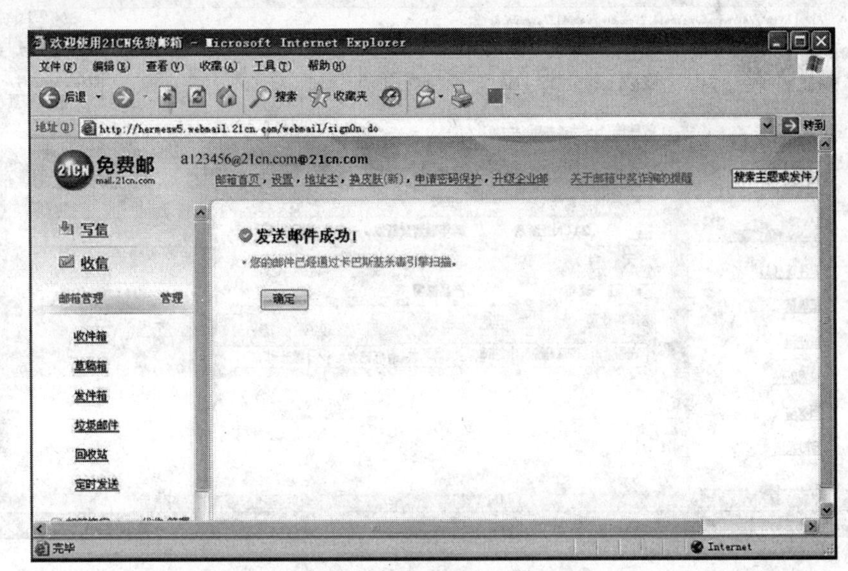

图 4－27 邮件发送成功页面

3. 接收并回复电子邮件

(1) 登录 21cn 邮箱，进入邮箱管理页面，看到“1 封为未读邮件”的提示，如图 4－28所示。单击“未读邮件”或“收件箱”链接，进入收件箱，单击邮件主题就可以看来信，如图 4－29 所示。

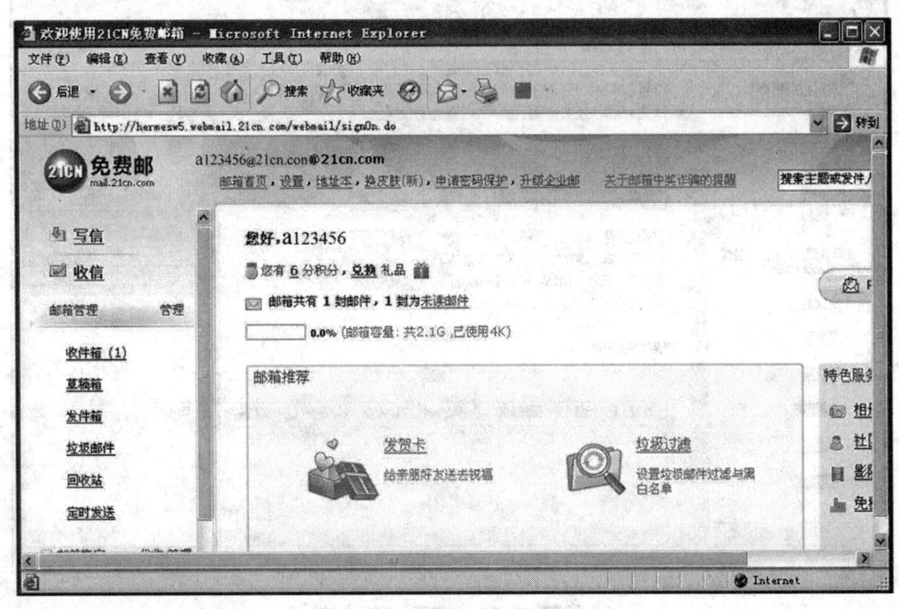

图 4－28 未读邮件提示

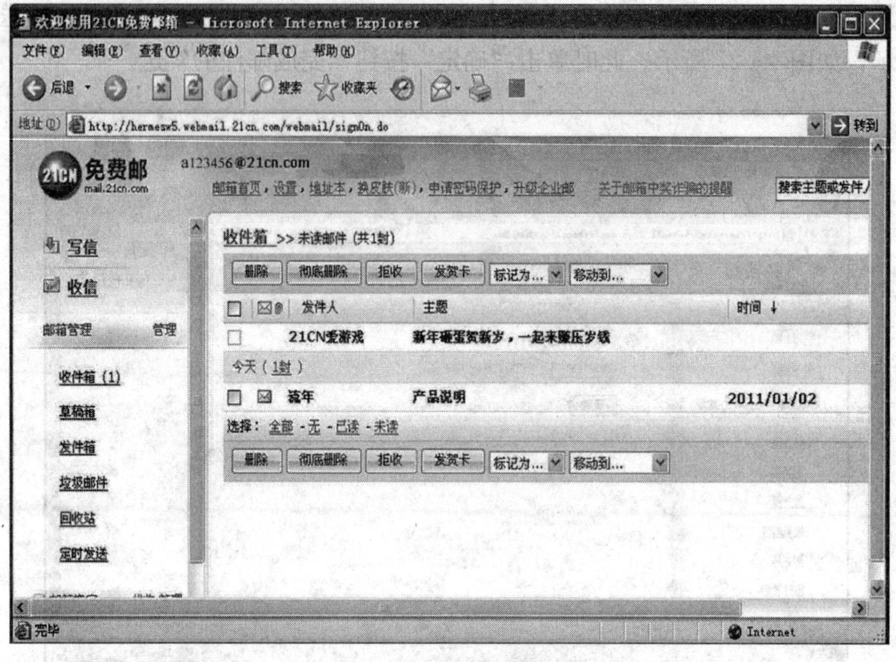

图 4-29　收件箱页面

（2）单击邮件内容页面中的“回复”按钮，可以对这封邮件进行回复，如图 4-30 所示。此时进入写邮件页面，收件人地址和主题自动填充，如图 4-31 所示。

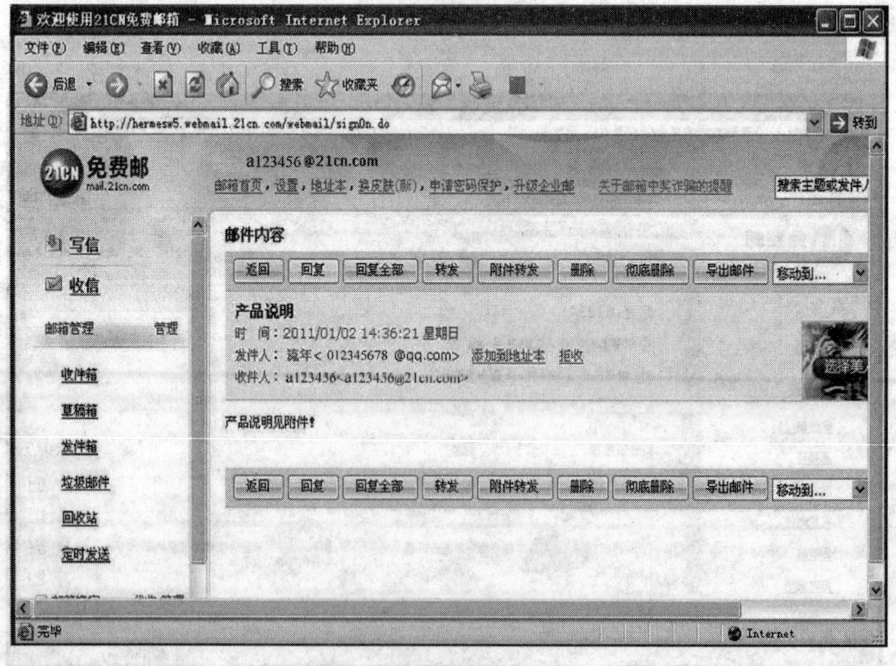

图 4-30　查看邮件内容

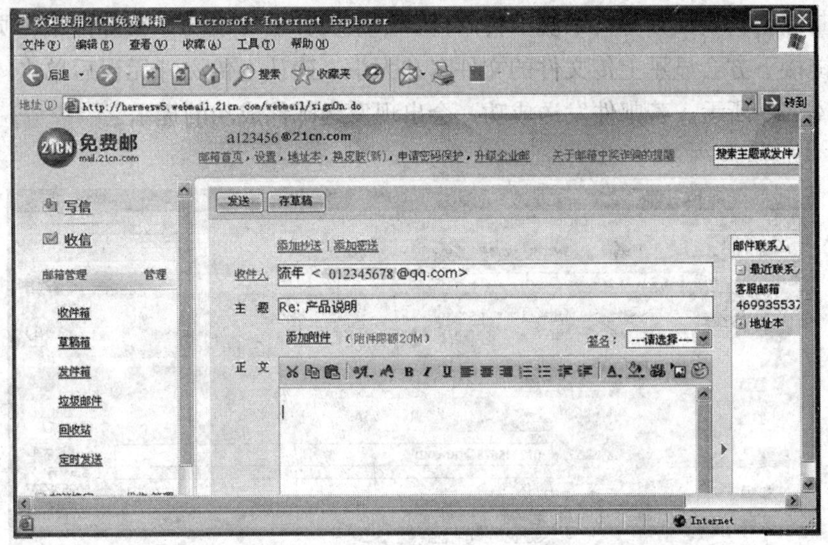

图 4－31　回复邮件

4. 发送和接收有附件的电子邮件

(1) 给朋友发送有照片附件的邮件。首先进入邮箱管理页面，单击“写信”按钮，进入邮件编辑页面。在收件人文本框中填写收信人的邮箱地址，在主题文本框中填写“旅游照片”。单击“添加附件”链接，进入“选择要上载的文件”对话框，在“查找范围”下拉列表中选择要发送的文件，然后单击“打开”按钮，如图 4－32 所示。

图 4－32　选择上传文件

回到邮件编辑页面，等待系统上传附件。如果文件上传成功，在邮件编辑页面中“添加附件”链接下方会显示上传文件的文件名和大小，确认上传文件无误后单击“发送”按钮，如图 4-33 所示。若邮件发送成功，会出现发送邮件成功的提示。

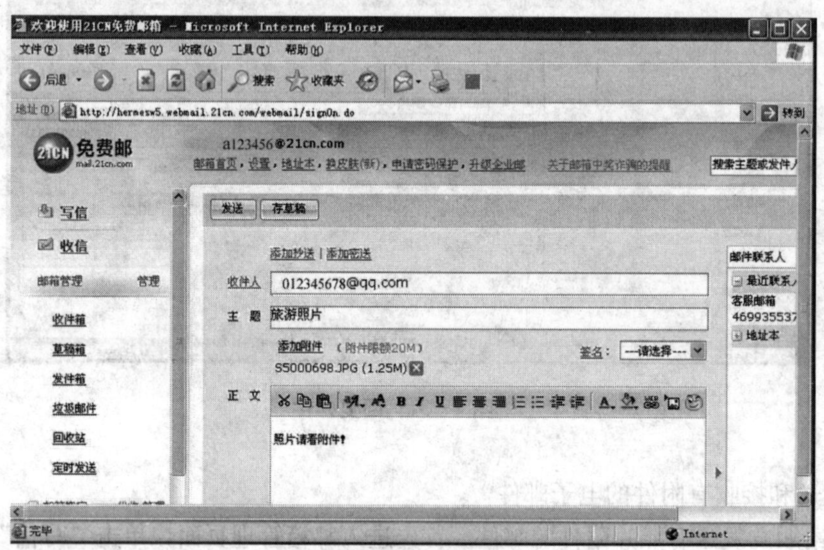

图 4-33　附件上传成功

（2）接收带有附件的邮件。首先进入邮箱管理页面，单击“收件箱”，进入收件箱后，提示“有 1 封未读邮件”。单击邮件主题查看邮件，这时可以看到有附件的电子邮件，如图 4-34 所示。

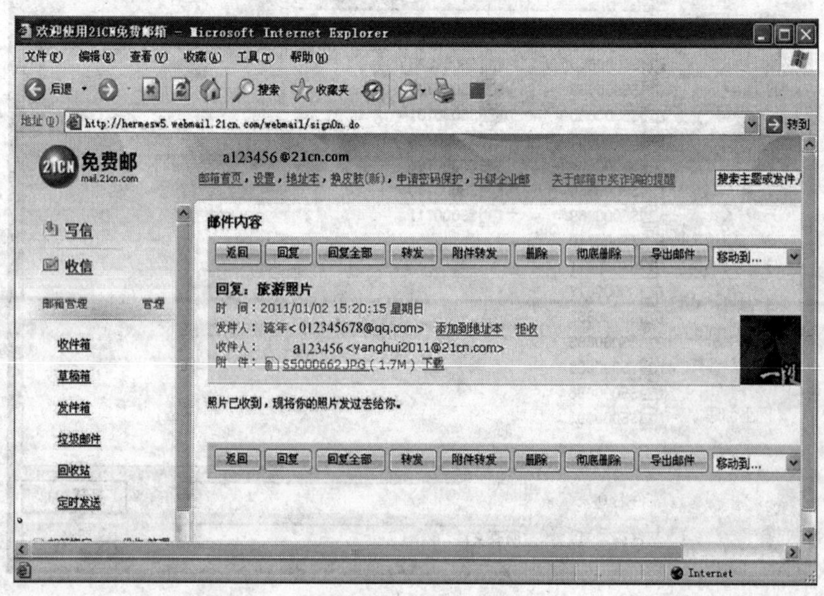

图 4-34　查看邮件内容

单击附件文件名后的“下载”链接，在弹出的“文件下载”对话框中单击“保存”按钮，如图 4－35 所示。

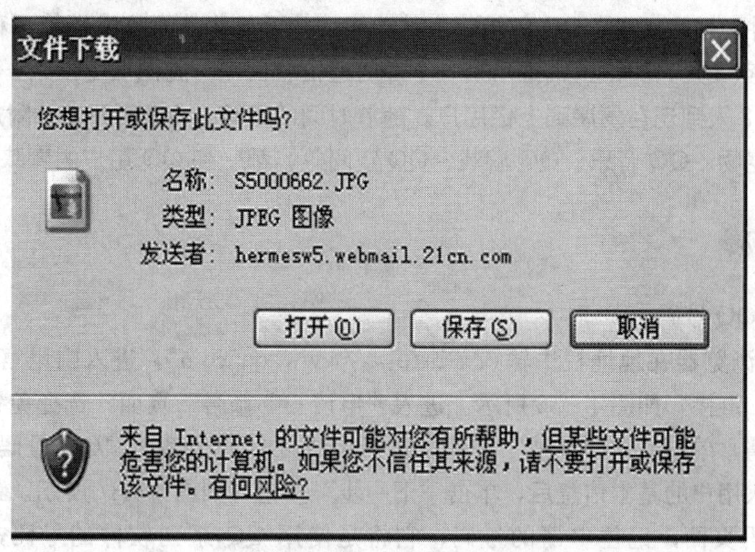

图 4－35　“文件下载”对话框

在弹出的“另存为”对话框中，在“保存在”下拉列表中确定保存的路径，然后单击“保存”按钮，等待系统下载附件即可。

任务四　使用 QQ

小王使用 QQ 聊天工具与朋友联系，同时通过 QQ 群与朋友们聊天。

任务分析

使用 QQ 与朋友联系，要先申请一个 QQ 号码，然后用这个 QQ 号直接登录 QQ 软件就可以和朋友聊天。QQ 聊天工具不仅可以按照用户账号或用户昵称精确查找已知好友或 QQ 群，还可以查找不认识的在线好友，同时跟好友或 QQ 群里的朋友进行语音和视频聊天、传输文件等。

知识准备

如今，我们可以通过网络使用 QQ、MSN 等聊天工具与在异地的朋友进行聊天，这样不仅可以增进朋友间的友谊，还可以节省聊天费用。

QQ 是深圳腾讯计算机系统有线公司开发的一款基于 Internet 的即时通信软件，是目前使用最广泛的聊天软件之一。腾讯 QQ 支持在线聊天、视频电话、点对点断点续传文件、共享文件、网络硬盘、QQ 邮箱等多种功能，并可与移动通信终端等多种通信方式相连。自 1999 年 2 月，腾讯正式推出第一个即时通信软件——腾讯 QQ 以来，QQ 在线用户由 1999 年的 2 人到现在发展到上亿用户。随着时间的推移，QQ 所开发的附加产品越来越多，如 QQ 宠物、QQ 音乐、QQ 游戏、QQ 空间等，都受到 QQ 用户的青睐。

任务实施

1. 申请 QQ 号码

打开 IE 浏览器在地址栏中输入“http：//www. qq. com”，进入腾讯官方网站主页，单击“号码”链接，如图 4 - 36 所示。进入“申请 QQ 账号”页面，选择免费账号栏中的网页免费申请，单击“立即申请”按钮。选择申请账号的类型为“QQ 号码”。在填写信息页面中输入用户的基本信息后，单击“下一步”按钮，如图 4 - 37 所示。最后出现成功申请 QQ 号码页面，记住申请的号码，它将是使用 QQ 系列软件的号码，如图 4 - 38 所示。

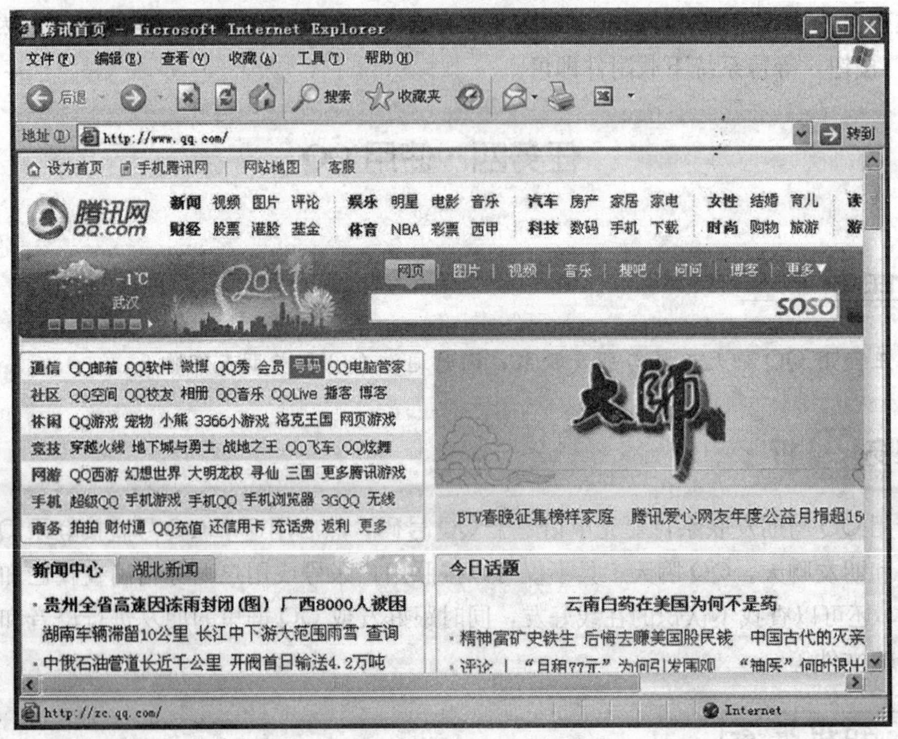

图 4 - 36 腾讯首页

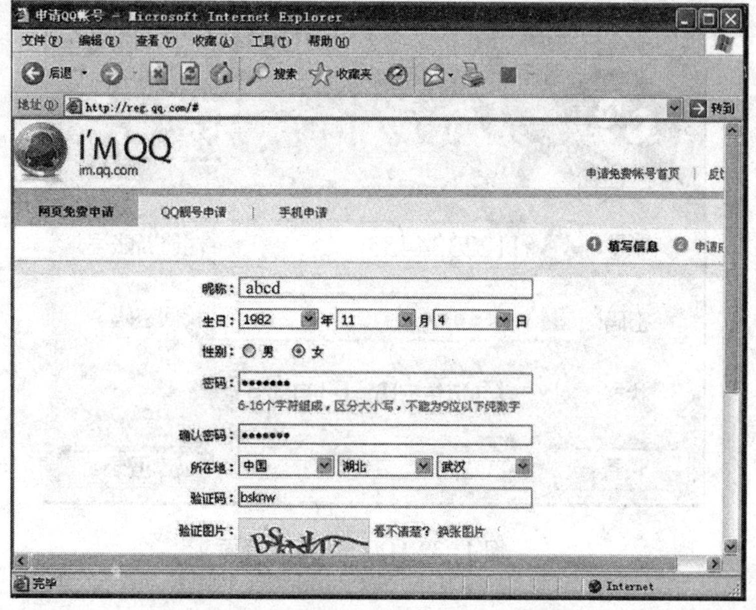

图 4－37 填写信息

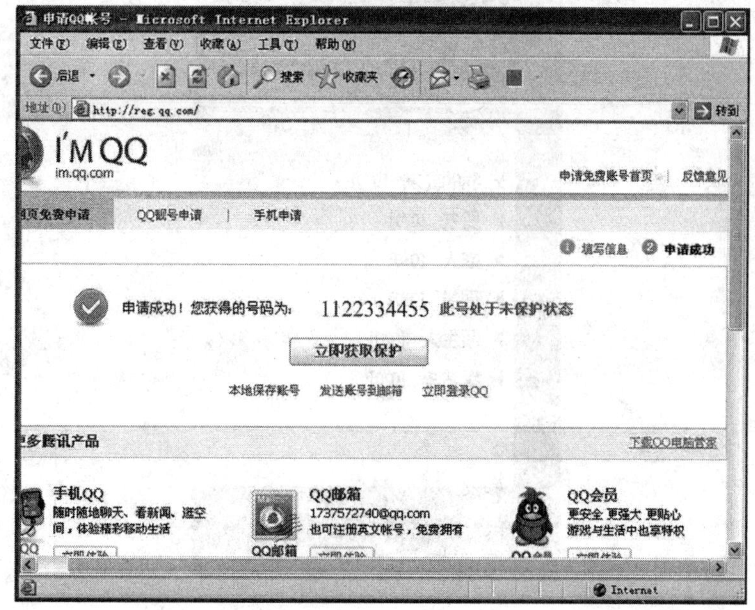

图 4－38 成功申请 QQ 号码

2. 登录 QQ

到腾讯官方网站下载 QQ 最新版本的软件，成功安装后，打开 QQ 软件进入 QQ 用户登录界面，输入刚才申请的 QQ 号码“1122334455”和密码后单击“登录”按钮，如图 4－39所示。进入 QQ 用户界面，如图 4－40 所示。

图 4-39　QQ 用户登录界面

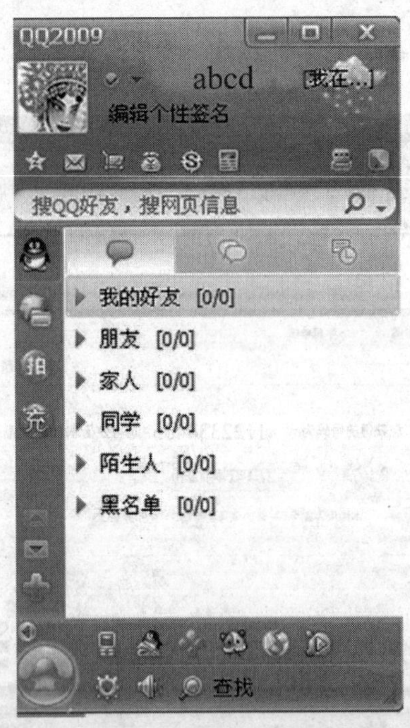

图 4-40　QQ 用户界面

3. 设置 QQ 用户资料

在 QQ 用户界面中单击左上角的图标，弹出“我的资料”对话框，填写基本资料，再单击“更换头像”按钮，完成 QQ 头像的设置后，单击“确定”按钮，从而完成用户个人资料的设置，如图 4-41 所示。

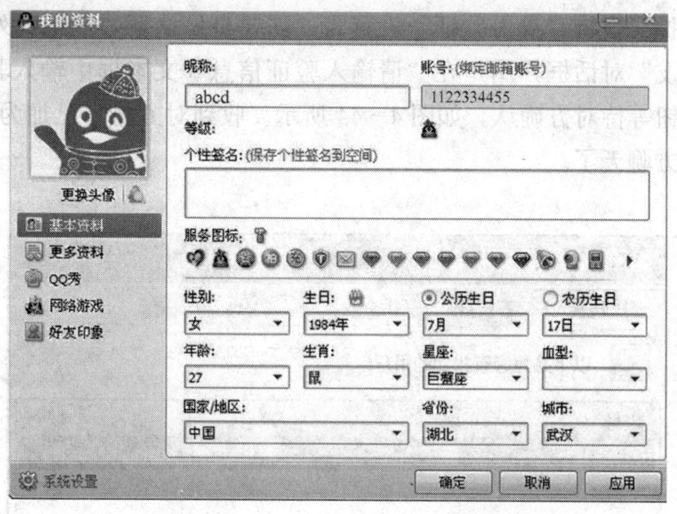

图 4－41　“我的资料”对话框

4. 精确查找 QQ 好友

在 QQ 用户界面中单击右下角的“查找”按钮，在打开的“查找联系人/群/企业”对话框中选择“查找联系人”选项卡，在“查找方式”中选择“精确查找”单选按钮，在“账号”文本框中可以输入待查找好友的 QQ 号，单击“查找”按钮，如图 4－42 所示。

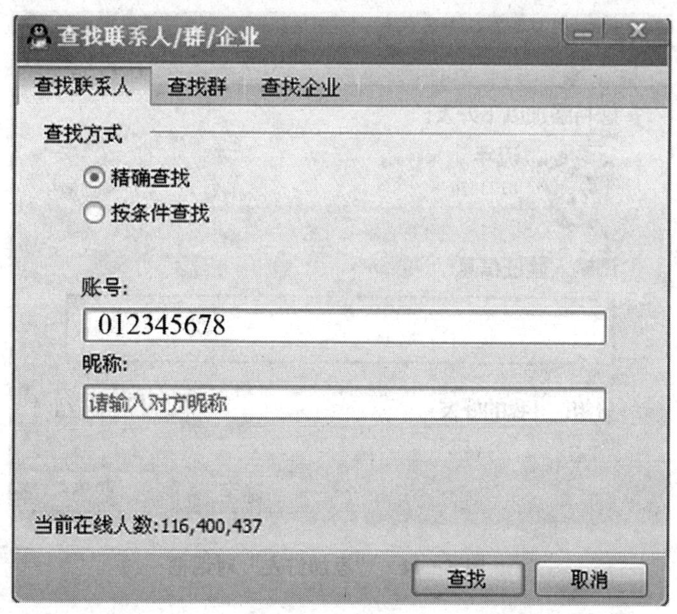

图 4－42　“查找联系人/群/企业”对话框

在查找结果页面中，单击“加为好友”按钮，如图 4－43 所示。如果对方在“系统设

置”的“隐私保护”中将“身份验证”设置为“需要身份认证才能把我列为好友”，那么将弹出“添加好友”对话框，用户在“请输入验证信息”文本框中输入验证文字“abcd”，单击“确定”按钮等待对方确认，如图 4－44 所示。收到对方将自己加为好友的回复信息后，就可以和对方聊天了。

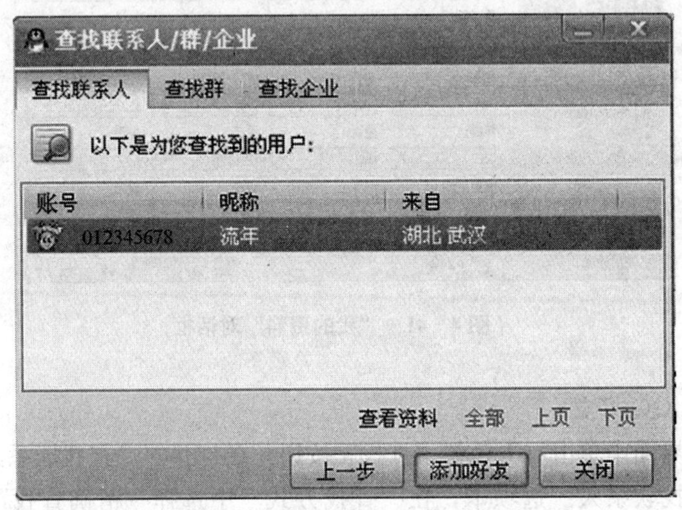

图 4－43　查找结果页面

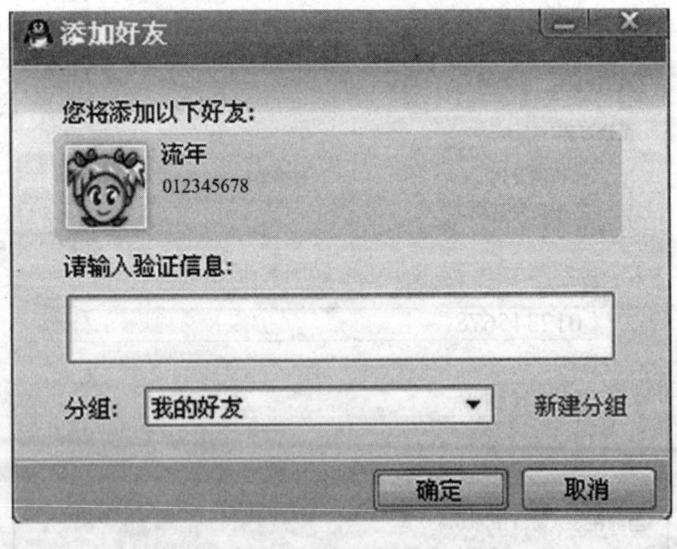

图 4－44　“添加好友”对话框

5. 与好友聊天

确认加上好友以后，在 QQ 用户界面中显示该好友头像（如果该好友隐身或离线则该头像为灰色），如图 4－45 所示。双击该好友头像，将打开聊天对话框。在聊天窗口中输

入"晚上好!",单击"发送"按钮,等待好友回复,如图 4-46 所示。QQ可以实现与多个好友同时聊天。

图 4-45 "我的好友"列表

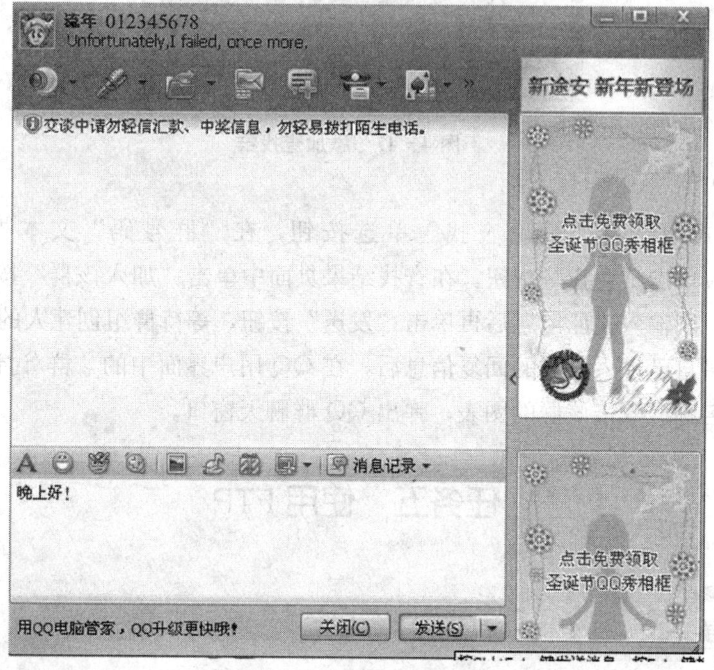

图 4-46 与好友聊天窗口

6. QQ群的使用

在QQ用户界面中单击“群/讨论组”选项卡，在打开的群列表中单击“添加查找群”链接，如图4-47所示。

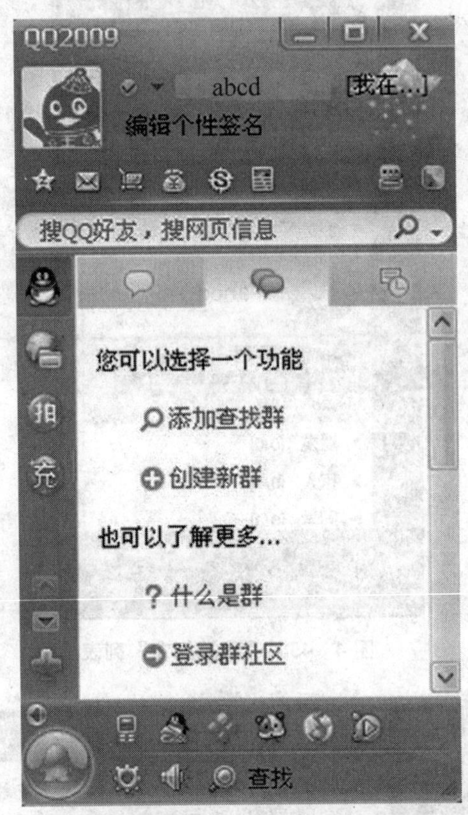

图4-47　添加查找群

在查找方式中选择“精确查找”单选按钮，在“群号码”文本框中输入群号“1122334455”，单击“查找”按钮。在查找结果页面中单击“加入该群”按钮，如果该群设有身份验证，则输入验证信息后再单击“发送”按钮，等待群组创建人的确认信息。

收到确认将自己加入该群的回复信息后，在QQ用户界面中的“群/讨论组”列表中，将显示该群的名称。双击该群的图表，弹出QQ群聊天窗口。

任务五　使用FTP

假设已经有了一个FTP空间，地址为“http://ftp.xxgl.com.cn”，为进行信息交

流，小王想实现文件的上传和下载。

任务分析

由于没有安装任何 FTP 软件，因此只能直接通过 IE 浏览器使用 FTP 来上传和下载文件。

知识准备

文件传输协议（File Transfer Protocal，FTP）用来在计算机之间传输文件。由于 Internet 是一座装满了各种资源的宝库，其中有免费和共享的软件、各种图片、声音、图像和动画文件，还有书籍和参考资料等，如果希望将它们下载到你的计算机上，其中最主要的方法之一就是通过 FTP 来实现，因此它是 Internet 中广为使用的一种服务。

通常一个用户需要在 FTP 服务器中进行注册，即建立用户账号，在拥有合法的登录用户名和密码后，才能进行有效的 FTP 连接和登录。对于 Internet 中成千上万个 FTP 服务器来说，这就给提供 FTP 服务的管理员带来了很大的麻烦，即需要为每一位使用 FTP 的用户提供一个账号，这样做显然是不现实的。实际上，Internet 上的 FTP 服务是一种匿名（Anonymous）FTP 服务，它设置了一个特殊的用户名——Anonymous，供公众使用，任何用户都可以使用这个用户名与提供这种匿名 FTP 服务的主机建立连接，并共享这个主机对公众开放的资源。

匿名 FTP 的用户名是 Anonymous，而密码通常是“guest”或者是用户的 E-mail 地址。通常出于安全的目的，大多数匿名 FTP 服务器只允许下载文件，而不允许上传文件。用户只能从匿名 FTP 服务器复制所需要的文件，而不能将文件复制到匿名 FTP 服务器上。此外，匿名 FTP 服务器中的文件还加入了一些保护措施，确保这些文件不能被修改和删除，同时也可以防止计算机病毒的入侵。

FTP 是基于客户/服务器模式的服务系统，它由客户软件、服务器软件和 FTP 通信协议 3 部分组成。FTP 客户软件运行在用户计算机上，用户可以通过该软件使用 FTP 内部命令与远程 FTP 服务器，采用 FTP 通信协议建立连接或文件传输。FTP 服务器软件运行在远程主机上，并设置一个名叫 Anonymous 的公共用户账号，向公众开放。

FTP 在客户端与服务器的内部建立两条 TCP 连接：一条是控制连接，主要用于传输命令和参数；另一条是数据连接，主要用于传输文件。

任务实施

1. 在 Windows XP 中安装 FTP 服务器

(1) 打开“控制面板”，如图 4－48 所示。

图 4－48　控制面板

(2) 在图 4－48 中打开“添加或删除程序”，如图 4－49 所示。

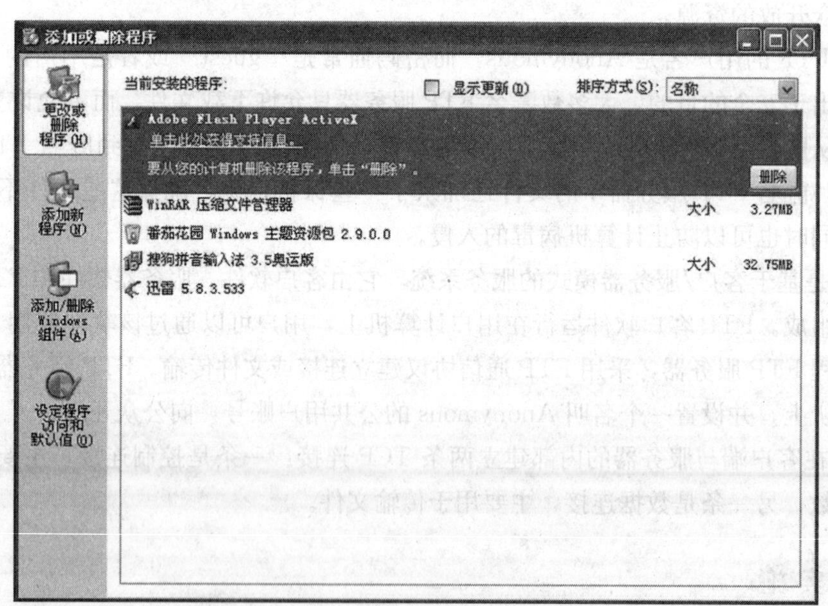

图 4－49　“添加或删除程序”对话框

(3) 在图 4－49 中，单击“添加/删除 Windows 组件 A”，出现如图 4－50 所示“Windows 组件”对话框。

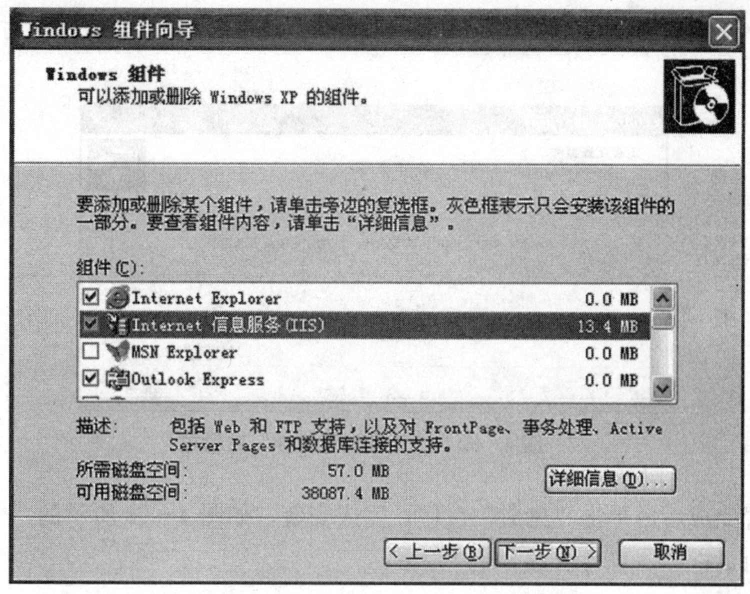

图 4-50 “Windows 组件”对话框

(4) 在图 4-50 中选择“Internet 信息服务 (IIS)”，并单击“详细信息...”，出现如图 4-51 所示的“Internet 信息服务 (IIS)”对话框。

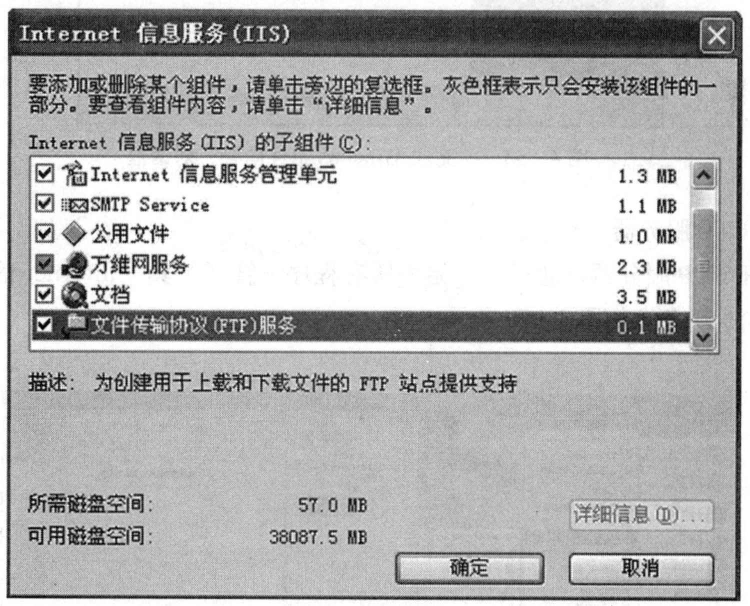

图 4-51 “Internet 信息服务 (IIS)”对话框

(5) 在图 4-51 中选择“文件传输协议 FTP 服务”，单击“确定”，返回图 4-50 再单击“下一步”开始安装 FTP 服务器，如图 4－52 所示的“正在配置组件”对话框。

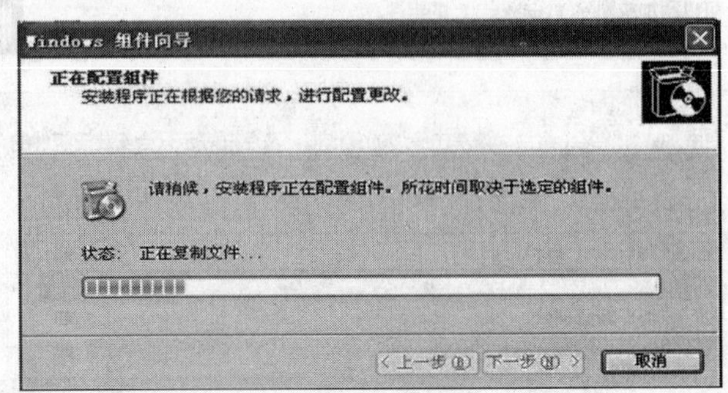

图 4－52 “正在配置组件”对话框

(6) 配置完成后，单击“完成”按钮，完成安装，如图 4－53 所示的“完成 Windows 组件向导”对话框。

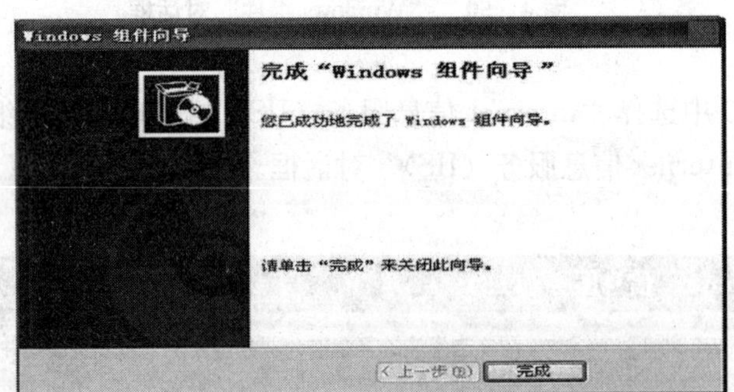

图 4－53 “完成 Windows 组件向导”对话框

2. 配置 FTP 服务器

(1) 打开 FTP 服务器，通过“开始—所有程序—管理工具—Internet 信息服务”，打开 Internet 信息服务，如图 4－54 所示。

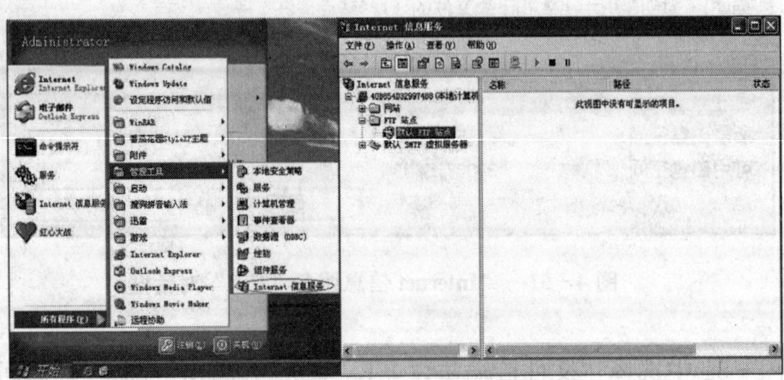

图 4－54 Internet 信息服务

(2) 在“Internet 信息服务”窗口中，选择“默认 FTP 站点”，单击右键，如图 4-55 所示。

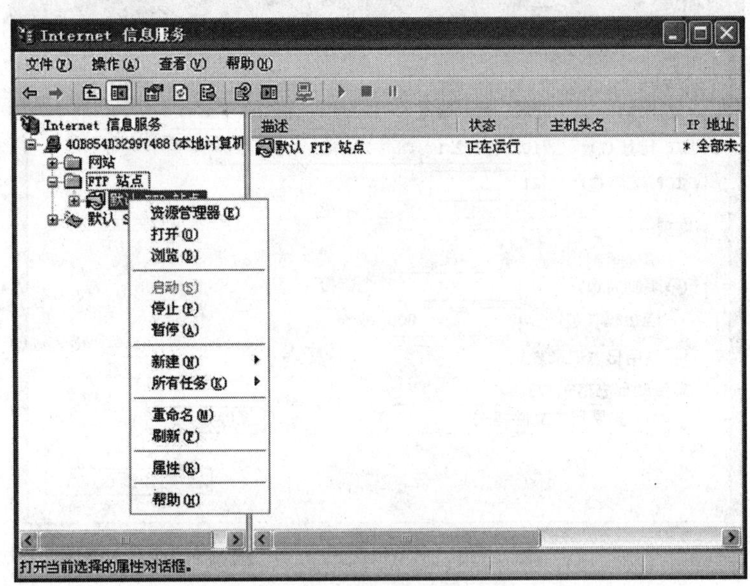

图 4-55　FTP 服务

(3) 在图 4-55 中单击“属性”，出现如图 4-56 所示的 FTP 站点属性。

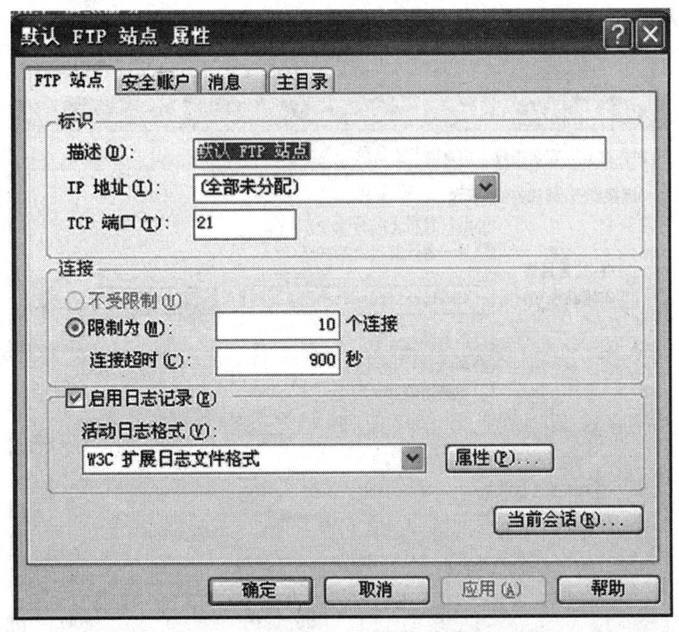

图 4-56　“默认 FTP 站点 属性”对话框

(4) 在图 4-56 中，选择“IP 地址 (I)”，其他项保存默认，如图 4-57 所示。

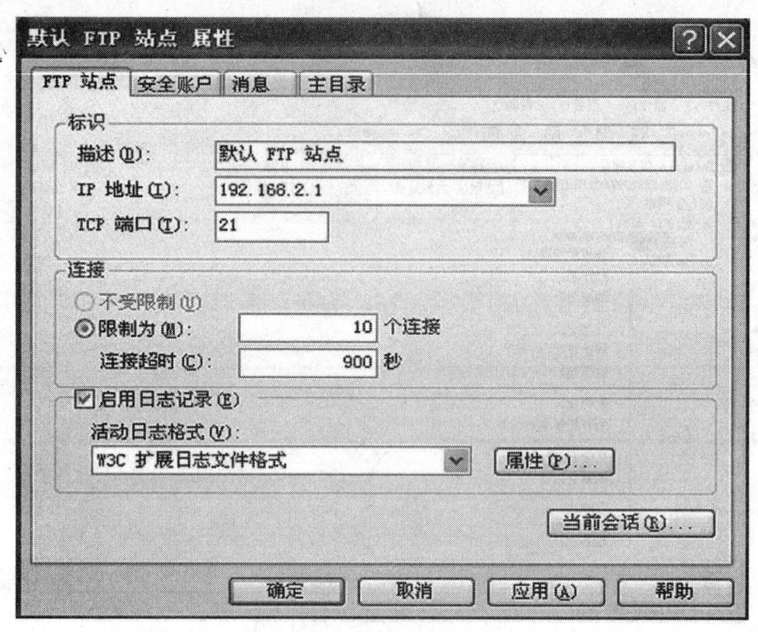

图 4-57 FTP 配置 IP 地址

(5) 在图 4-57 中，单击“主目录”，出现如图 4-58 所示。在该对话框中，配置 FTP 的主目录，可以通过“浏览”按钮来改变主目录的设置，如果想要客户端能够通过 FTP 上传文件，单击“写入”复选框，其他保持不变。单击“确定”，完成 FTP 服务器的配置。

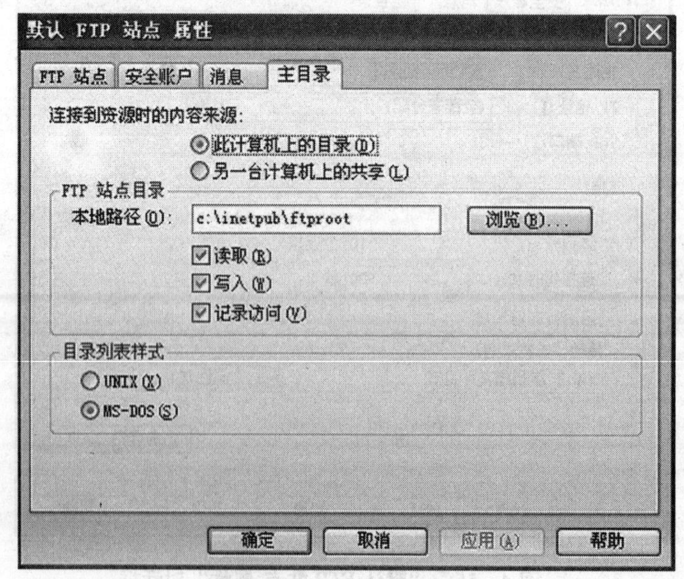

图 4-58 FTP 主目录

3. 访问 FTP

（1）打开 IE 浏览器，在地址栏中输入 FTP 地址“ftp：//192.168.2.1”，出现如图 4-59所示，FTP 服务器登录成功。

图 4-59　FTP 服务器登录成功

（2）上传文件。用鼠标右键单击要上传的文件“物流网络技术.txt”，在出现的快捷菜单中选择“复制”命令，然后将鼠标放在 FTP 空间的根目录下，单击右键在弹出的快捷菜单中选择“粘贴”命令，“物流网络技术.txt”文件上传成功，如图 4-60 所示。

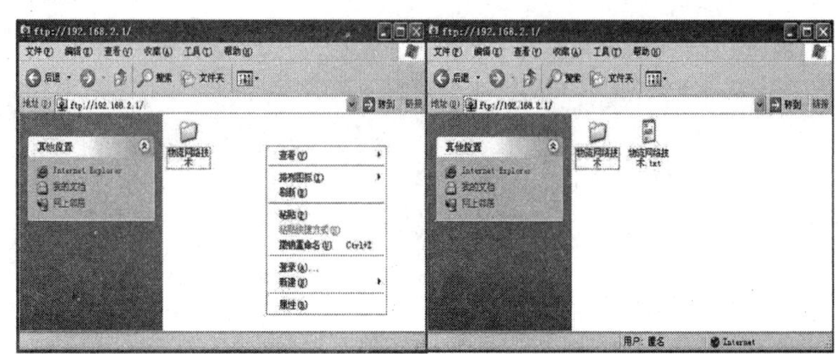

图 4-60　文件上传

（3）下载文件。也可运用“复制”与“粘贴”命令，直接将文件从 FTP 空间复制到本地计算机的文件夹中。

任务小结

经过以上五个任务的学习后，能够运用网络浏览工具（IE 浏览器）上网冲浪，学会使用电子邮箱收发电子邮件、利用即时通信软件（腾讯 QQ）来与好友联系以及使用 FTP 实现文件的上传与下载。

模块综合复习题

一、理论题

1. IP 地址如何进行分类？

2. ADSL 的主要特点是什么？

3. 一封电子邮件由哪几个部分组成？

4. 什么是匿名 FTP？

二、操作题

［练习目的］能够运用网络浏览工具，学会使用电子邮件、即时通信、文件传输。

［练习设备］连网的计算机。

［练习内容］

1. 运用 IE 浏览器上网冲浪、运用收藏夹收藏常用网页、设置默认网页。

2. 申请一个电子邮箱并用它来收发有附件的电子邮件。

3. 申请一个 QQ 号并用它来与朋友聊天。

4. 通过 FTP 上传和下载文件。

项目五 网络安全

知识目标

1. 了解网络安全技术。
2. 掌握计算机病毒软件使用。
3. 掌握防火墙的配置。
4. 了解数据加密技术。

能力目标

1. 能运用计算机病毒软件查杀病毒。
2. 能配置防火墙。
3. 能够运用数据加密技术进行数据加密操作。

计算机网络信息共享和资源共享获得广泛的应用。随着全球互联网络 Internet 应用范围的扩大，网络应用进入一个崭新的阶段。然而，网络给人们带来惊喜的同时，也带来了威胁。计算机犯罪、黑客、有害程序等严重威胁着网络的安全，给人们的工作和生活带来诸多烦恼，因此，网络安全问题已经成为人们的关注焦点。

任务一 计算机病毒软件使用

Internet 的出现引爆了新一轮的信息革命。在因特网上，人与人的距离被缩短到极小的距离，而各式各样网站的建立以及搜寻引擎的运用，让每个人都很容易从网络上获得想要的信息。

Internet 的盛行造就了信息的大量流通，但对于有心散播病毒、盗取他人账号、密码的电脑黑客来说，网络不折不扣正好提供了一个绝佳的渠道。因此，对于网络的一般使用者来说，虽然享受到因特网带来的方便，同时却也陷入另一个恐惧之中。

自从进入 2003 年以来，计算机病毒即出现异常活跃的迹象。2003 年 1 月 25 日，全球爆发“蠕虫风暴”病毒（SQL1434），3 月 25 日，又爆发了“口令蠕虫”病毒，(Dvldr32)，5 月份出现“大无极”病毒变种，2003 年 8 月全球计算机网络遭受“冲击波”病毒的袭击。2004 年 5 月，又出现了“震荡波”病毒。因此，从病毒的时间分布图分析，每年的第二季度是重大病毒的高发期。2005 年，计算机病毒呈现出较为稳定的趋势，没有出现造成网络大范围瘫痪的病毒事件。2006 年继续保持这种趋势，但是病毒发展出现另一种新趋势——趋利性增强。2006 年 5—6 月相继出现针对银行的木马、病毒事件和进行网络敲诈活动的“敲诈者”病毒。自 2006 年 11 月至今，我国又连续出现“熊猫烧香”、“仇英”、“艾妮”等盗取网上用户密码账号的病毒和木马。病毒制造、传播者利用病毒木马技术进行网络盗窃、诈骗活动，通过网络贩卖病毒、木马，教授病毒编制技术和网络攻击技术等形式的网络犯罪活动明显增多。严重威胁我国互联网的应用和发展，制约我国网络银行的普及应用，网上治安形势非常严峻。

你受聘于一家公司做网络管理的工作，为了防止公司电脑受到病毒感染等侵害，公司让你了解公司各部门计算机情况，建立可靠的网络安全技术支持。

经过一段时间了解，你了解到公司对网络安全的要求，决定对每台计算机安装杀毒软件。

任务分析

由于因特网的便利，病毒的传染途径更为多元化。传统的病毒可能以磁盘或其他存储媒体的方式散布，而现在，你只要在电子邮件或 QQ 中，夹带一个文件寄给朋友，就可能把病毒传染给他；甚至从网络上下载文件，都可能收到一个含有病毒的文件。

不过虽然网络使病毒的散布更为容易，但是现代病毒传染的途径多是基于浏览器的，只要不随便从一些籍籍无名的网站下载文件，安装杀毒软件，随时更新病毒码，下载后的文件要先进行查毒（因为受传统病毒感染的程序，只要不去执行就不会感染与发作），可以尽量避免中毒的情形产生。

知识准备

1. 网络安全技术基础

计算机应用之前，企业对信息的安全主要通过物理和行政的管理手段来保证信息的安全，物理手段主要是使文件数据保存在安全的文件柜中，用行政手段使企业的内部人员不能随便查阅文件，以保证数据信息的安全。

数据文件的保存一般都是保存在计算机的存储设备上，以密码的形式来保护计算机的信息以防其他用户登录计算机。计算机传送数据的网络和通信设施的应用，使信息在传输时，需要有网络安全措施保护数据传输的安全，保护数据在传输的过程中不被非法截获。

网络安全从其本质上来讲就是网络上的信息安全，是指网络系统的硬件、软件及其系统中的数据受到保护，不受偶然的或者恶意的原因而遭到破坏、更改、泄露，系统连续、可靠、正常地运行，网络服务不中断。从广义来说，凡是涉及网络信息的保密性、完整性、可用性、真实性和可控性的相关技术和理论都是网络安全所要研究的领域。网络安全涉及的内容既有技术方面的问题，也有管理方面的问题，两方面相互补充，缺一不可。技术方面主要侧重于防范外部非法用户的攻击，管理方面则侧重于内部人为因素的管理。如

何更有效地保护重要的信息数据、提高计算机网络系统的安全性已经成为所有计算机网络应用必须考虑和必须解决的一个重要问题。

所以，在网络传输的过程中，涉及网络安全的威胁有：

①截获，攻击者从网络上窃听他人的通信信息；

②中断，攻击者有意中断他人在网络上的通信；

③篡改，攻击者有意更改他人在网络上的信息；

④伪造，攻击者伪造他人的信息，使假的信息在网络上传输。

根据所使用的 X.800 和 RFC 2828 对安全攻击进行分类，分为被动攻击和主动攻击。被动攻击试图了解或利用系统的信息但不影响系统资源。主动攻击试图改变系统资源或影响系统运作。

(1) 被动攻击

被动攻击的特性是对传输的信息进行窃听和监测。攻击的目标是获取在传输的信息，对传输信息的内容泄露或对内容实行流量分析两种方式。

信息内容的泄露是信息在传输的过程中被攻击者截获到，并能了解到敏感或秘密的内容。信息内容的泄露一般是在信息的传输过程中没有对信息做任何的保护，攻击者很容易读取到信息的内容。假设我们用加密的方法对信息进行加密传输，攻击者获取信息后不能轻易打开，只是对信息进行观察和分析某一个协议数据单 PDU 而不干扰信息流。攻击者可以确定通信主机的身份和位置，可以观察传输消息的频率和长度，从而可以判断通信的性质。这种被动攻击称为流量分析（如图 5-1 所示）。

被动攻击的特点：不涉及对数据的更改，不容易被觉察到。因为信息对传输的双方而言只是收与发的动作，至于第三方在中途获取信息，他们是很难觉察到。

(2) 主动攻击

主动攻击是指攻击者对连接中通过的数据流进行各种处理。如修改、伪造、删除或延迟这些数据流的发送。

消息修改（如图 5-2 所示）是指攻击者获取到信息后对信息的一部分或全部进行修改或延迟信息的传输或改变信息的顺序以达到攻击者的目的。例如，在进行股票交易的过程中，股票购买者（股东）购买中国移动 10 万股，而在信息传输的过程中被攻击者修改为 5 万股进行交易。

伪造（如图 5-3 所示）是攻击者重放以前已被记录的合法连接初始化序列，或者假装别的实体而企图建立连接。

重放是指将获取的信息再次发送以产生非授权的效果，攻击者可以利用重放对被攻者的主机服务器而获取某种权限。

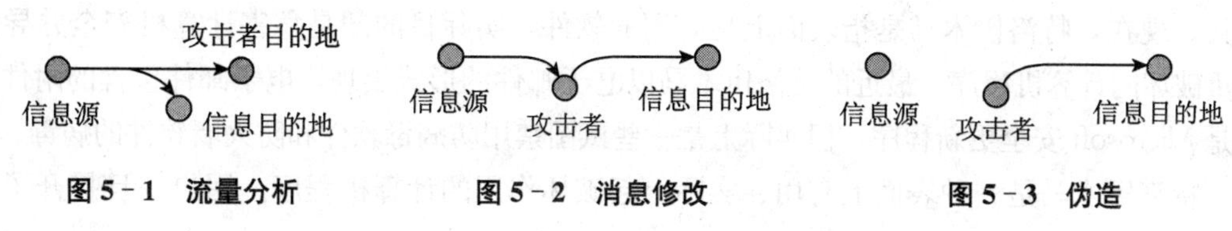

图 5-1　流量分析　　**图 5-2　消息修改**　　**图 5-3　伪造**

除了以上主动攻击方法外，还有一种特殊的主动攻击就是恶意程序的攻击。恶意程序种类繁多，对网络安全威胁较大的主要有以下几种：

①计算机病毒，是一种把自身程序的副本附着于机器另一程序上的一段代码，是目前对网络安全威胁最大的因素之一。

②计算机蠕虫，是一种通过网络的通信功能将自身从一个节点发送到另一个节点并自动启动运行的程序。

③特洛伊木马，简称“木马”，是一种计算机程序，它驻留在目标计算机里。在目标计算机系统启动时自然启动，然后在某一端口进行监听。如果在该端口收到数据，对这些数据进行识别，然后按识别后的命令，在目标计算机上执行一些操作，例如窃取口令、复制或删除文件或重新启动计算机，特洛木马可能造成用户资料泄露，破坏系统，甚至使整个系统崩溃。

④代码炸弹，是一种具有杀伤力的代码，该代码具有在某个时间点或某种操作上开始执行的能力。该代码不具有传播能力，只是在进行程序开发时，程序将这个特定的代码嵌入软件中以达到程序员的某种不可告人的秘密。

2. 计算机病毒

计算机病毒是附着于程序或文件中的一段计算机代码，在计算机之间传播。它一边传播一边感染计算机。以自我复制为明确目的编写的代码。计算机病毒附着于宿主程序，然后试图在计算机之间传播。它可能损坏硬件、软件和信息。

3. 计算机蠕虫

与计算机病毒相似，计算机蠕虫被设计为将自己从一台计算机复制到另一台计算机，但是它自动进行。首先，它控制计算机上可以传输文件或信息的功能。一旦您的系统感染计算机蠕虫，计算机蠕虫即可独自传播。最危险的是，计算机蠕虫可大量复制。例如，计算机蠕虫可向电子邮件地址簿中的所有联系人发送自己的副本，那些联系人的计算机也将执行同样的操作，结果造成多米诺效应（网络通信负担沉重），使商业网络和整个 Internet 的速度减慢。当新的计算机蠕虫病毒爆发时，它们传播的速度非常快。它们堵塞网络并可能导致您（以及其他每个人）等很长的时间才能查看 Internet 上的网页。

计算机蠕虫是计算机病毒的子类。通常，计算机蠕虫传播无须用户操作，并可通过网络分发它自己的完整副本（可能有改动）。计算机蠕虫会消耗内存或网络带宽，从而可能导致计算机崩溃。蠕虫的传播不必通过“宿主”程序或文件，因此可潜入您的系统并允许其他人远程控制您的计算机。最近的计算机蠕虫示例包括 Sasser 蠕虫和 Blaster 蠕虫。

4. 特洛伊木马

在神话传说中，特洛伊木马表面上是“礼物”，但实际上藏匿了袭击特洛伊城的希腊士兵。现在，特洛伊木马是指表面上是有用的软件，实际目的却是危害计算机安全并导致严重破坏的计算机程序。最近的特洛伊木马以电子邮件的形式出现，电子邮件包含的附件声称是 Microsoft 安全更新程序，但实际上是一些试图禁用防病毒软件和防火墙软件的病毒。

特洛伊木马是一种表面上有用、实际上起破坏作用的计算机程序。用户一旦打开了认

为来自合法来源的程序，特洛伊木马便趁机传播。特洛伊木马也可能包含在免费下载软件中。切勿从不信任的来源下载软件。

5. 间谍软件

间谍软件和其他有害软件是指在计算机上执行特定任务的软件，通常是在未经同意的情况下执行。该软件可能会显示广告或试图收集网络用户的个人信息。

间谍软件存在于计算机的测试方

弹出式广告。一些有害的软件会连珠炮似地弹出与当前访问的特定 Web 站点无关的广告。如果您在刚打开计算机时，甚至还没开始浏览 Web 时就看见弹出式广告，您的计算机可能安装了间谍软件或其他有害软件。

设置已被更改，但是不能将其恢复原状。一些有害的软件能够更改客户的主页或搜索页设置。这意味着客户启动 Internet 浏览器时首先打开的页面或选择“搜索”时出现的页面可能是客户不认识的页面。即使客户知道如何调整这些设置，可能会发现在每次重新启动计算机时，这些设置又会恢复原状。

浏览器含有未下载过的附加组件。间谍软件和其他有害的软件会将您不需要的附加工具栏添加至 Web 浏览器。即使您知道如何删除这些工具栏，在您重新启动计算机时它们也会恢复原状。

计算机的速度很慢。间谍软件和其他有害的软件不一定是高效的软件。这些程序会使用资源跟踪客户的活动和弹出广告，从而降低计算机速度，而且软件的错误可能会使计算机崩溃。

6. 计算机是否感染计算机蠕虫或其他病毒的判断标准

在打开和运行受感染的程序时，可能不知道自己已感染计算机病毒。计算机的速度可能越来越慢或每隔几分钟崩溃并重启一次。病毒也会攻击启动计算机所需的文件，在这种情况下，按下电源开关按钮后就会发现黑屏。所有这些症状都是计算机感染计算机病毒的常见迹象。

如客户发送了包含病毒的电子邮件的信息，可能意味着病毒已将客户的电子邮件地址列为染毒电子邮件的发件人。但这并不一定表示客户的计算机感染了病毒。有些病毒有伪造电子邮件地址的功能。除非计算机安装了最新的防病毒软件或杀毒软件，否则无法确切知道是否感染病毒。

7. 计算机蠕虫和其他病毒的传播方式

许多蠕虫和病毒是无法传播的，除非客户打开或运行了受感染的程序。很多最危险的病毒主要通过电子邮件附件（随电子邮件一起发送的文件）传播。通常可判断电子邮件是否包含附件，因为客户看到表示附件且包括附件名称的回形针图标。当打开受感染的文件附件（通常是双击附件图标以打开附件）时，就会启动病毒。

如果收到陌生人发来的带附件的邮件，请立即删除它。有时打开来自熟人的附件也可能不安全。病毒和蠕虫都能从电子邮件程序中窃取信息，然后将自已发送给地址簿中的所有联系人。因此，如果某人发来一封电子邮件，但其中的信息收件人并不了解，或其中的附件不是收件人期望的文件，请一定先与发件人联系并确认附件内容，然后再打开文件。

另一些病毒可能通过从 Internet 下载的程序进行传播，或通过从朋友那里借来的或甚至是从商店买来的带病毒计算机磁盘进行传播。这些属于比较少见的病毒感染方式。

切勿打开附加在电子邮件中的任何内容，除非附件是客户期望的文件且您清楚该文件的内容。

任务实施

1. 瑞星杀毒软件的安装

（1）购买或从瑞星网站下载的瑞星杀毒软件，如图 5－4 所示。

图 5－4　瑞星杀毒软件图标

（2）双击打开软件安装。软件解开过程如图 5－5 所示，解开完成后，出现如图 5－6 所示的“瑞星软件语言设置程序”对话框。

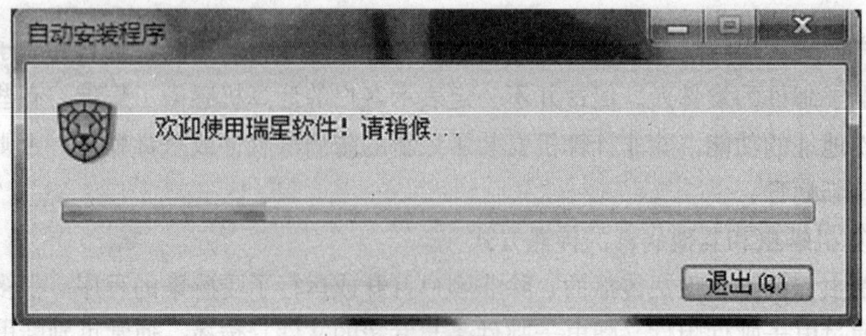

图 5－5　自动程序安装

图 5-6　设置程序语言

（3）选择“中文简体”，单击“确定”，出现如图 5-7 所示的“欢迎”对话框。

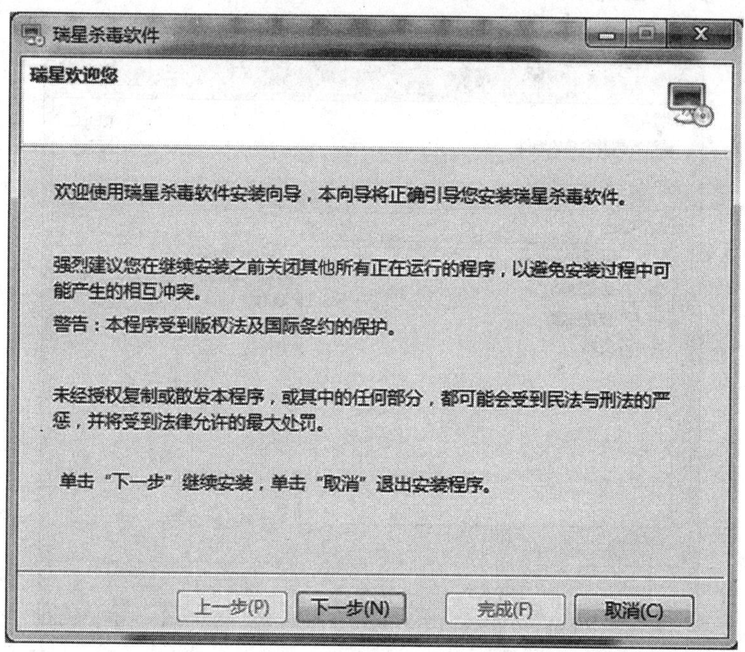

图 5-7　“安装向导”对话框

（4）单击“下一步”，出现如图 5-8 所示的“最终用户许可协议”对话框。

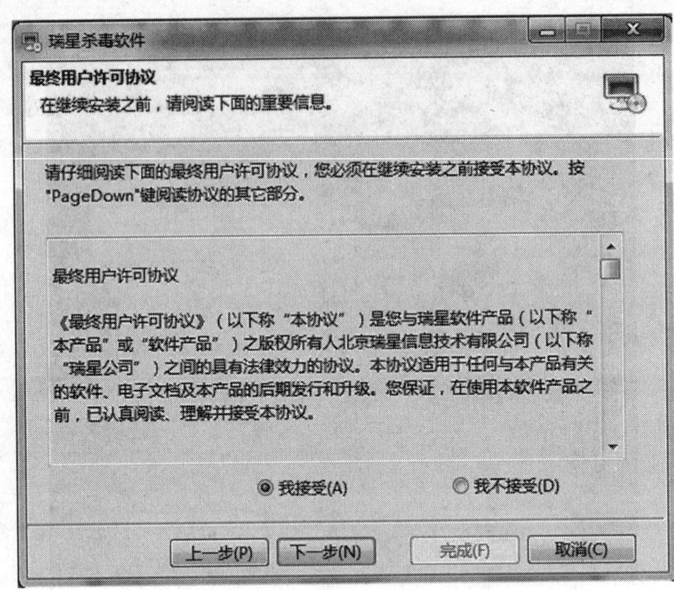

图 5-8 "瑞星杀毒软件最终用户许可协议"对话框

(5) 选择"我接受"单选按钮，只有选择授受协议才能安装软件，否则软件安装不成功，单击"下一步"，出现如图 5-9 所示的"定制安装"对话框。

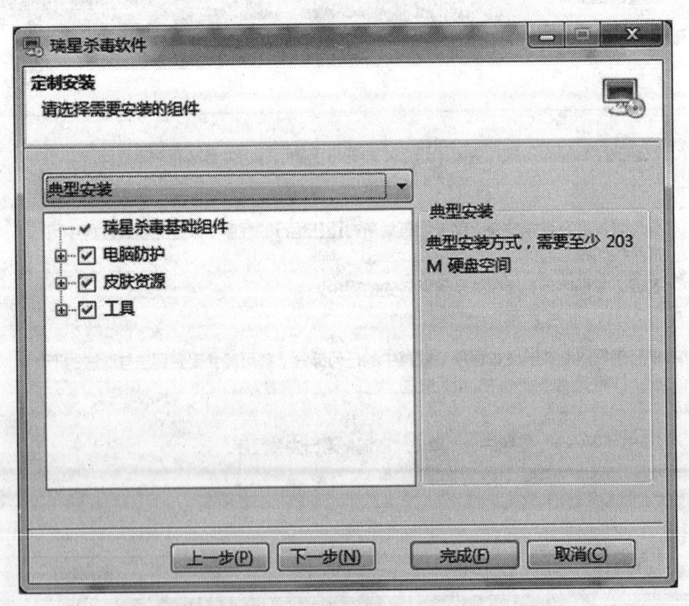

图 5-9 "瑞星杀毒软件"定制安装

(6) 在安装类型中有"全部安装"、"典型安装"和"最小安装"，3 种安装方式所需的硬盘空间不同，在这里选择"典型安装"。单击"下一步"，出现如图 5-10 所示"选择

目标文件夹”对话框。

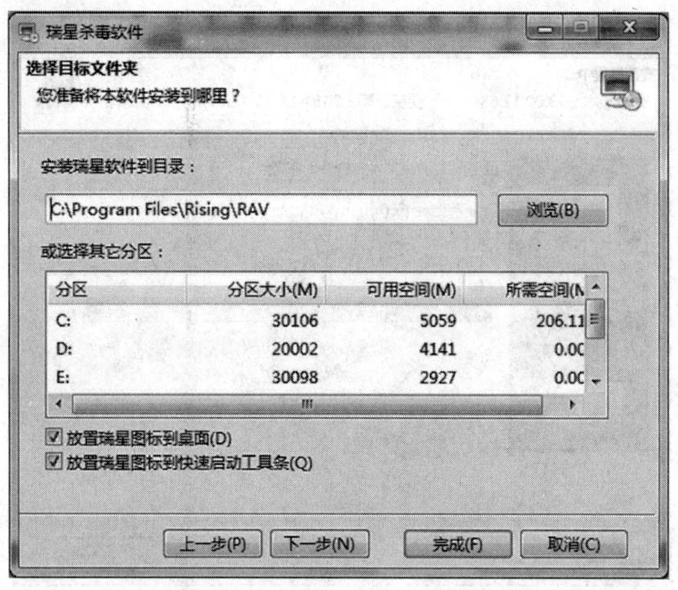

图 5－10　“选择目标文件夹”对话框

（7）在图 5－10 中选择软件的安装位置，单击“下一步”，出现如图 5－11 所示的“安装信息”对话框，在该对话框中显示了前面所做的设置，单击“上一步”可以修改设置，单击“下一步”继续安装。

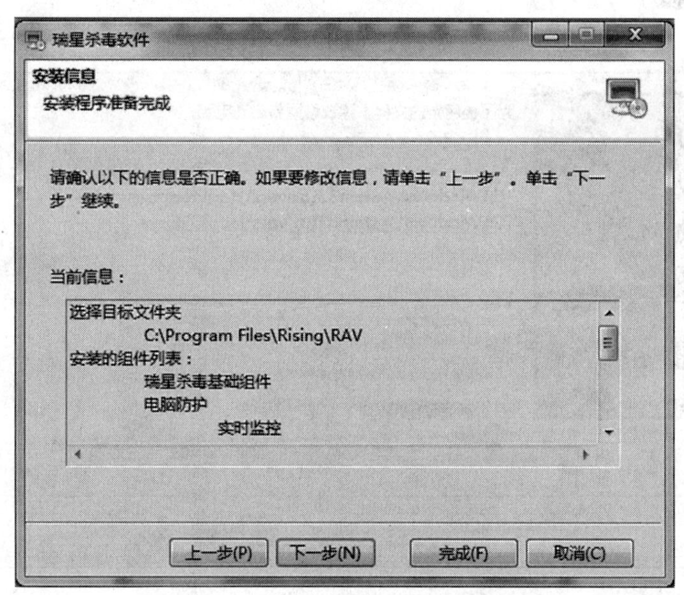

图 5－11　“安装信息”对话框

(8) 单击“下一步”，出现如图 5-12 所示的“安装过程中…”对话框。

图 5-12 “安装过程中…”对话框

(9) 安装完成，如图 5-13 所示。单击“完成”并重新启动电脑。

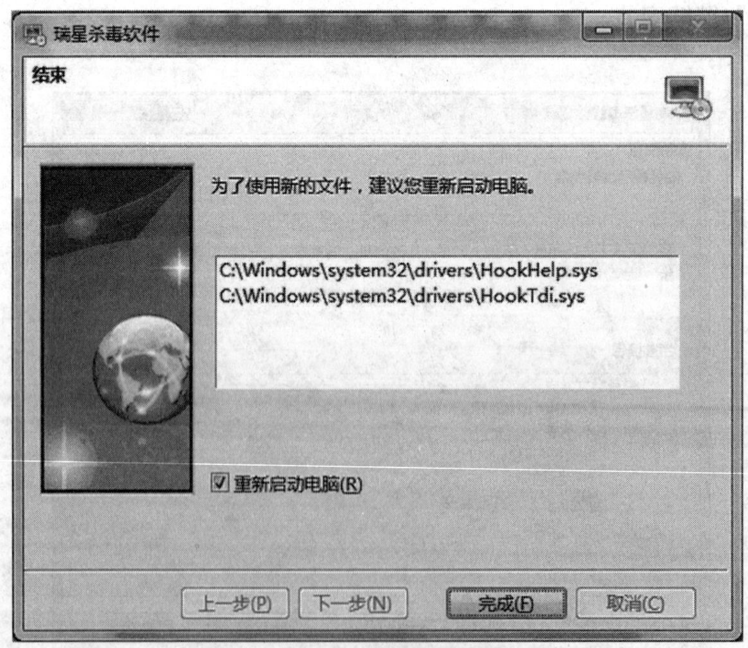

图 5-13 安装完成

2. 应用杀毒软件

(1) 打开“瑞星杀毒软件”，如图 5-14 所示显示“瑞星杀毒软件”的主界面，包含一些与本机安全有关的情况。

图 5-14　瑞星杀毒软件界面

(2) 在主界面中单击“快速查杀”按钮，本功能只对 Windows 系统的“Windows 文件夹”和“Program Files 文件夹”实行查杀，如图 5-15 所示。

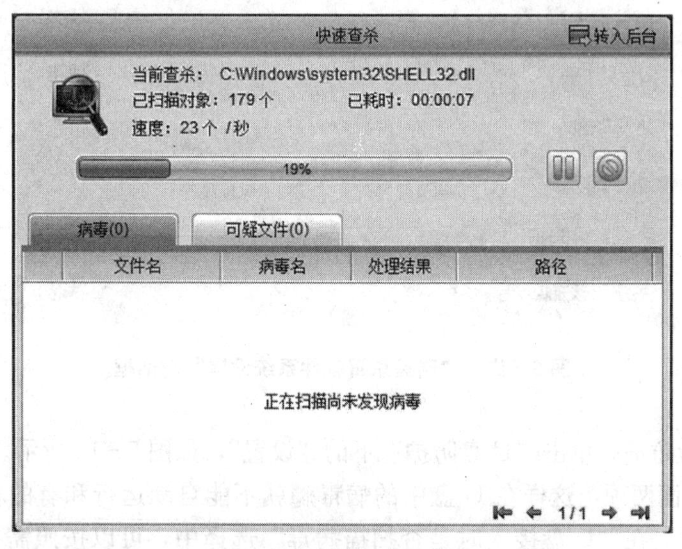

图 5-15　瑞星杀毒软件“快速查杀”对话框

(3) 在主界面中单击“全盘查杀”时，就会对本机的所有硬盘进行查杀，单击“自定义查杀”，如图 5-16 所示。选择要扫描的地方。

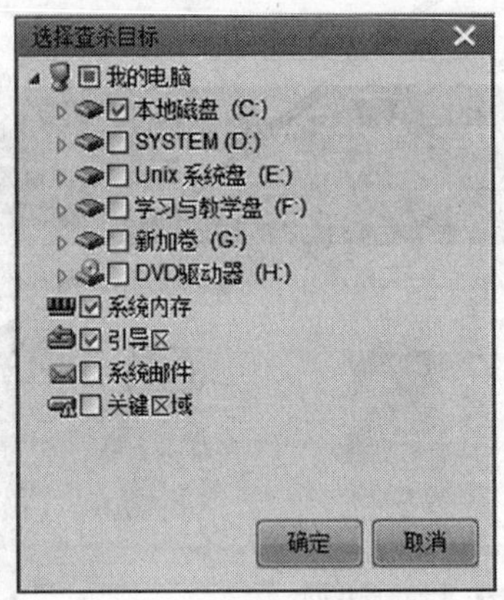

图 5-16 “选择查杀目标”对话框

(4) 回到主界面，单击“电脑防护”，如图 5-17 所示，该功能是“瑞星杀毒软件”对电脑进行实时防护的设置，如果不需要该功能单击“关闭”即可。

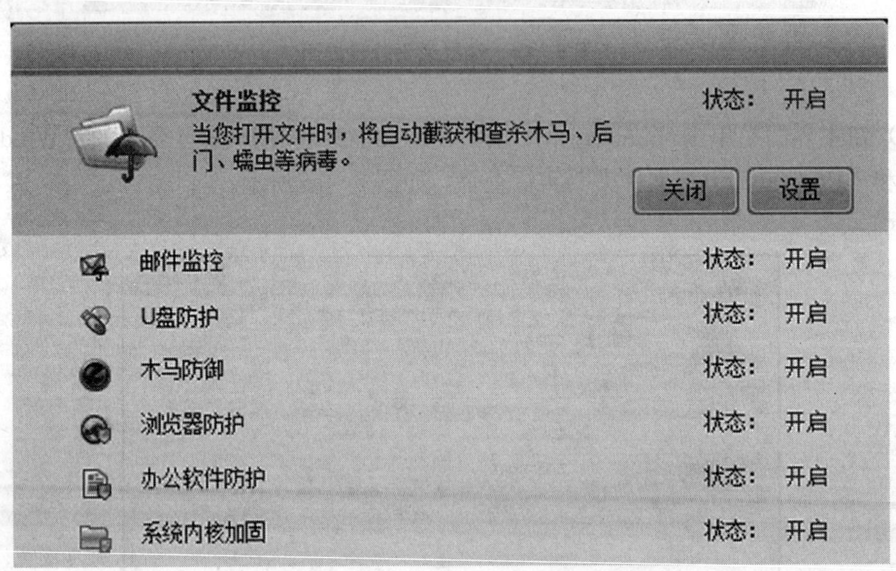

图 5-17 “瑞星杀毒软件系统设置”对话框

(5) 对 U 盘防护，单击“U 盘防护”下的“设置”，如图 5-18 所示。在“自动阻止”选项中，选择下面两项，这样在 U 盘中的病毒癔就不能自动运行和有的程序就不能创建 autorun. inf 文件。在“U 盘接入时是否扫描病毒”选择中，可以按照需要设置。“不扫描”在 U 盘接入电脑后不做任何的扫描；“立即扫描”在 U 盘接入电脑后马上扫描；“询问我”在U盘接入电脑后提出询问，是否需要扫描。

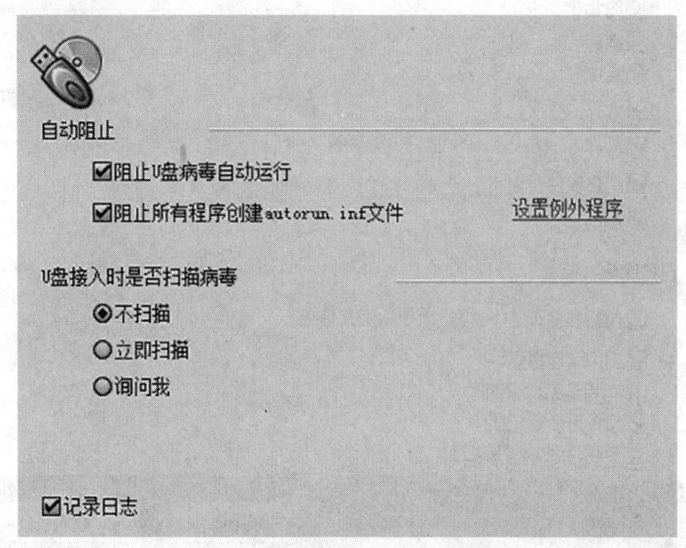

图5-18 U盘接入是否扫描病毒

(6) 查杀设置，主要是对在查杀毒的过程中，杀毒软件对查到毒时的反应。打开主界面“设置”选择“查杀设置”下的“快速查杀”，如图5-19所示。在杀毒引擎级别中单击“自定义”按钮，如图5-20所示。在“基本设置”选项卡中，设置杀毒软件检测的病毒类型。在“高级设置”选项卡中设置杀毒软件的扫描类型。单击“确定”。回到“查杀设置”窗体后，在“操作处理”方式中，对发现病毒后的处理方式进行设置等。

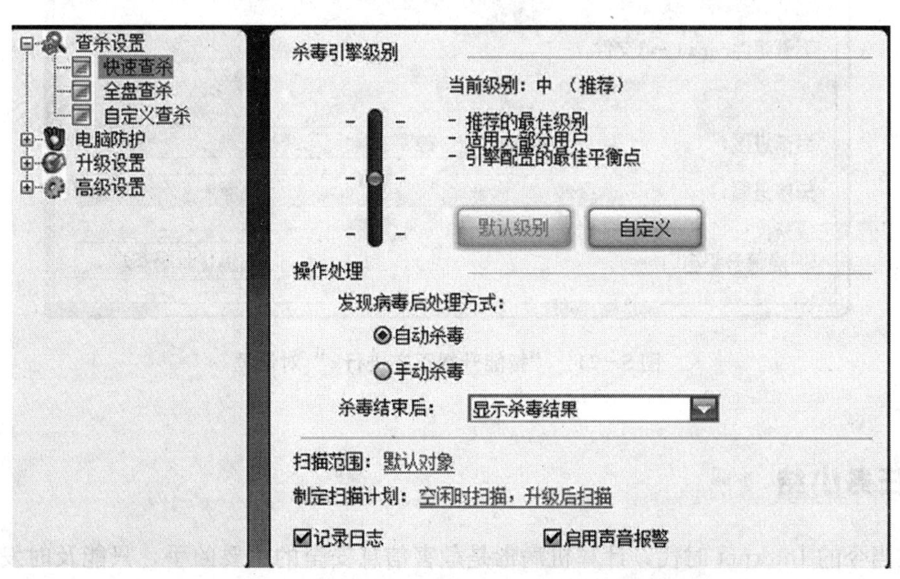

图5-19 杀毒引擎级别设置

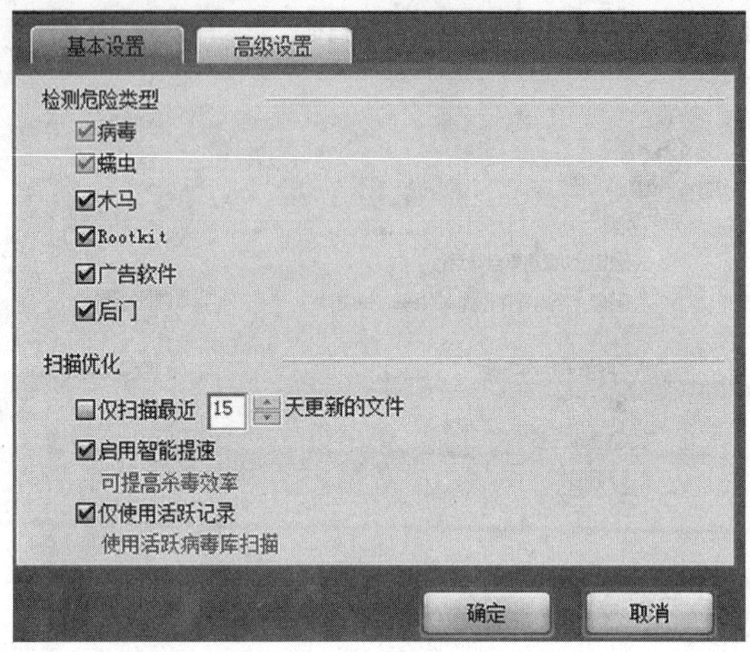

图 5-20　“基本设置”对话框

（7）软件升级的设置，回到主界面，单击“软件升级”，即可对当前的病毒库进行更新升级。只有保持病毒库是最新的才能保护计算机不容易被病毒入侵。如图 5-21 所示。

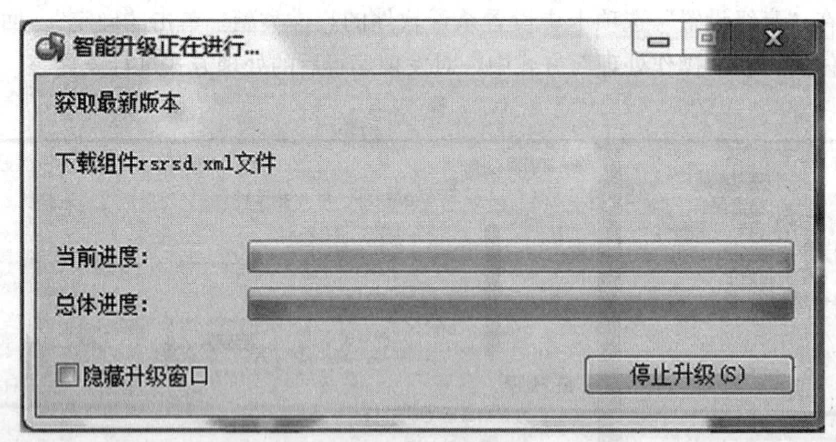

图 5-21　“智能升级正在进行...”对话框

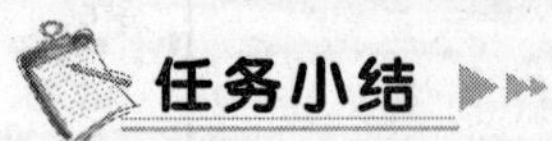

任务小结

在当今的 Internet 时代，计算机病毒是危害信息安全的主要凶手，只能及时发现病毒并删除病毒才能够保证信息的安全，计算机的软、硬件才不至于被破坏，为了达到此目

的，而人工发现病毒的可能性很小，如果没有特定专用工具的帮助，要从计算机中正确地删除病毒通常是一项艰巨的任务，杀毒软件则是保护信息安全的一种手段，本任务同时从瑞星杀毒软件的应用来解决病毒的威胁。

任务二　防火墙的配置

任务导入

广东省经济贸易职业技术学校现在要在全校重新规划网络，学校领导为了提高网络的安全性，不让没有授权的用户对内部网络的服务器进行破坏。

任务分析

学校的网络管理员认为 Windows 自带的防火墙即可实现学校内部网络安全需求。防火墙的初始化向导可以帮助用户在防火墙第一次上线进行基本功能配置。使其满足基本的网络安全需求。

知识准备

1. 防火墙的含义

防火墙是一种软件或硬件设备，是应用在网络之间，所有的通信，无论是从内部到外部还是从外部到内部，都必须经过防火墙，它可帮助防范通过互联网访问客户计算机的黑客、病毒，以及蠕虫。

如果在连接 Internet 后计算机没有受到保护，黑客就可以访问到客户计算机上的个人信息。他们可以在客户的计算机上安装代码，破坏文件或导致故障。他们还可以使用您的计算机透过 Internet 攻击其他家庭或企业的计算机。防火墙可以帮助拦截大部分此类恶意的 Internet 通讯。

有些防火墙还可以防止其他人在未经客户许可的情况下使用客户的计算机攻击其他计算机。无论客户如何连接 Internet，无论使用拨号连接或数字线路（DSL 或 ADSL），防火墙的使用都是至关重要的。

2. 防火墙的分类

（1）包过滤路由器（Packet－filtering Routers）

包过滤路由器依据一套规则对收到的 IP 包进行处理，决定是转发还是丢弃。路由器被特别设置成相对两个方向（进入内部网络和从内部网络发出）的数据包进行过滤。如图 5－22所示。

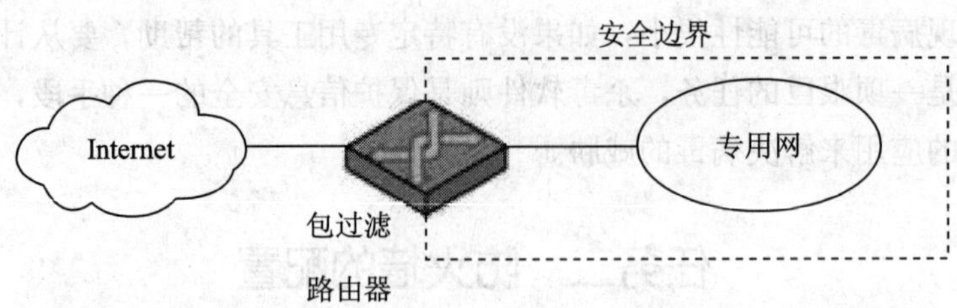

图 5－22　包过滤路由器

包过滤路由器的特点：

①最简单的组件，是任何防火墙的基础。

②检查每个 IP 包，并基于规则允许（Permit）或拒绝（Deny）包，由此限制对服务（或端口）的访问。

默认安全策略：没有明确禁止的行为都是允许的，没有明确允许的行为都是禁止的。

（2）应用层网关（Application-level Gateways）

应用层网关也称为代理服务器，它在应用层的通信中扮演着一个信息传递者的角色。用户使用 Internet 和 FTP 之类的 TCP/IP 应用程序时建立了一个到网关的连接，这个网关要求用户出示将要访问的异地机器的正确名称。如图 5－23 所示。

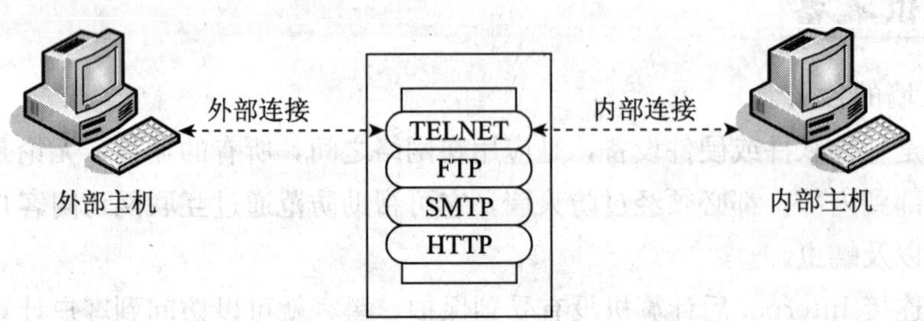

图 5－23　应用层网关

应用层网关特点：

网关理解应用协议，可以实施更细的访问控制，用户从代理请求服务，代理验证请求是否合法，然后向服务器请求，并返回结果给用户。对每一类应用，都需要一个专门的代理，灵活性不够。

（3）电路层网关（Circuit－level Gateways）

电路层网关是一个独立系统或一项具体的功能，这项功能事实上也可以由应用层网关在某个应用中执行。电路层网关不允许端到端的直接 TCP 连接；它由网关建立的两个 TCP 连接，一个连接网关与网络内部的 TCP 用户，一个连接网关与网络外部的 TCP 用户。连接建立之后，网关就起着一个中介的作用，将数据段从一个连接转发到另一个连接。如图 5－24 所示。

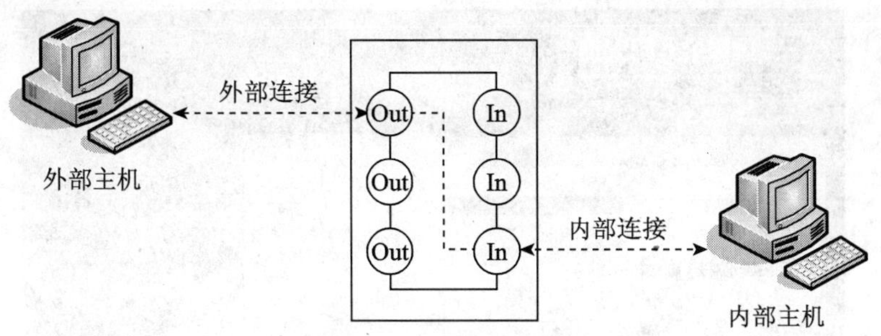

图 5－24 电路层网关

Windows 操作系统也包含防火墙，Windows 防火墙筛选收到和发出的通信连接，阻止那些有通过允许的连接，Windows 防火墙显著地降低了恶意网络通信的数量。

Windows 防火墙使管理员可以控制哪些服务可以接受网络连接，哪些网络可以连接特定的服务。默认情况下，Windows 防火墙允许所有服务发出通信，管理员可以限制应用程序发送通信。用户可以创建如下形式的规则示例。

①在一个域名系统（DNS）服务器上只允许内部网络的请求消息。

②在一个 E－mail 服务器上允许任何主机使用 TCP 端口 25 连接简单邮件传输协议（SMTP）服务器，但只允许内网主机使用 TCP 端口 110 连接邮件办公协议（POP）服务器。

③除了 Windows 更新之外，阻止所有应用程序和服务向外连接网络。

④允许内网主机对服务器使用“ping”命令，但是阻止所有外来网络的“ping”请求。

任务实施

瑞星防火墙设置如下：

（1）通过瑞星公司的网站（http：//www. rising. com. cn/）下载瑞星防火墙。

（2）安装瑞星防火墙（安装方法与安装杀毒软件一样）。

（3）应用防火墙。

①打开防火墙，“开始—所有程序—瑞星个人防火墙—瑞星个人防火墙”，如图 5－25 所示。主要界面元素有菜单栏、标签页、安全状态、云安全状态和升级信息。

菜单栏：用于进行菜单操作的窗口，包括“日志”、“设置”和“软件升级”三个菜单。

标签页：位于主界面上部，包括“网络中心”、“网络监控”、“网络连接”和“安全资讯”四个标签。

安全状态：显示当前电脑的安全等级。当客户的电脑安全状态是“高危”或“风险”时，客户可以单击瑞星个人防火墙主程序右侧的“请修复”按钮，在弹出的对话框中修复相应的安全项。

图 5－25　打开“防火墙”

云安全状态：显示当前电脑的云安全状态。单击该区域，可以对“‘云安全’计划”进行设置。

升级信息：位于主界面下方，显示防火墙当前版本。

②设置安全级别，在图 5－25 窗口中单击“设置”按钮，单击高、中、低可进行安全级别的设置如图 5－26 所示。

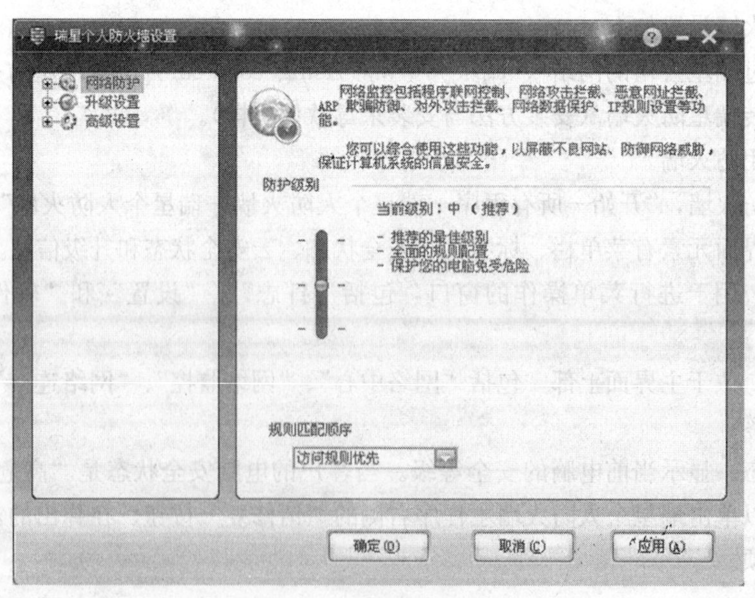

图 5－26　安全级别设置

关于安全级别的定义及规则的说明如下：

高：最全面的检查。通过严格的规则配置，保护客户的电脑免受所有网络中潜在的威胁。

中：推荐级别。通过全面的规则配置，保护客户的电脑免受危险。

低：最少的资源占用。使用最基本的规则，保护客户的电脑。

③程序联网控制，双击图 5－26 中的“网络防护”，选择“程序联网控制”，如图 5－27所示，图的右边是程序联网规则。

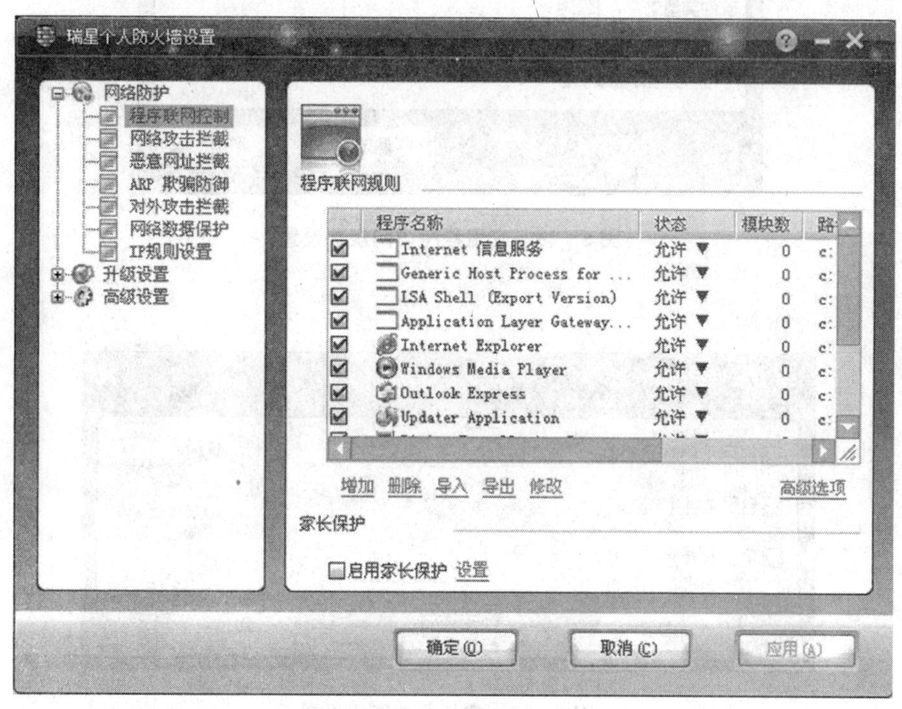

图 5－27　程序联网控制

④修改程序联网规则，如果对程序的联网规则进行设置只要双击图 5－27 中的程序，在弹出的窗口中进行设置，如图 5－28 所示。在专业模式中选择相应的模式。

⑤启动家长保护功能。在图 5－27 中，选择“启用家长保护”选项，单击设置，如图 5－29 所示。家长可以对上网时间、关键字和网络视频进行控制或禁止。

⑥设置上网时间，单击“设置上网时间”，出现如图 5－30 所示的“上网时间设置”窗体，单击“添加”，出现如图 5－31 所示的“上网设置”窗体，在这里可以设置上网时间和允许上网的应用程序。

⑦IP 规则设置，根据用户定义的规则来过滤 IP 包，如图 5－32 所示。须注意：规则设置越多性能越低；不需要增加与应用相关的规则，系统在应用需要时打开端口；也不需要增加防范性规则，系统已经内置并且自动升级。

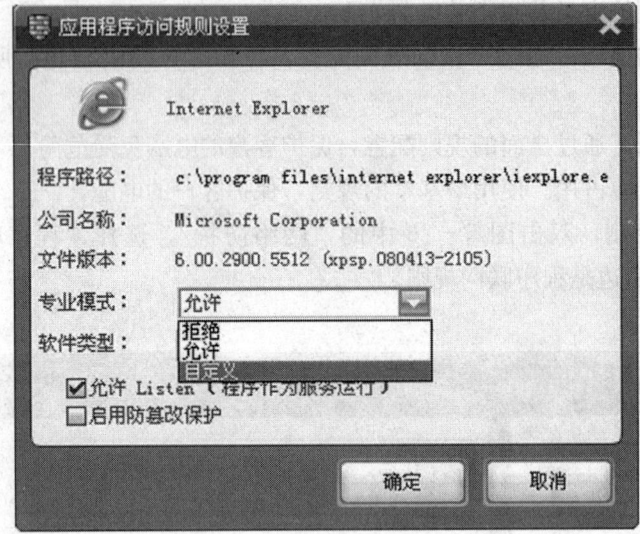

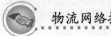

图 5－28　应用程序访问规则设置

图 5－29　家长保护高级设置

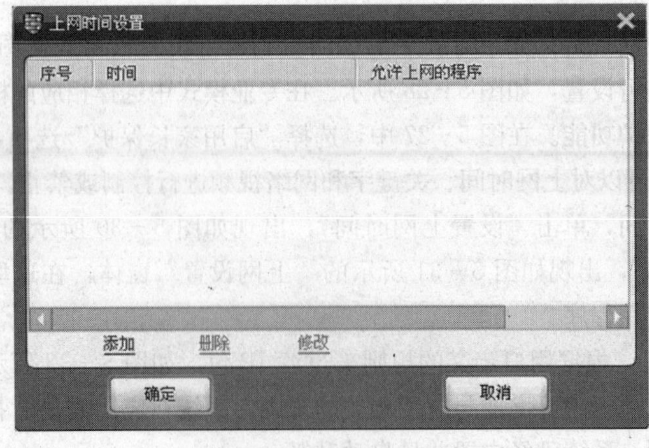

图 5－30　上网时间设置

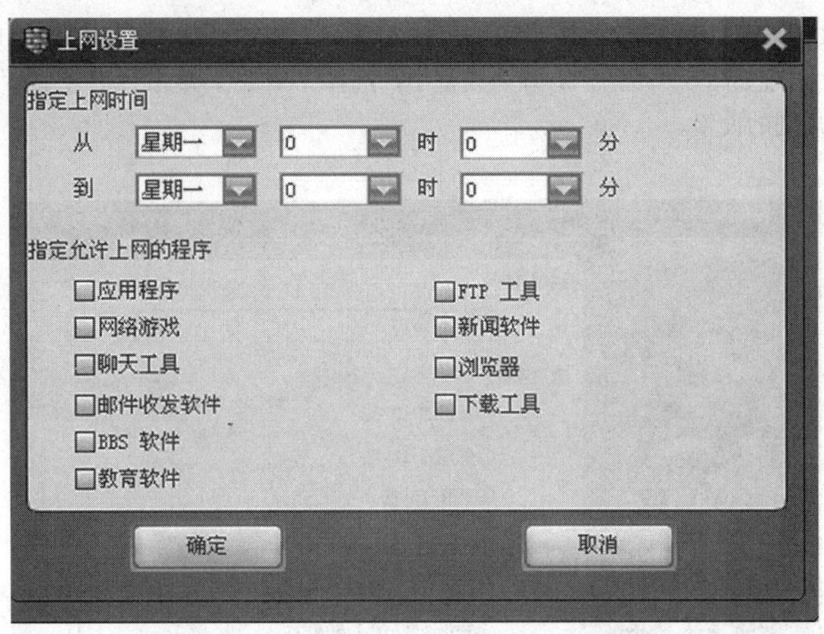

图 5－31　“上网设置”对话框

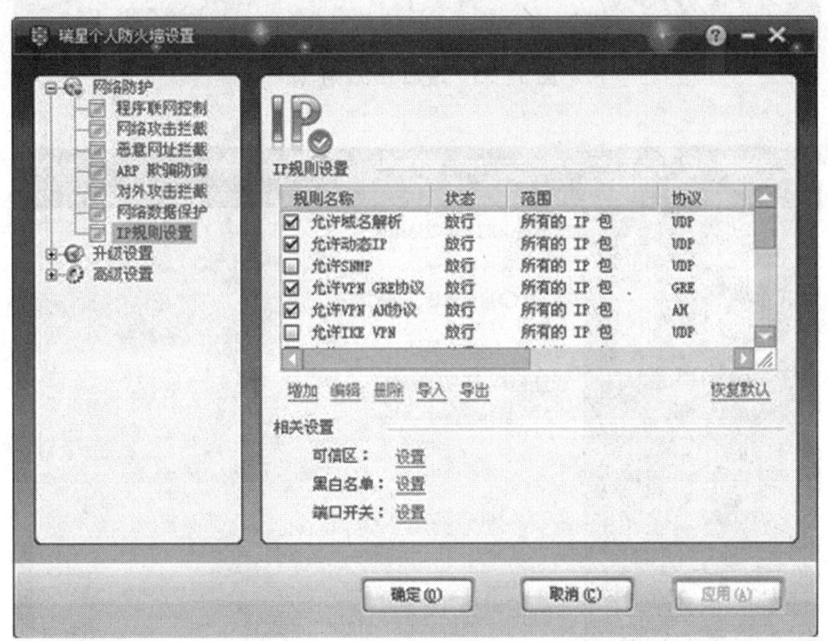

图 5－32　“IP 规则设置”对话框

⑧增加 IP 规则，如果想禁止某台计算机上网，则可以在 IP 规则中实施即可。在图5－32 中，单击“增加”，输入规则名称，选择规则的应用方式和处理解发本规则的 IP 包的方

式，出现如图 5－33 所示，单击“下一步”，在图 5－34 中，都选择“任意地址”，单击“下一步”，出现如图 5－35 所示，在协议框中，选择“ALL”，单击“下一步”，完成禁止上网的 IP 规则的设置。

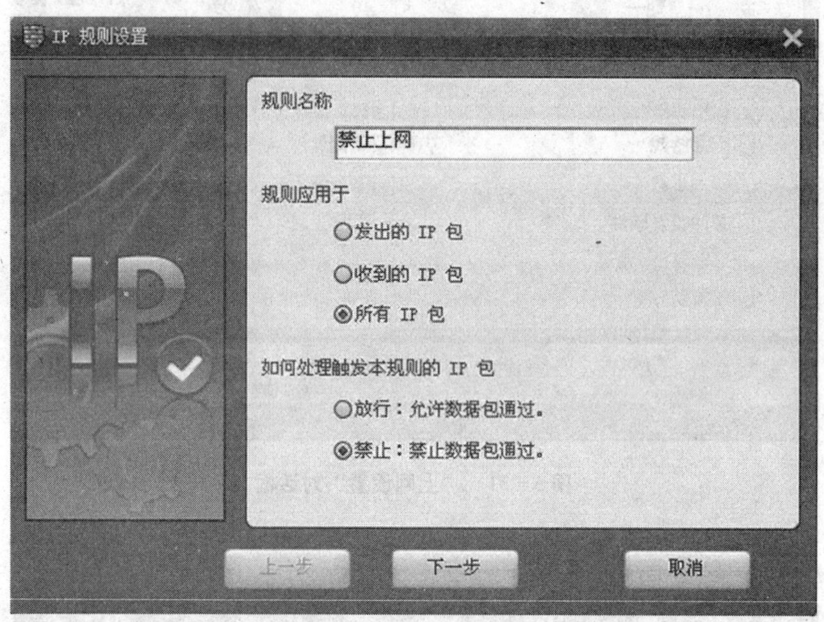

图 5－33　增加 IP 规则（a）

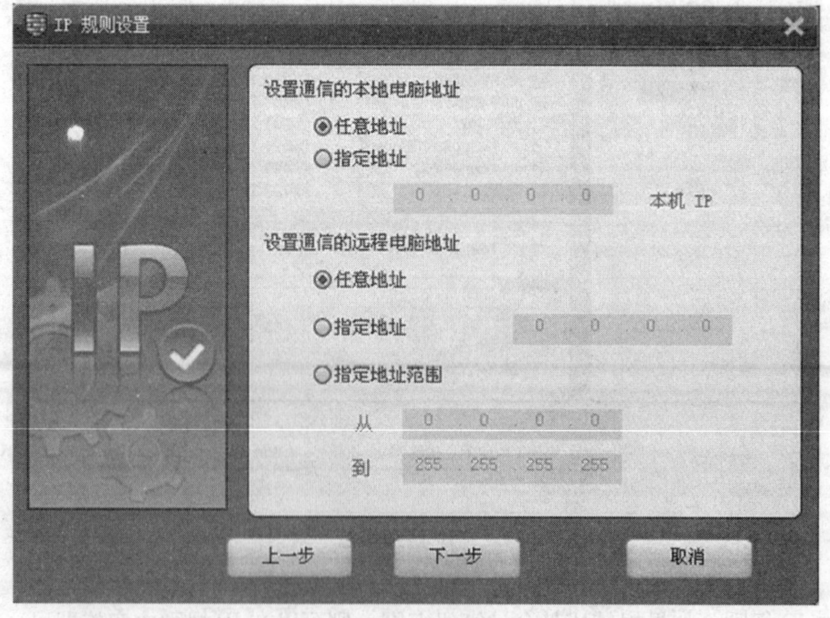

图 5－34　增加 IP 规则（b）

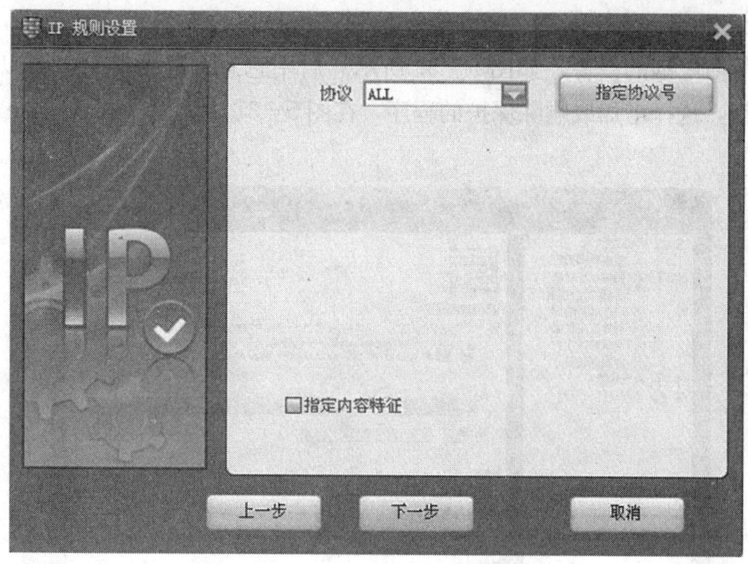

图 5-35　增加 IP 规则（c）

⑨网络攻击拦截。拦截来自互联网的黑客、病毒攻击，包括木马攻击、后门攻击、远程溢出攻击、浏览器攻击、僵尸网络攻击等，如图 5-36 所示。网络攻击拦截作为一种积极主动地安全防护技术，在系统受到危害之前拦截入侵，在不影响网络性能的情况下对网络进行监测。网络攻击拦截能够防止黑客或病毒利用本地系统或程序的漏洞，对本地进行控制。通过使用此功能，可以最大限度地避免客户因系统漏洞等问题而遭受黑客或病毒的入侵攻击。

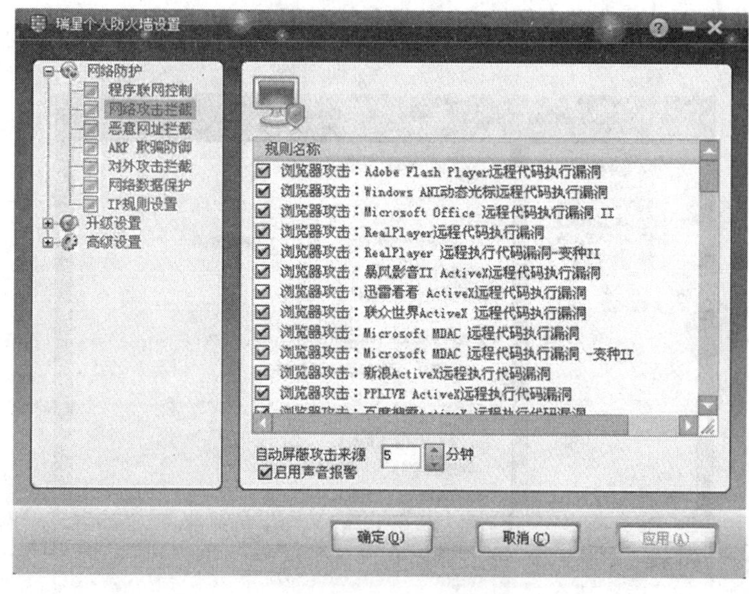

图 5-36　网络攻击拦截

⑩恶意网址拦截。依托瑞星“云安全”计划，每日随时更新恶意网址库，阻断网页木马、钓鱼网站等对电脑的侵害，如图 5－37 所示。启用恶意网址拦截后，可以点击“添加”或“删除”按钮，选择增加或删除保护的程序，在图 5－37 中，对 iexplore. exe 进行保护。

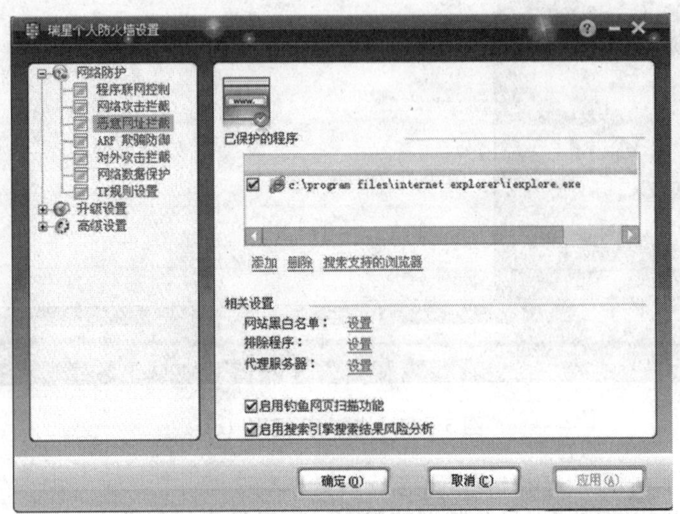

图 5－37 恶意网址拦截

⑪ARP 欺骗防御。ARP 欺骗是通过发送虚假的 ARP 包给局域网内的其他电脑或网关，通过冒充别人的身份来欺骗局域网中的其他电脑，使得其他的电脑无法正常通信，或者监听被欺骗者的通信内容。客户可通过设置 ARP 欺骗防御，防止电脑受到 ARP 欺骗攻击。保护电脑的正常通信。瑞星防火墙防御方式有定时检查本机 ARP 缓存、拒绝 IP 地址冲突攻击和禁止本机对外发送虚假 ARP 数据包。如图 5－38 所示。

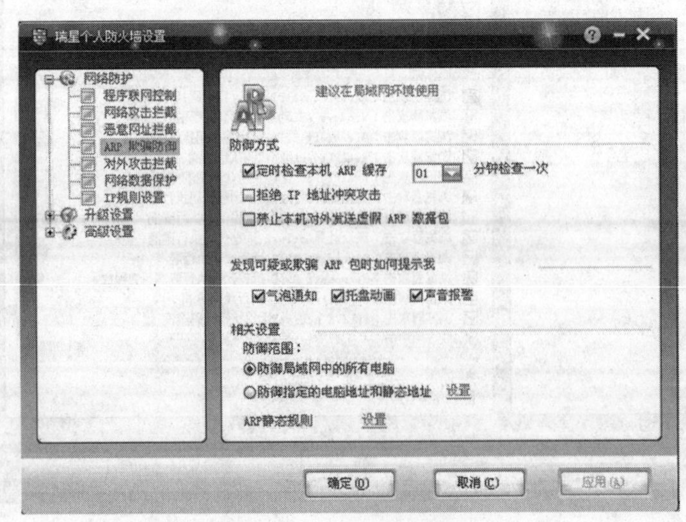

图 5－38 ARP 欺骗防御

⑫升级设置。在瑞星防火墙主界面，单击“软件升级”，在计算机联网的情况下，防火墙的升级界面如图 5－39 所示。

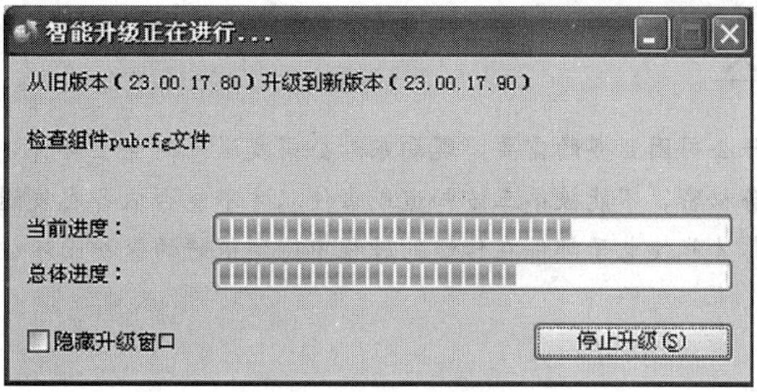

图 5－39　智能升级

⑬软件安全设置。为了软件不被其他没有授权的人修改，可以对防火墙进行密码设置，只有知道密码的用户才能对软件进行重新设置，如图 5－40 所示，这样起到保护防火墙的设置不随意被修改的作用。

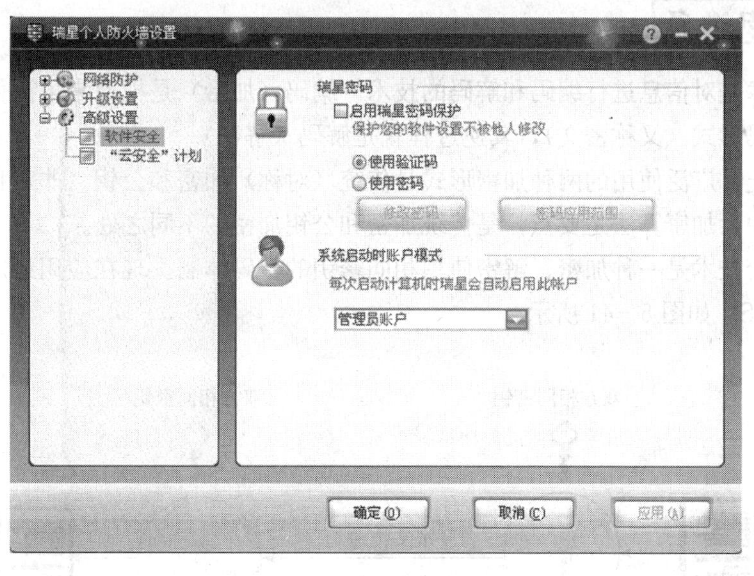

图 5－40　软件安全设置

任务小结

保护计算机的四个步骤：安装防火墙软件、升级操作系统为最新版本、保持反病毒软件最新、保持反间谍软件技术最新。

任务三　数据加密技术

天际网络有限公司因业务的需要，现向东升公司发送一封电子邮件，邮件的内容是关于两家公司的业务秘密，不能被第三方知道或者使双方不能否认各自发送的信息，现在两家公司应如何操作才能使电子邮件在传递的过程中得到很好的保护而不被第三方所破解或被一方否认？

任务分析

由于两家公司邮件的传递是在 Internet 上进行，所以信息在传递的过程中可能会被非法用户所获取，或收件双方为了某种自身利益而否认没有发送或收到相关的邮件。为了邮件的安全不被非法用户读取、否认，现需要在邮件的传递之前对邮件进行加密操作以保护数据的安全性。

知识准备

加密技术是对信息进行编码和解码的技术，编码（加密）是把原来可读信息（又称明文）译成代码形式（又称密文），其逆过程就是解码（解密）。

迄今为止，广泛使用的两种加密形式是传统（对称）加密和公钥（非对称）加密。在加密的技术中，加密算法是要点，是传统加密和公钥加密的不同之处。

对称加密技术是一种加密、解密使用相同密钥的密码体制。现在应用最广泛的对称密码体制是 DES。如图 5-41 所示。

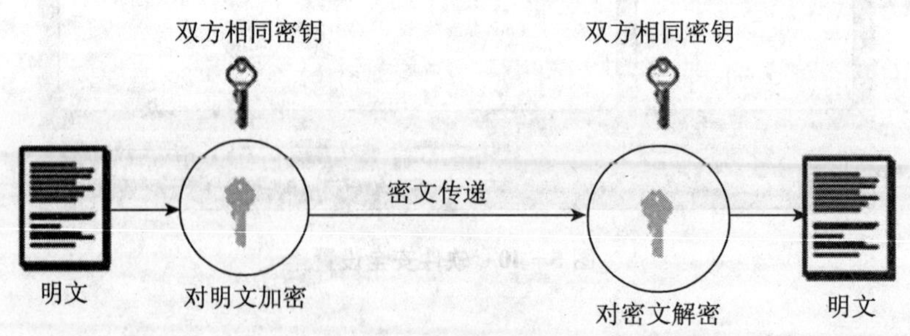

图 5-41　对称加密

非对称加密技术是一种密码体制，其加密算法和解密算法使用不同的密钥：一个是公钥，一个是私钥。非对称密码也称为公钥密码。现在应用最广泛的公钥密码体制是 RSA。

如图 5－42 所示。

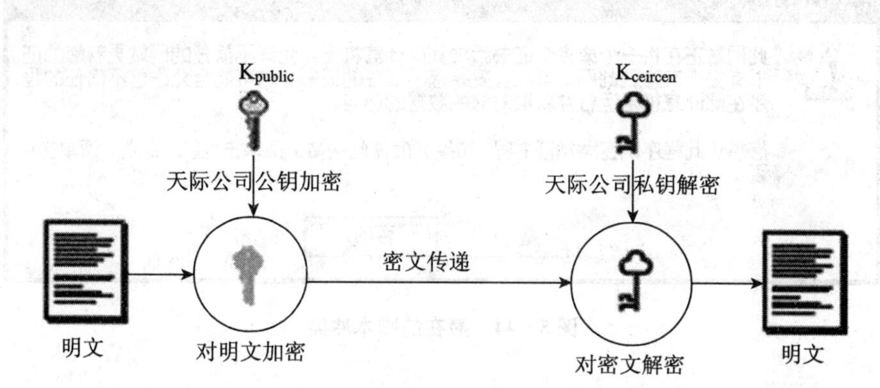

图 5－42　非对称加密

任务实施

1. 数字证书申请

（1）在浏览器中打开"http：//www.ca365.com/"，如图 5－43 所示，如果是第一次打开该网站，将会弹出"潜在的脚本冲突"窗口，如图 5－44 所示，目的是要求将"中国数字认证网"的证书添加到本地计算机上，如果选择"否"将不能申请证书；单击"是"，如图 5－45 所示。

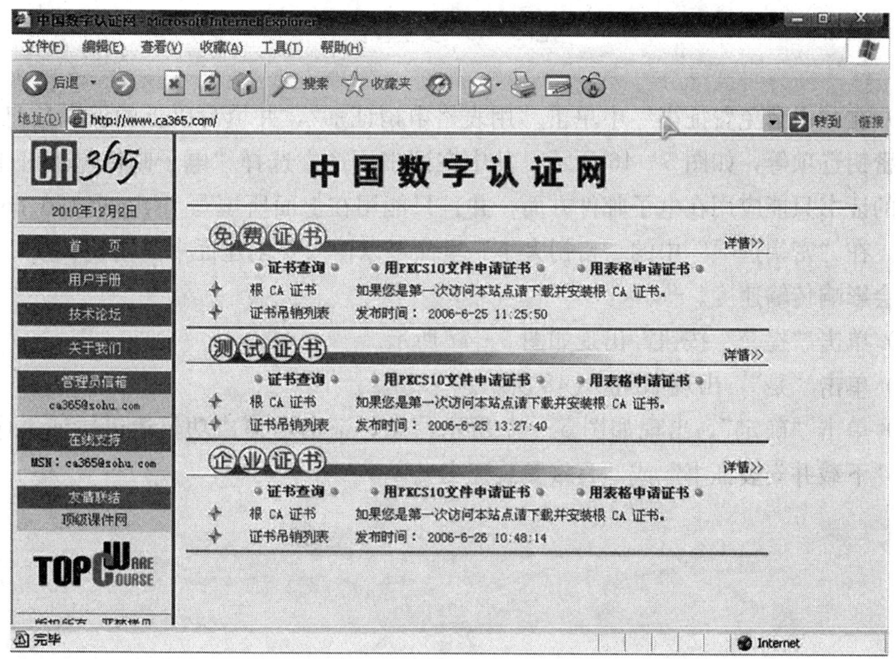

图 5－43　中国数字认证网

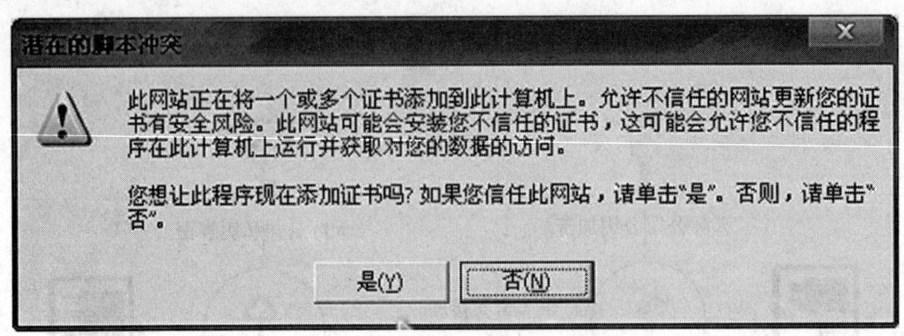

图 5-44　潜在的脚本冲突

图 5-45　安全警告

（2）在“申请免费证书”中单击“用表格申请证书”，并填写以上的识别信息、证书用途和密钥选项等，如图 5-46 所示，其中在证书用途中选择“电子邮件保护证书”，所要申请的证书只能应用在电子邮件方面，并且只能用在上面所填写 tjwlgs@126.com 这个邮件中。在“密钥选项”中的“密钥大小”里面可以输入要创建证书的密钥长度，密钥长度太大会影响传输速度。

（3）单击“提交”按钮，出现如图 5-47 所示。

（4）单击“是”，出现如图 5-48 所示。

（5）单击“确定”，出现如图 5-49 所示信息，证书申请成功，请记住证书序列号，并单击“下载并安装证书”或“直接安装证书”。

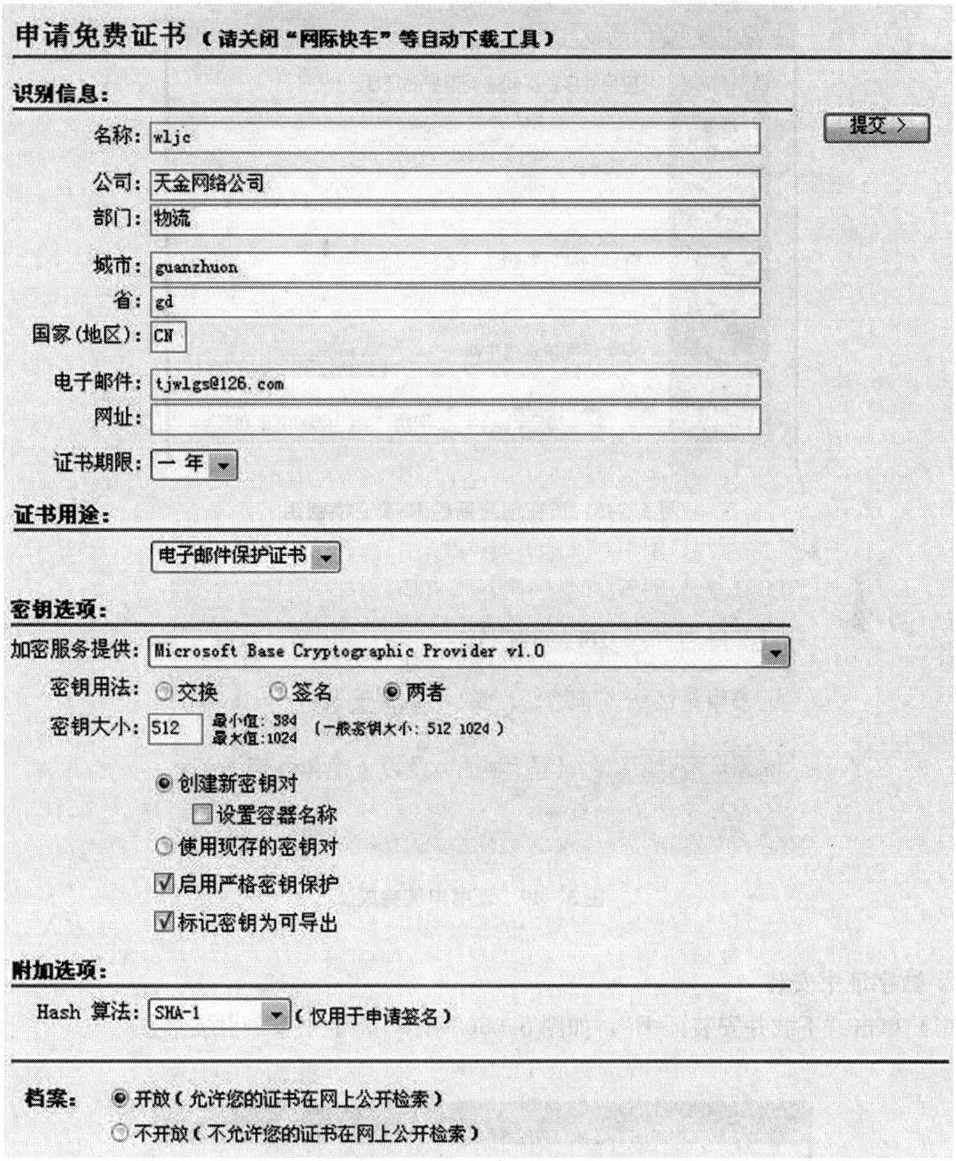

申请免费证书（请关闭“网际快车”等自动下载工具）
识别信息：
名称：wljc
公司：天金网络公司
部门：物流
城市：guanzhuon
省：gd
国家(地区)：CN
电子邮件：tjwlgs@126.com
网址：
证书期限：一 年
提交 >
证书用途：
电子邮件保护证书
密钥选项：
加密服务提供：Microsoft Base Cryptographic Provider v1.0
密钥用法：交换　签名　两者
密钥大小：512　最小值：384 最大值：1024　（一般密钥大小：512 1024）
创建新密钥对
设置容器名称
使用现存的密钥对
启用严格密钥保护
标记密钥为可导出
附加选项：
Hash 算法：SHA-1（仅用于申请签名）
档案：开放（允许您的证书在网上公开检索）
不开放（不允许您的证书在网上公开检索）

图 5－46　申请免费证书

潜在的脚本冲突
此网站正在代表您请求一个新的证书。您应该只允许信任的网站为您请求证书。
您想现在请求证书吗?
是(Y)
否(N)

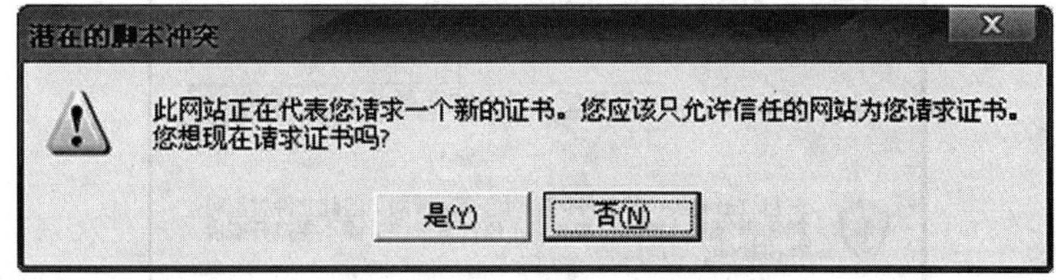

图 5－47　潜在脚本冲突

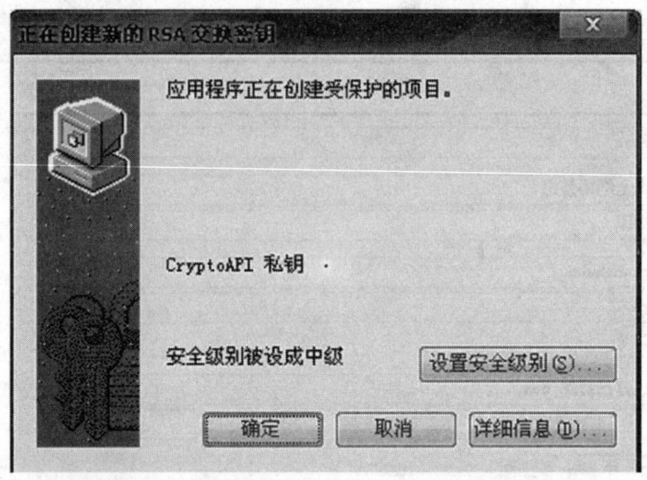

图 5-48　正在创建新的 RSA 交换密钥

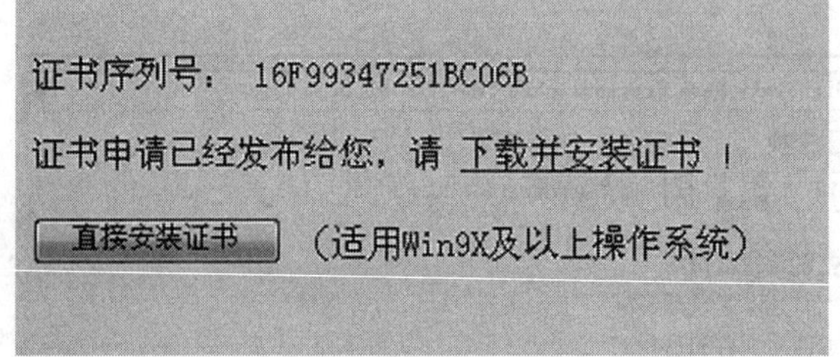

图 5-49　证书申请完成

2. 数字证书安装

(1) 单击“下载并安装证书”，如图 5-50 所示，将证书下载并安装。

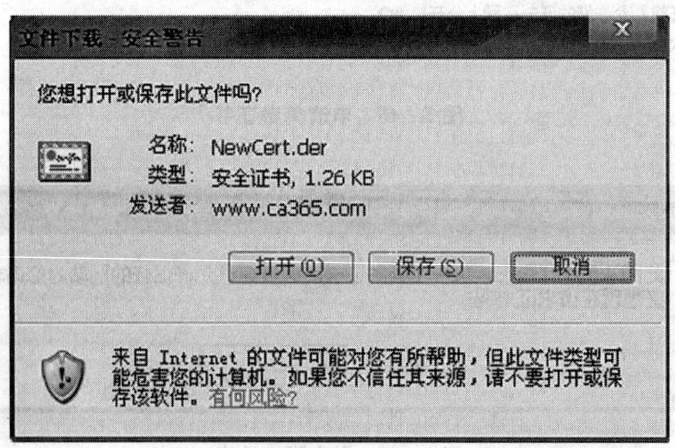

图 5-50　文件下载

（2）下载完证书后，进行证书安装，然后双击打开证书，如图 5－51 所示。

图 5－51　证书

（3）单击“安装证书”，进入“证书导入向导”进行安装，如图 5－52 所示。

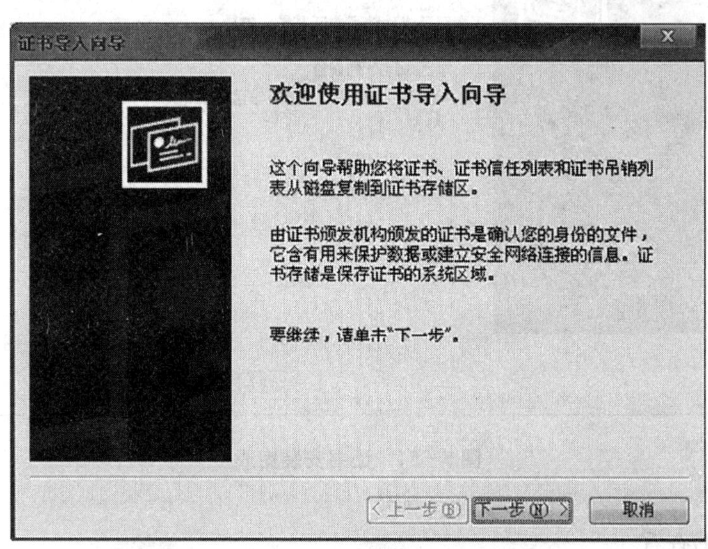

图 5－52　“证书导入向导”对话框（a）

(4) 单击“下一步”按钮，出现“证书导入向导”对话框如图 5-53 所示，单击“下一步”开始证书的安装。

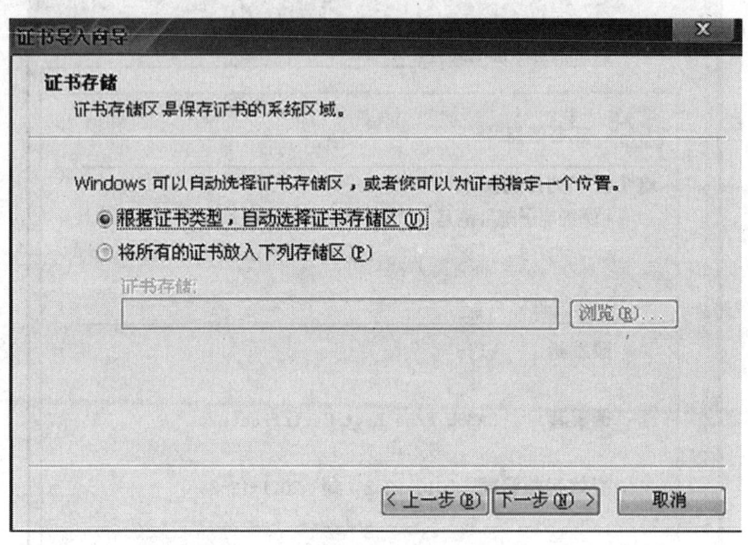

图 5-53 “证书导入向导”对话框（b）

(5) 单击“完成”按钮，完成证书的安装，如图 5-54 所示。

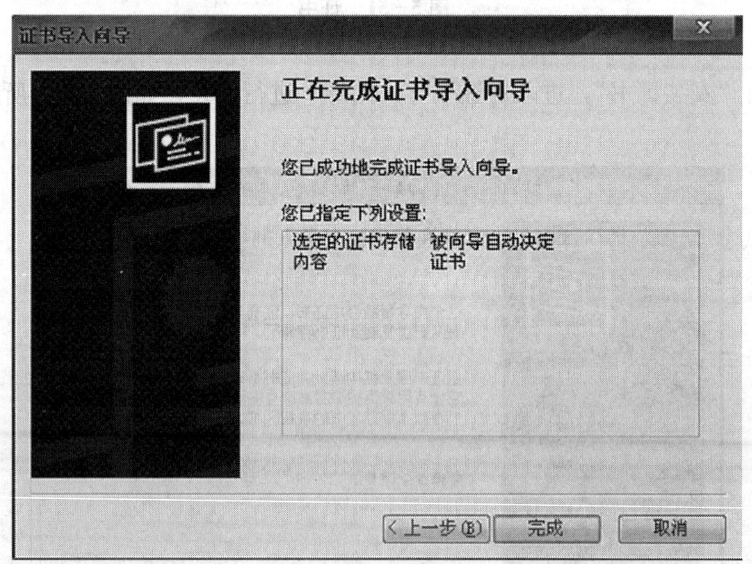

图 5-54 证书安装完成

3. 数字证书查看

(1) 在 IE 浏览器中打开“工具/Internet 选项/内容”选项，如图 5-55 所示。

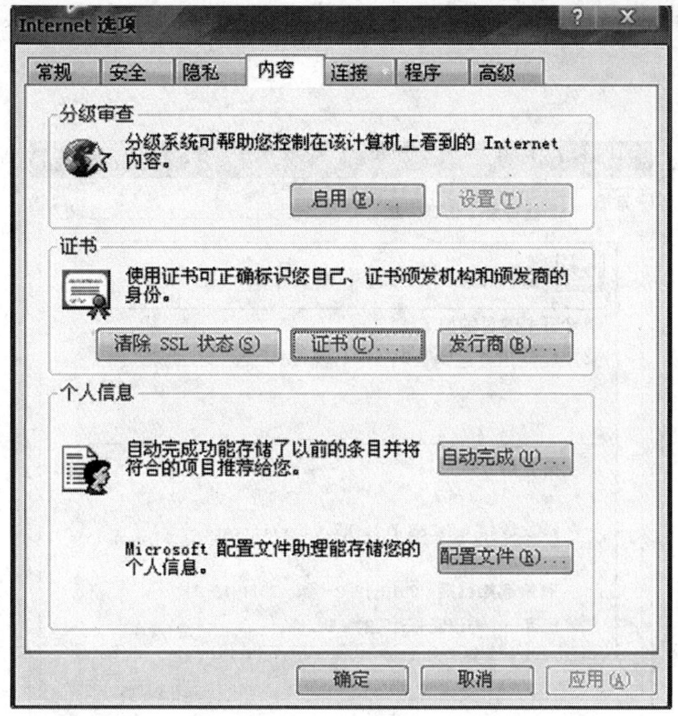

图 5-55 “内容”选项卡

(2) 单击“证书”按钮，打开如图 5-56 所示。

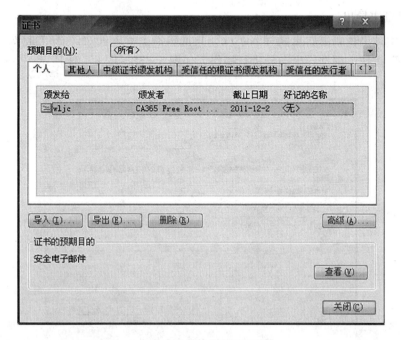

证书
预期目的(N): <所有>
个人 其他人 中级证书颁发机构 受信任的根证书颁发机构 受信任的发行者
颁发给 颁发者 截止日期 好记的名称
wljc CA365 Free Root ... 2011-12-2 <无>
导入(I)... 导出(E)... 删除(R) 高级(A)...
证书的预期目的
安全电子邮件
查看(V)
关闭(C)

图 5-56 证书详细信息

(3) 在列表中选择“wljc”证书，出现证书的详细信息，如序列号等，如图 5 - 57 所示。

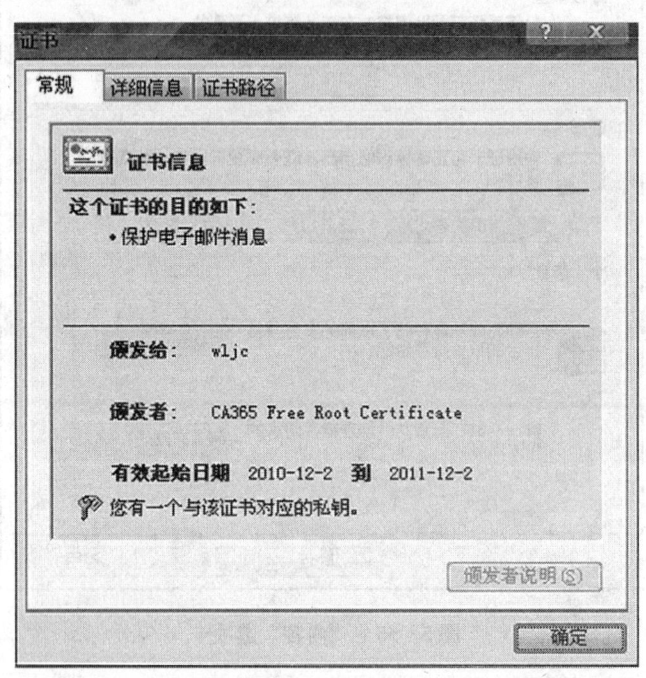

图 5 - 57　证书信息

4. 数字证书导出

导出用于证书被删除后重新导入，或在其他机器上导入使用。在“证书”对话框中，单击“导出”按钮，根据导出向导进行操作，如图 5 - 58～图 5 - 61 所示。

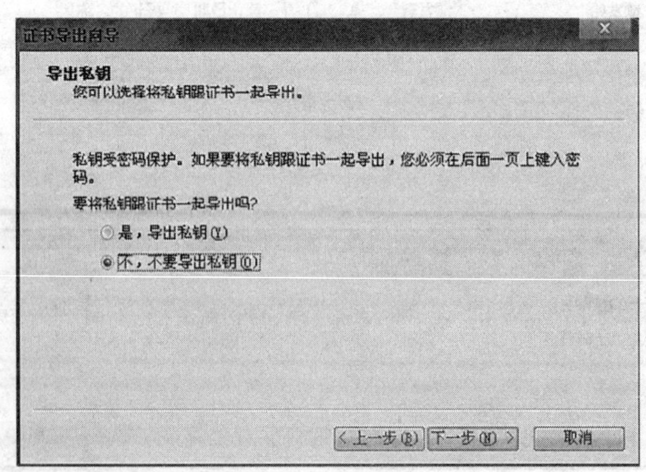

图 5 - 58　证书导出向导 (a)

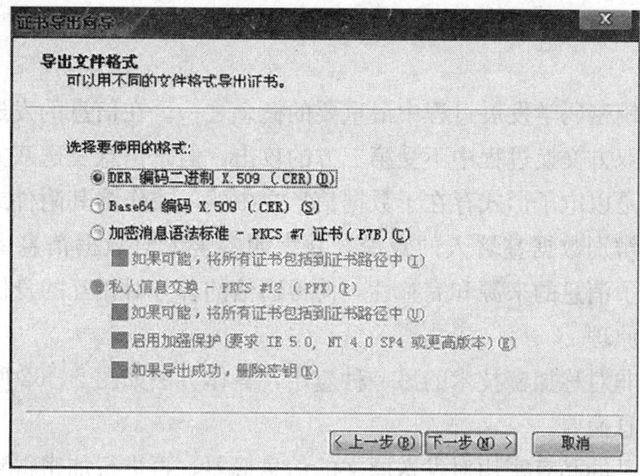

图 5-59　证书导出向导（b）

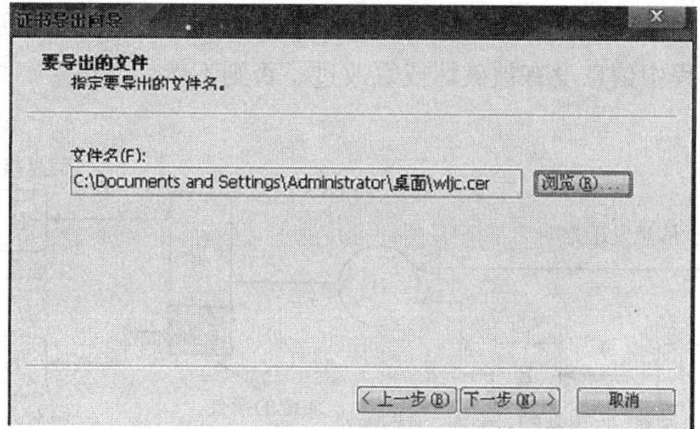

图 5-60　证书导出向导（c）

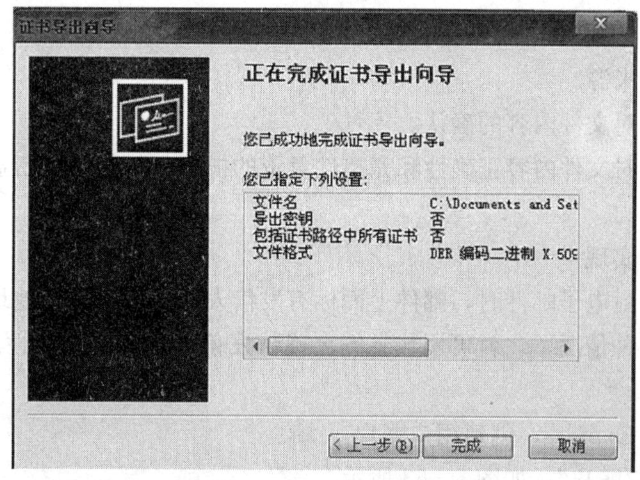

图 5-61　证书导出向导（d）

单击“完成”按钮，完成证书的导出。

5. 数字签名

数字签名是公钥密码学发展过程中最重要的概念之一。在信息的发送过程中，信息认证可以保护信息在双方交换过程中不受第三方的攻击，但是信息发送双方的攻击是不对称处理的。数字签名是以电子形式存在于数据信息之中的，或作为其附件或逻辑上与之有联系的数据，可用于辨别数据签署人的身份，并表明签署人对数据信息中包含的信息的认可，数字签名保证了消息的来源和完整性，使得通信的各方对相互的身份认可并交换。

(1) 数字签名原理

数字签名是对非对称加密技术的另一种应用，具体方法如图 5-62 所示。

①原文生成信息摘要。

②发送方用自己的私有密钥对发送原文的信息摘要，再进行加密得到数字签名。

③将原文和加密的摘要同时传给对方。

④对方用发送方的公共密钥对摘要解密，同时对收到的文件产生摘要。

⑤将解密后的摘要与收到的文件在接收方重新加密产生的摘要相互对比。如两者一致，则说明传送过程中信息没有被破坏或篡改过。否则不然。

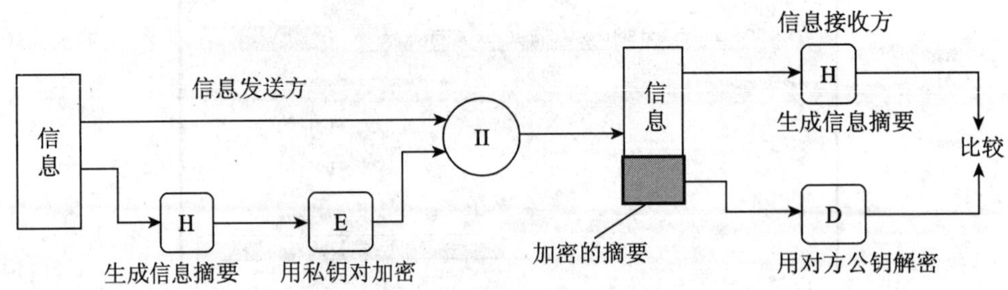

图 5-62　数字签名过程

(2) 数字签名作用

①证明文件的来源。

②表明签名人对文件内容的确认。

③构成签名人对文件内容正确性和完整性负责的根据。与传统签名盖章作用相同，都具有同样的法律效力。

(3) 数字签名实现

当用户收到一封电子邮件时，邮件上面标有发信人的姓名和信箱地址，但伪造姓名和地址很容易。在这种情况下，就可用数字签名确认发信人身份的真实性。以下用 Outlook Express 实现。

打开 Outlook Express，创建用户账户。

①打开“工具/账户”，如图 5-63 所示。

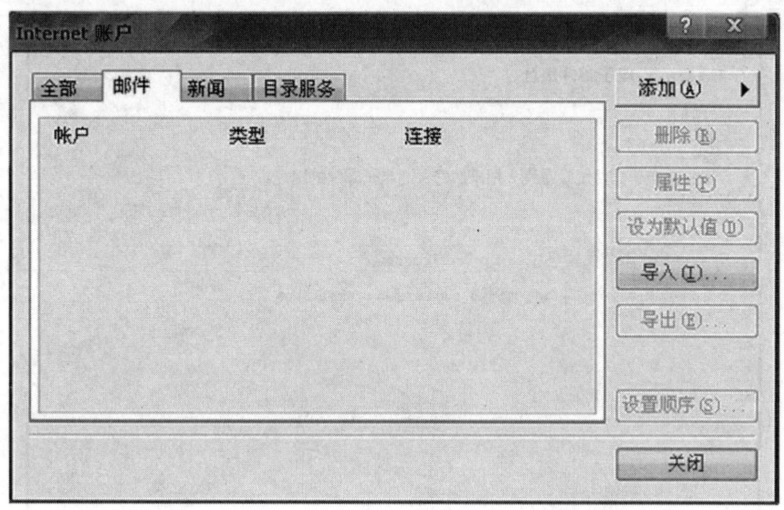

图 5－63　“Outlook Express 账户”对话框

②单击“添加/邮件”，如图 5－64 所示。

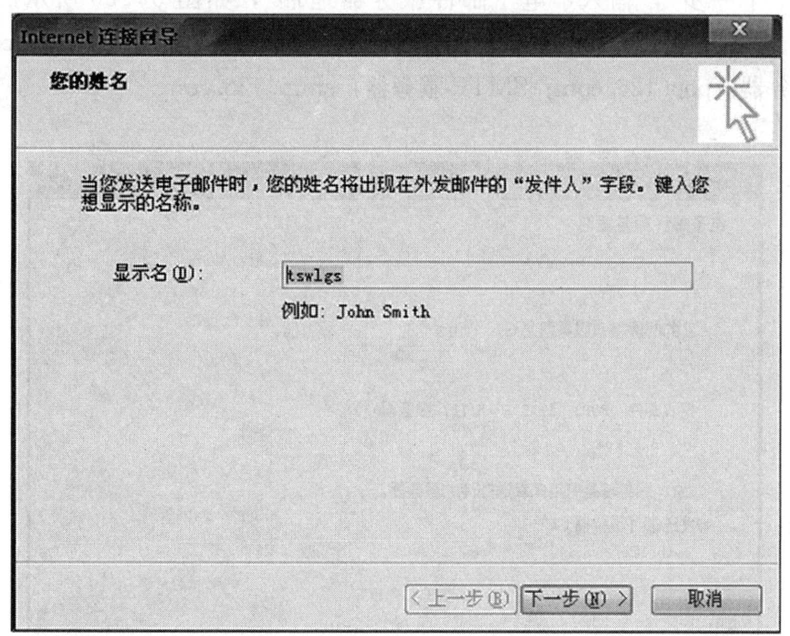

图 5－64　“显示名”对话框

③单击“下一步”，输入“电子邮箱”，如图 5－65 所示。

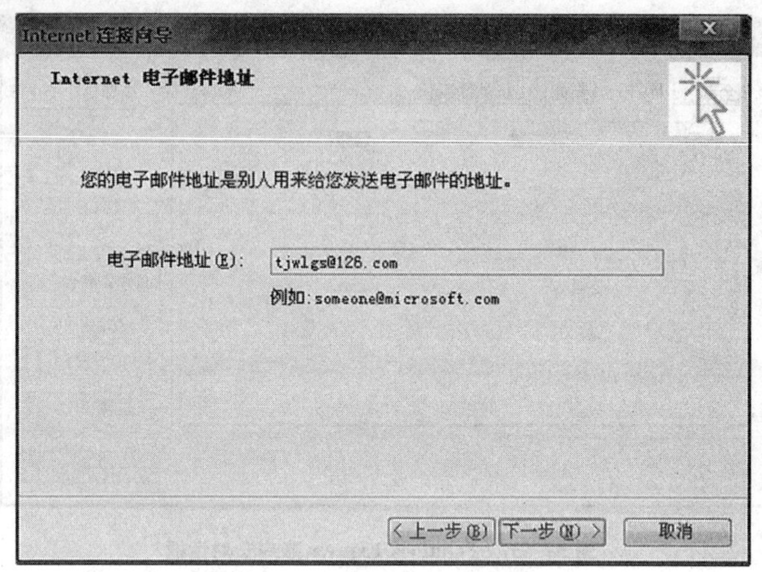

图 5-65　Internet 电子邮件地址

④单击“下一步”，输入“电子邮件服务器地址”，如图 5-66 所示，在本例中，tjwlgs@126.com 是在 126.com 中申请的，所以电子邮件服务器名应为 126.com 所提供，如 POP3 服务器：pop.126.com；SMTP 服务器：smtp.126.com。

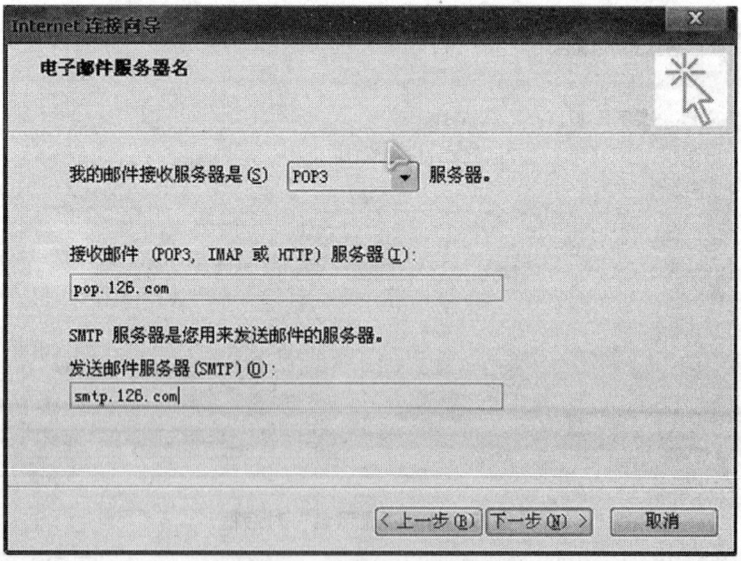

图 5-66　电子邮件服务器名

⑤单击“下一步”，输入“Internet Mail 登录”的账户名与相应的登录密码。如图 5-67所示。

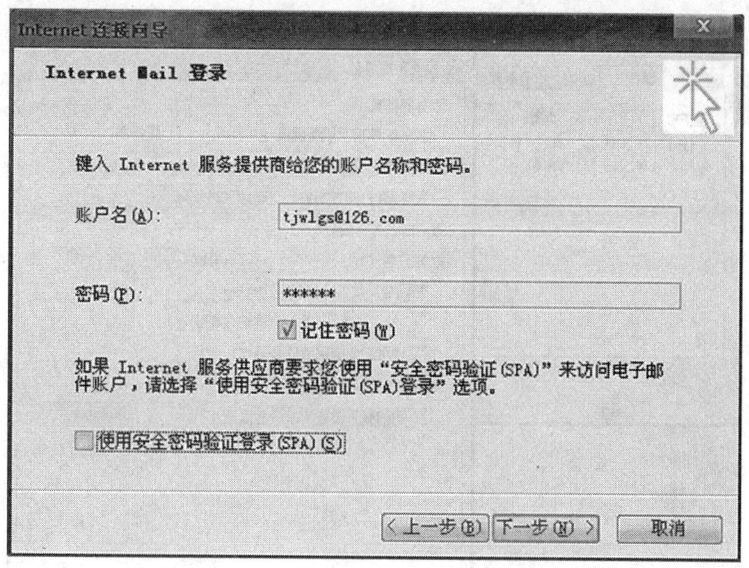

图 5－67　"Internet Mail 登录"对话框

⑥单击"下一步"，完成账户的创建。

⑦同样的方法创建账户"gdwljc@126.com"，该账户是用于与"tjwlgs@126.com"账户进行邮件的发送。如图 5－68 所示。

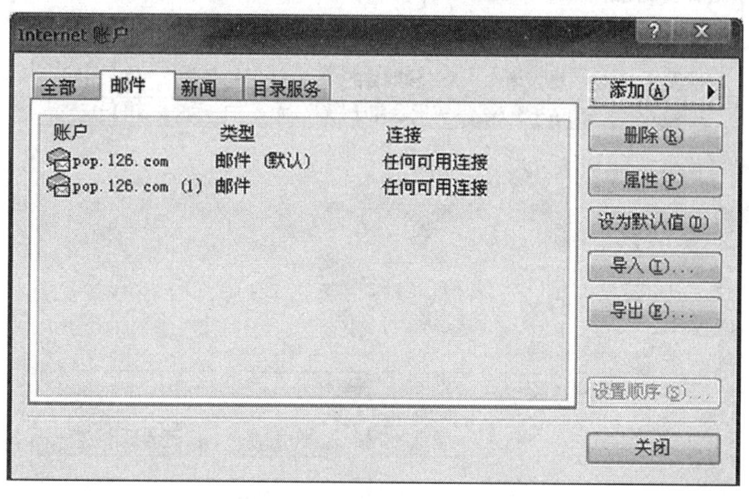

图 5－68　"Internet 账户"对话框

⑧选择"pop.126.com"，单击属性，打开"服务器"选项卡，选择"我的服务器要求身份验证"。打开"安全"选项卡，分别在证书文本框中单击"选择"，在该对话框中，选择相应的数字证书，单击"确定"，如图 5－69、图 5－70、图 5－71 所示。

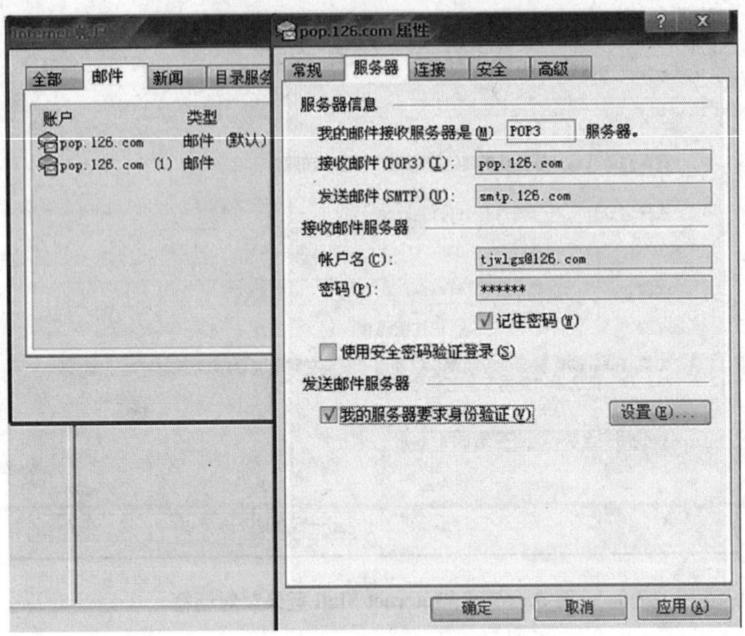

图 5-69　"pop. 126. com 属性"对话框

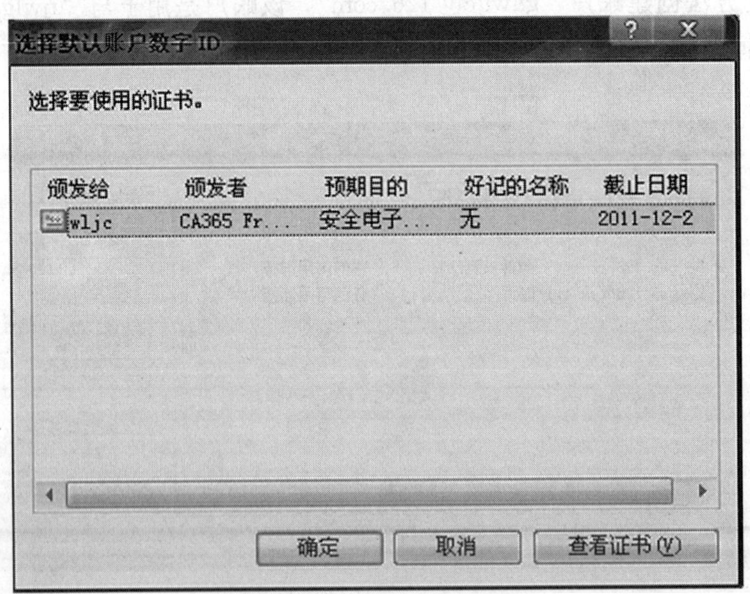

图 5-70　"选择默认账户数字 ID"对话框

⑨单击"确定/应用"完成账户的设置。

⑩在 Outlook 中创建新邮件，在邮件的中"工具/数字签名"，添加数字签名，在发件人的旁边出现签名图标，如图 5-72 所示，单击"发送"。

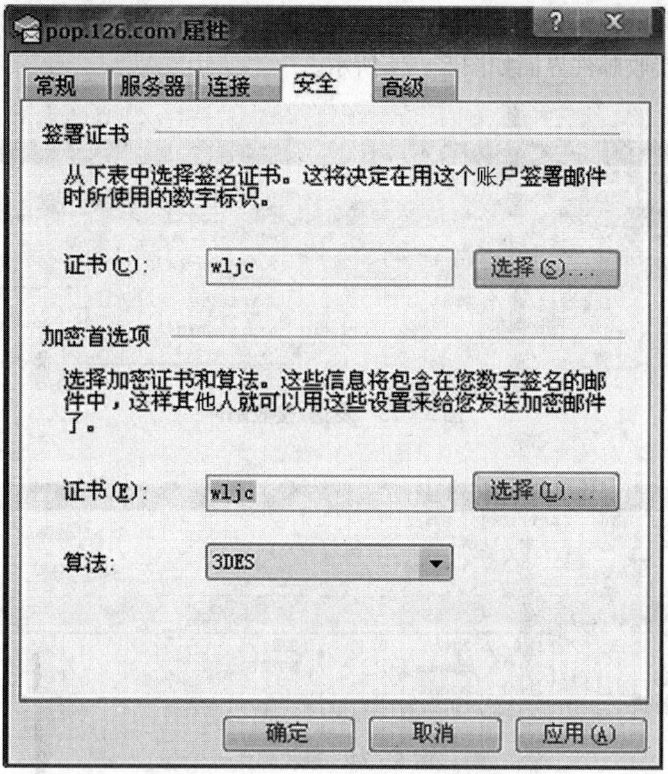

pop.126.com 属性

常规 服务器 连接 安全 高级

签署证书

从下表中选择签名证书。这将决定在用这个账户签署邮件时所使用的数字标识。

证书(C): wljc 选择(S)...

加密首选项

选择加密证书和算法。这些信息将包含在您数字签名的邮件中，这样其他人就可以用这些设置来给您发送加密邮件了。

证书(E): wljc 选择(L)...

算法: 3DES

确定 取消 应用(A)

图 5-71 “pop. 126. com 属性”对话框

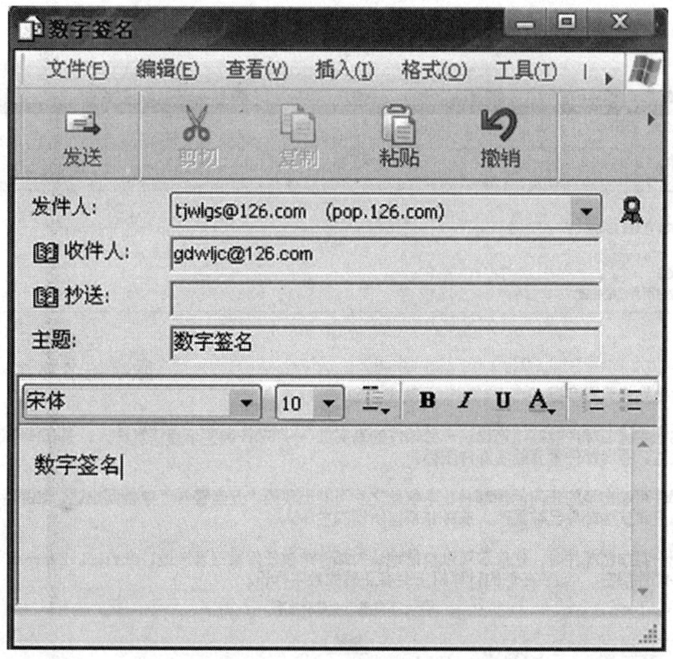

图 5-72 “新邮件”对话框

⑪在 Outlook 的工具栏中，选择“发送/接收”邮件，单击“pop.126.com (1)”，如图 5-73 所示。接收邮件界面如图 5-74 所示。

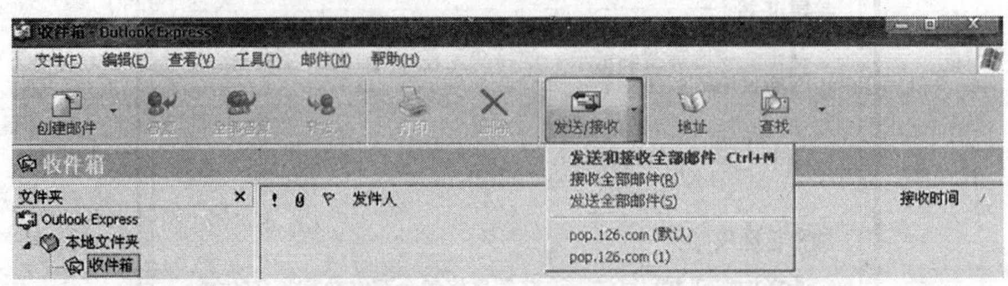

图 5-73 发送/接收邮件

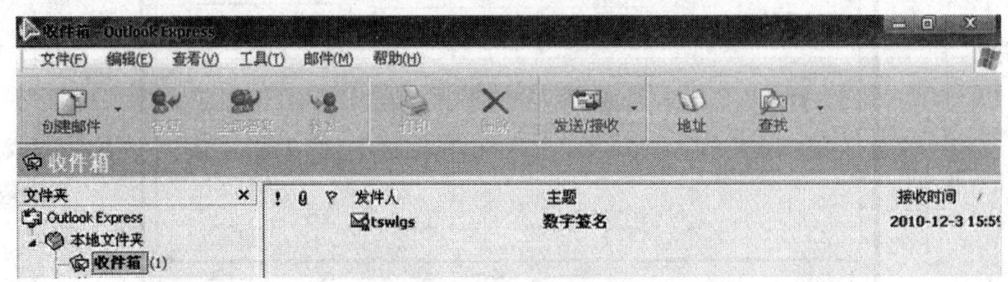

图 5-74 接收邮件

⑫双击“收件箱”中的邮件“tswlgs”，出现如图 5-75 所示。这表明是一封数字签名邮件。

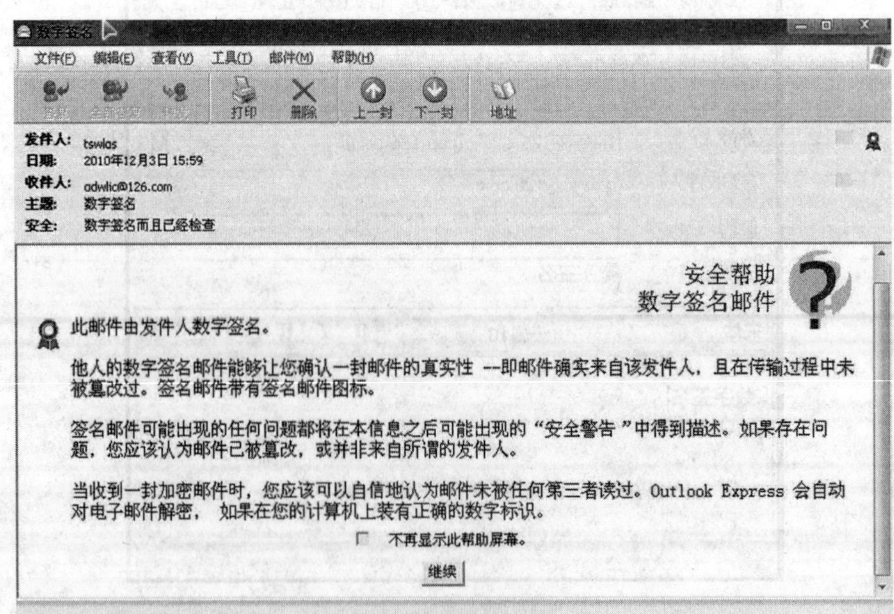

图 5-75 数字签名邮件

⑬单击“继续”，可以看到邮件的内容。如图 5 - 76 所示，如果本计算机没有安装对方的公钥，是查看不到的。

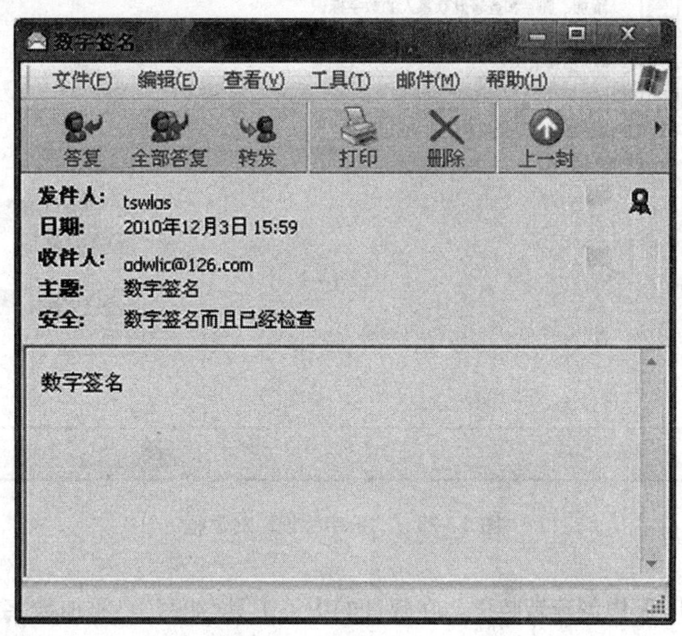

图 5 - 76　“邮件内容”对话框

6. 数字加密实现

当用户在发送邮件时，可能该邮件是机密的，不想被外界知道，在这种情况下，可用数字加密技术以实现邮件的安全性，如图 5 - 77 所示。

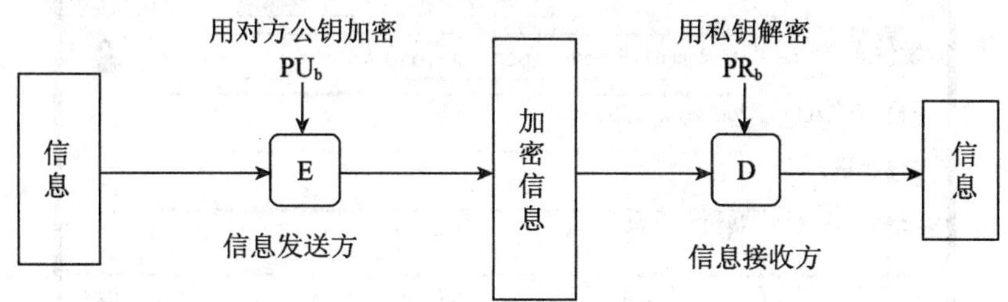

图 5 - 77　加密过程

以下说明用 Outlook Express 实现的步骤。

(1) 在创建数字签名邮件时以为邮箱 tjwlgs@126. com 创建了数字证书，为了能发送数字签名邮件，为 gdwljc@126. com 邮箱申请数字证书，并导出该证书的公钥。

(2) 打开 Outlook 中的“工具/通讯簿”，在“通讯簿”对话框中“新建联系人”并导入该联系人的数字标识。如图 5 - 78 所示。

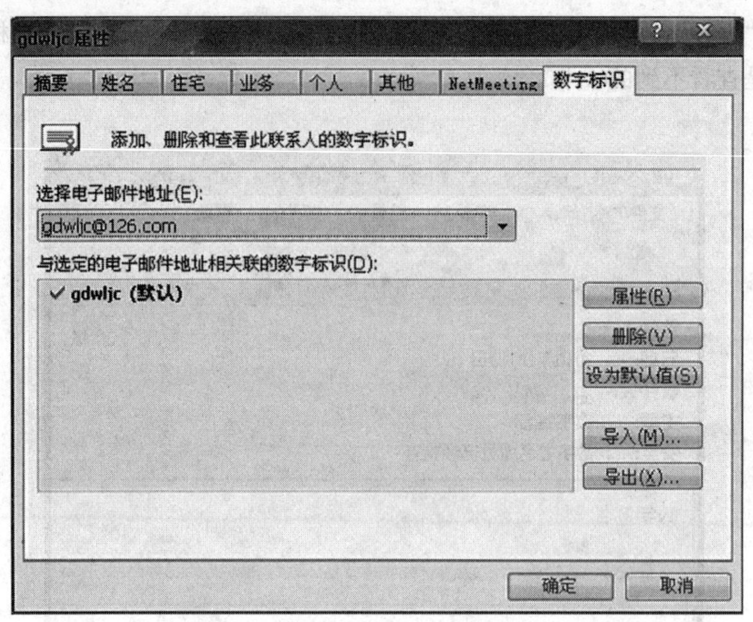

图 5－78 “数字标识”对话框

(3) 在 Outlook 中创建新邮件，在邮件的中“工具/加密”，添加数字加密，在发件人的旁边出现加密图标，如图 5－79 所示。单击“发送”。

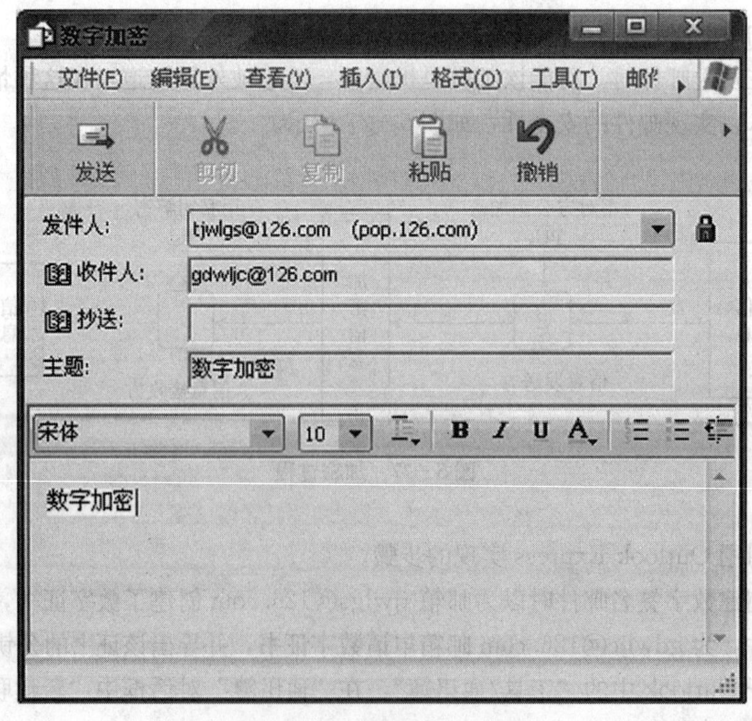

图 5－79 “加密邮件”对话框

(4) 在 Outlook 的工具栏中，选择“发送/接收”邮件，单击“发送和接收全部邮件”，如图 5－80 所示。

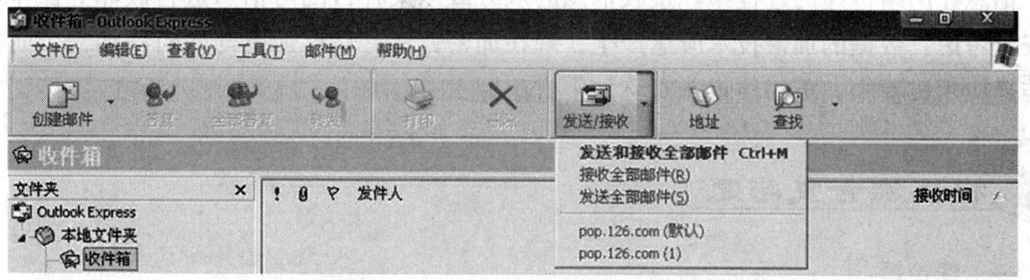

图 5－80　发送或接收邮件

(5) 接收到数字加密邮件，如图 5－81 所示，可双击打开加密件，如图 5－82 所示。如果本机没有 gdwljc@126.com 的私钥，就无法打开该邮件，如图 5－83 所示。

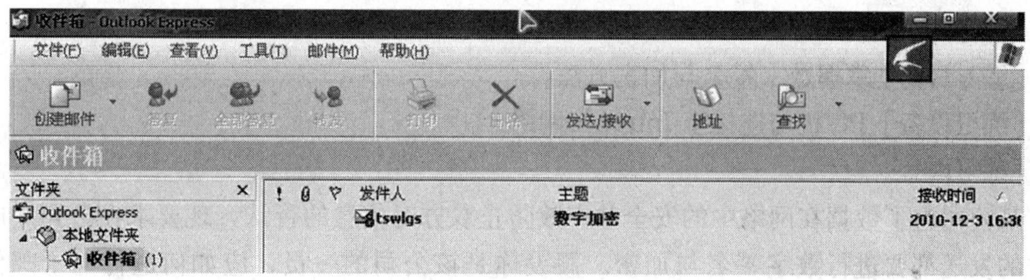

图 5－81　数字加密邮件

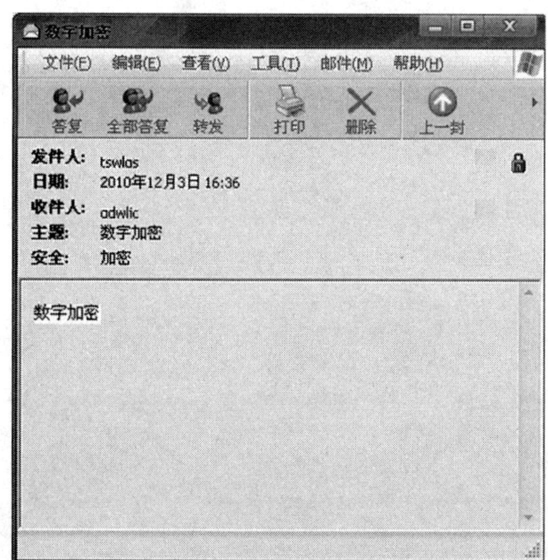

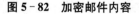

图 5－82　加密邮件内容

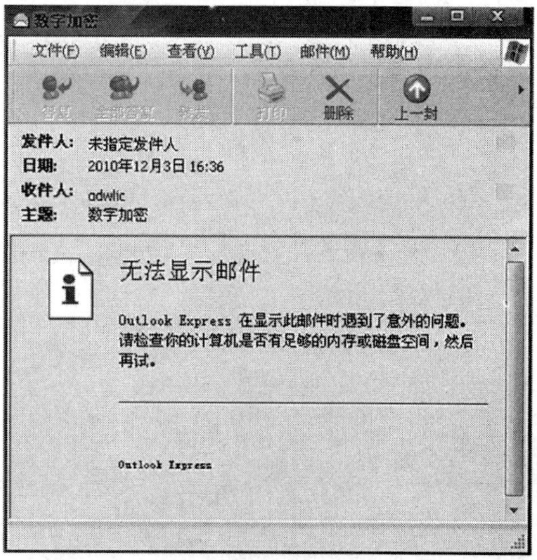

图 5－83　加密邮件

任务小结

信息在网络传递的过程中，接收信息的双方或以某种目的对信息进行破坏等操作，出于安全考虑，数据的加密技术应运产生。现在加密方法有对称加密与非对称加密，而在网络传递应用过程中，更加注重非对称加密方法即RSA。

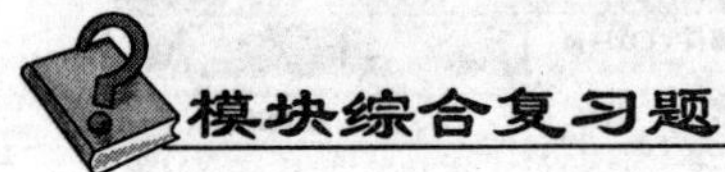

模块综合复习题

一、理论题

1. 网络攻击有几种类型?
2. 如何检测计算机中存在病毒?
3. 杀毒软件与防火墙有什么区别，如何应用?
4. 如何通过防火墙设置对特定程序的进出规则?
5. 列举数据加密的作用。

二、操作题

[练习目的] 掌握数字签名与加密方法。

[练习设备] PC机与连接至Internet网络。

[练习内容]

某公司为了数据在网络中的安全并有效防止双方对信息的否认，现要求在公司中电子邮件的发送都要进行数字签名与加密。假设你是该公司的一员，应如何进行电子邮件的收发。

项目六　无线网络技术

知识目标

1. 了解无线网络技术基础。

2. 掌握无线网组建。

能力目标

通过局域网的组建，掌握无线网卡的配置，无线节点的配置，无线网络中如何设置网络资源的共享、网络资源的安全设置。

在网络不断发展的今天，无线蜂窝电话通信技术得到了飞速发展，我国移动业务的发展更是空前的。据工信部统计，截至到2010年第二季度，我国的手机用户总数已经超过8亿，其中中国移动为5.64亿户，中国联通为1.6亿户，中国电信为7994万户，这种对无线网络的需求说明了无线网络在现在社会中的地位。一方面由于有线网络在地理环境方面限制了网络的进一步的延伸，另外现在移动设备的灵活性、移动性，至使对无线网络的需求深入到各行各业中。

任务一　组建无线网络局域网

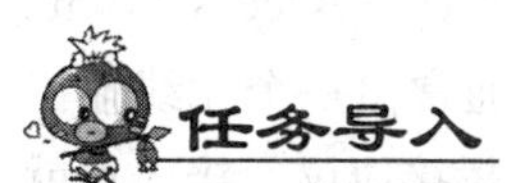

任务导入

ZF集团公司是一家拥有20个直属子公司，2010年10月，集团高层研究决定对整个企业的资源进行整合，需要对原有的企业网络进行升级改造。ZF集团公司的内部网络管理员对集团现有的网络进行调查、认证、规划和设计，一致认为公司内部的移动通信设备较多，不想对公司现有的装潢进行改造，并且在如阅览区这种有几十台电脑要连接Internet网的地方进行网络布线也不容易，集团公司内部决定使用无线网络。

任务分析

无线网络（Wireless Network）可以让公司员工不必再受Ethernet缆线的束缚，他们可以在公司的任何地方只要不走出基站的覆盖范围都可使用网络资源。无线网络具有灵活性，公司的网络管理员可以快速部署，管理方便，不存在网络线路损坏，只要基础设施的有线网络可以连接上Internet，公司的员工都可以连上Internet。无论使用Internet的人数有多少，无线网络都可以满足每个人的需求而不需要多增加任何的网络设备与配置。

对于信息化的利用需要网络的技术支持，但现在多数网络中都需要铺设网络电缆，铺设电缆或检查电缆是否断线耗时且不容易在短时间内找出断线所在。再者，由于配合企业及应用环境不断的更新与发展，原有的企业网络必须配合重新布局，需要重新安装网络线路，虽然电缆不贵，但是请技术人员来配线的成本很高，尤其是老旧的大楼，配线工程费用更高。因此，架设无线局域网络就成为最佳解决方案。

知识准备

20 世纪 90 年代以来，移动通信和互联网是信息产业发展最快的两个领域，直接影响亿万人的生活，大大改变了人类的生活方式。移动通信使人们可以任何时间、任何地点和任何人进行通信，互联网使人们可以获得丰富多彩的信息。现在使用互联网的方式有固定线路接入方式和无线接入方式，由于 IP 地址的缺少，现在偏向于通过局域网的方式连接互联网。

无线局域网是于 1990 年出现在现实生活中的。至今，随着无线网络技术的完善和无线网络产品价格的下降，无线局域网越来越被人们所接受。

无线局域网是指以无线信道作为传输媒介的计算机局域网。它是无线通信与计算机网络技术相结合的产物，是有线网络的绝佳互补，而非取代有线网络。

无线通信的发展日新月异，从“蓝牙”到第三代移动通信，新技术层出不穷，尤其是无线局域网技术飞速发展。目前无线局域网的标准较多，第一个无线局域网协议在 1997 年，经过了七年的工作以后，IEEE 发布了 802.11 协议，这也是在无线局域网领域内的第一个被国际认可的协议。802.11 协议定义了两种类型的设备，一种是无线站，通常是通过一台 PC 机器加上一块无线网络接口卡构成的，另一种是无线接入点（Access Point，AP），它的作用是提供无线和有线网络之间的桥接。一个无线接入点通常由一个无线输出口和一个有线的网络接口（802.3 接口）构成，桥接软件符合 802.1d 桥接协议。接入点就像是无线网络的一个无线基站，将多个无线的接入站聚合到有线的网络上。无线的终端可以是 802.11PCMCIA 卡、PCI 接口、ISA 接口的，或者是在非计算机终端上的嵌入式设备。

为了对 802.11 协议进行补充，IEEE 分别提出了 802.11b“High Rate”、802.11a 和 802.11g 协议。802.11b 在 802.11 的 1 Mbps 和 2 Mbps 速率下又增加了 5.5 Mbps 和 11 Mbps 两个新的网络吞吐速率，802.11b 规范了高速直接序列扩频物理层，采用了 2.4 GHz 频段。利用 802.11b，移动用户能够获得同 Ethernet 一样的性能、网络吞吐率、可用性。这个基于标准的技术使得管理员可以根据环境选择合适的局域网技术来构造自己的网络，满足商业用户和其他用户的需求。802.11a 所规范的是物理层主要是以正交频分复用技术（OFDM）为基础，并选择干扰较少的 5 GHz 频段，其数据传输速率高达 54 Mbps，但 802.11a 的产品不能与 802.11b 互通；802.11g 是目前最新开发的物理层，该标准在 802.11b 标准基础上，选择了 2.4GHz 频段，它采用正交频分复用技术以便提升连接速度，但同时也能够向下兼容于 802.11b，如表 6－1 所示。

表 6-1 常用的 802.11 无线局域网

标准	频段（GHz）	数据速率（Mbps）	物理层	优缺点
802.11b	2.4	最高为 11	HR－DSSS	最高数据率较低，价格最低，信号传播距离最远，且不易受阻碍
802.11a	5	最高为 54	OFDM	最高数据率较高，支持更多用户同时上网，价格最高，信号传播距离较短，且易受阻碍
802.11g	2.4	最高为 54	OFDM	最高数据率较高，支持更多用户同时上网，信号传播距离最远，且不易受阻碍，价格比 802.11b 贵

无线局域网的基础是传统的有线局域网，是有线局域网的扩展和替换。所示 802.11 在数据链路层对数据的发送检测与 802.3 协议有相似，由于 802.11 的 MAC 和 802.3 协议的 MAC 非常相似，都是在一个共享媒体之上支持多个用户共享资源，由发送者在发送数据前先进行网络的可用性检测。在 802.3 协议中，是由一种称为 CSMA/CD（Carrier Sense Multiple Access with Collision Detection）的协议来完成调节，而在 802.11 无线局域网协议中，冲突的检测存在一定的问题，这个问题称为“Near/Far”现象，这是由于要检测冲突，设备必须能够一边接受数据信号一边传送数据信号，而这在无线系统中是无法办到的。鉴于这个差异，在 802.11 中对 CSMA/CD 进行了一些调整，采用了新的协议 CSMA/CA（Carrier Sense Multiple Access with Collision Avoidance）或者 DCF（Distributed Coordination Function）。CSMA/CA 利用 ACK 信号来避免冲突的发生，也就是说，只有当客户端收到网络上返回的 ACK 信号后才确认送出的数据已经正确到达目的。CSMA/CA 通过这种方式来提供无线的共享访问，这种显式的 ACK 机制在处理无线问题时非常有效。

1. 无线局域网的组建方式

无线局域网的组建方式可分为两类，最简单的网络可以只要两个装有无线适配卡（Wireless Adapter Card）的 PC，放在有效距离内即可。这就是所谓对等（Peer to Peer）网络，这类简单网络无需经过特殊组合或专人管理，任何两个移动式 PC 之间不需中央服务器（Central Server）就可以相互对通，如图 6-1 所示。

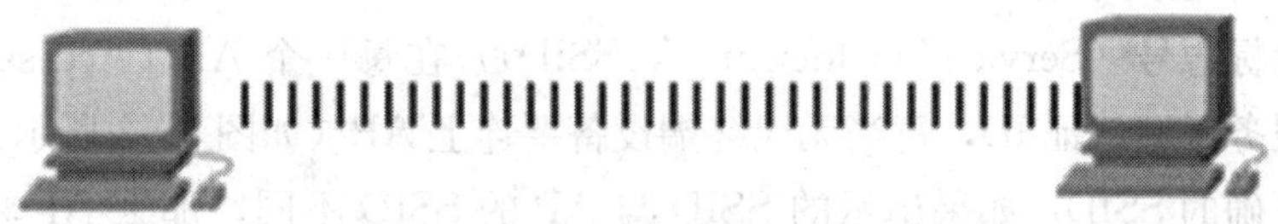

图 6-1 无中心模式无线局域网

有中心模式无线局域网是在无线网卡之间安装一个无线接入器（AP），该无线接入器又称为无线网桥、无线访问点。因为访问点是连接在有线网络上，通过访问点任何装有无线网卡的 PC 机都可以连接到有线网络上，一个访问点容量可达 15～63 个 PC。如图 6-2 所示。

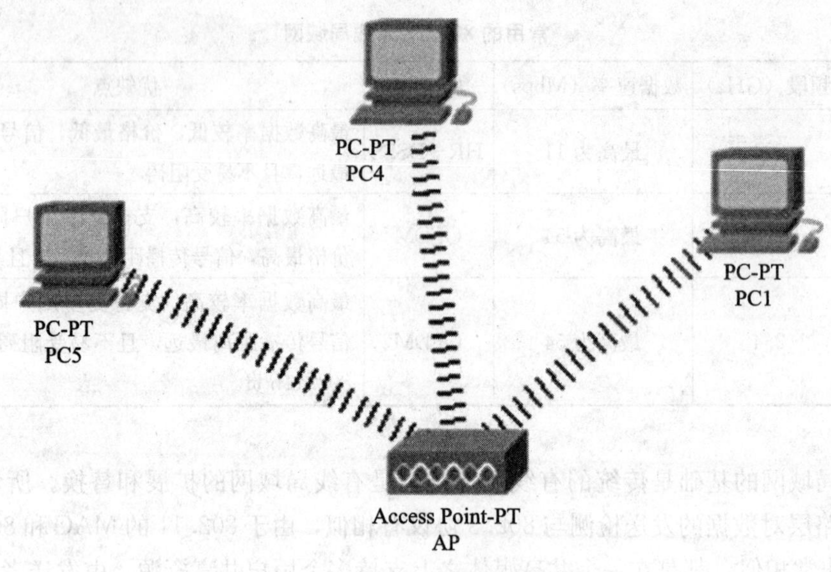

图 6-2 有中心模式无线局域网

图 6-3 无线 AP

2. 无线网络相关术语

服务设置标志号（Service Set Identifier，SSID）：在每一个 AP（Access Point）内都会设置一个服务区域认证 ID，每当无线终端设备要连上 AP（如图 6-3 所示）时无线工作站必须出示正确的 SSID，如果出示的 SSID 与 AP 的 SSID 不同，那么 AP 将拒绝它通过本服务区上网。利用 SSID，可以很好地进行用户群体分组，避免任意漫游带来的安全和访问性能的问题。

工作站：构建网络的目的是为了在工作站间传送数据。所谓工作站是指配备无线网络接口的计算设备，如装有无线网卡的计算机、带有 802.11 的电子产品等。

接入点：802.11 网络所使用的帧必须经过转换，方能被传递至其他不同类型的网络。具备无线至有线的桥接功能的设备称为接入点。

3. 无线网络的特点

(1) 传输方式

传输方式涉及无线网采用的传输媒体、选择的频段及调制方式。

目前无线网采用的传输媒体主要有两种，即无线电波与红外线。在采用无线电波作为传输媒体的无线网依调制方式不同，又可分为扩展频谱方式与窄带调制方式。

①扩展频谱方式。在扩展频谱方式中，数据基带信号的频谱被扩展至几倍或几十倍后再被搬移至射频发射出去。扩展频谱方式虽然牺牲了频带带宽，却提高了通信系统的抗干扰能力和安全性。由于单位频带内的功率降低，对其他电子设备的干扰也减小。

②窄带调制方式。在窄带调制方式中，数据基带信号的频谱不做任何扩展即被直接搬移到射频发射出去。

③红外线方式。基于红外线的传输技术最近几年有了很大发展。目前广泛使用的家电遥控器几乎都是采用红外线传输技术。作为无线局域网的传输方式，红外线的最大优点是这种传输方式不受无线电干扰，且红外线的使用不受国家无线电管理委员会的限制。然而，红外线对非透明物体的透过性极差，因而导致传输距离受限。

(2) 网络拓扑

无线局域网的扩扑结构可归结为两类：无中心或对等式（Peer to Peer）拓扑和有中心（HUB-Based）拓扑。

①无中心拓扑。无中心拓扑的网络要求网中任意两个站点均可直接通信。无中心拓扑的优点是网络抗毁性好、建网容易、且费用较低。但当网中用户数（站点数）过多时，信道竞争成为限制网络性能的要害。并且为了满足任意两个站点可直接通信，网络中站点布局受环境限制较大。因此这种拓扑结构适用于用户相对减少的工作群网络规模。

②有中心拓扑。在有中心拓扑结构中，要求一个无线站点充当中心站，所有站点对网络的访问均由其控制。

当网络业务量增大时网络吞吐性能及网络时延性能影响不大。由于每个站点只需在中心站覆盖范围之内就可与其他站点通信，故网络中点站布局受环境限制亦小。

任务实施

1. 对等无线局域网的连接

现对 2 台计算机按照对等网拓扑图进行互联操作。

(1) 右击“桌面/网络/属性”，如图 6 - 4 所示。

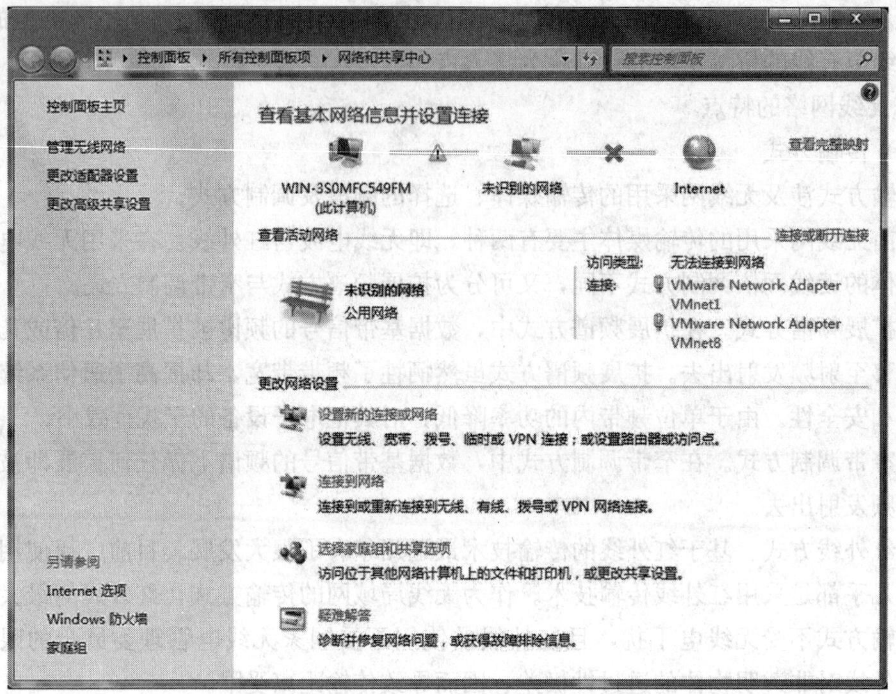

图 6-4 “网络属性”对话框

(2) 单击图 6-4 的右边“管理无线网络”，弹出“管理使用（无线网络连接）的无线网络”对话框，单击“添加”，如图 6-5 所示。

(3) 单击图 6-5 中的“创建临时网络”，该选项则是一个暂时的网络，用于共享文件或 Internet 连接，临时网络中计算机各设备相互之间的距离不能超过 9.14 米（30 英尺），如图 6-6 所示。

(4) 单击“下一步”，如图 6-7 所示，为该网络配置网络名与安全类型，如果选择“无身份验证（开放式）”则用户接入网络时没有安全的要求；选择“WEP”或“WPA2（个人）”选项时，则在其他计算机连接时需要输入安全密钥。

(5) 单击“下一步”，网络创建成功，如图 6-8 所示。

(6) 设置无线网卡的 IP 地址，如图 6-9 所示。

(7) 右击任务栏右下角的网络连接，如图 6-10 所示，创建的网络正在等待其他用户的连接。

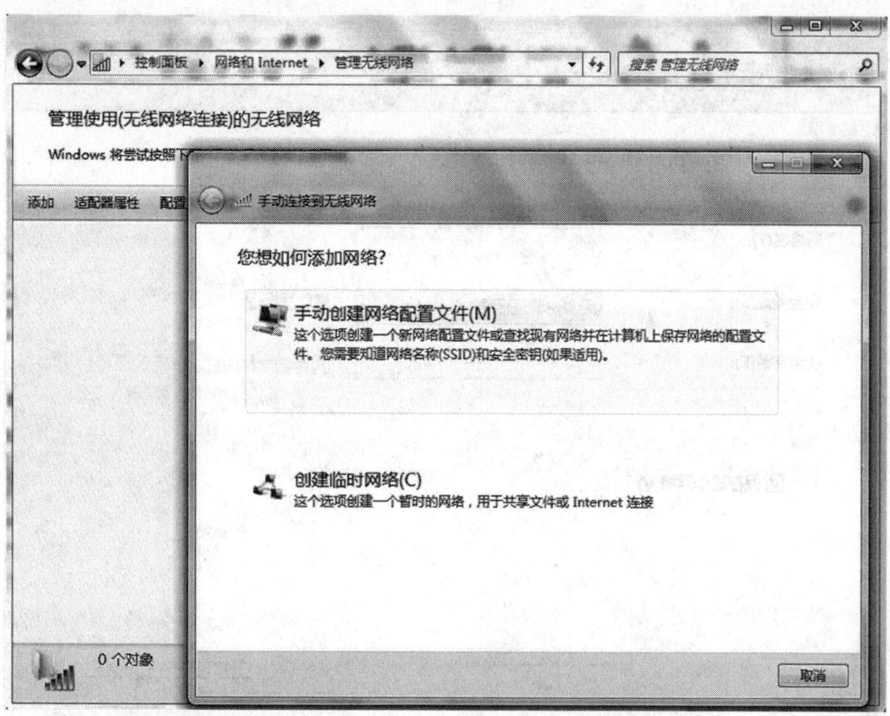

图 6－5　“添加网络”对话框

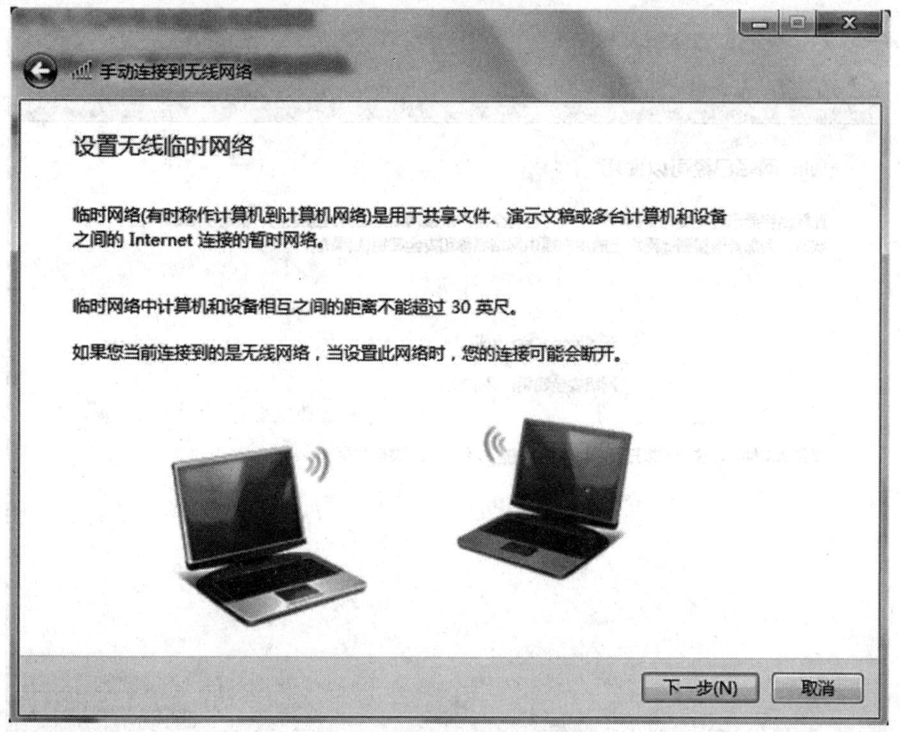

图 6－6　设置无线临时网络

手动连接到无线网络

为您的网络命名并选择安全选项

网络名(T): wljc

安全类型(S): 无身份验证(开放式) 帮助我选择

安全密钥(E): 隐藏字符(H)

保存这个网络(V)

下一步(N) 取消

图 6－7 网络设置

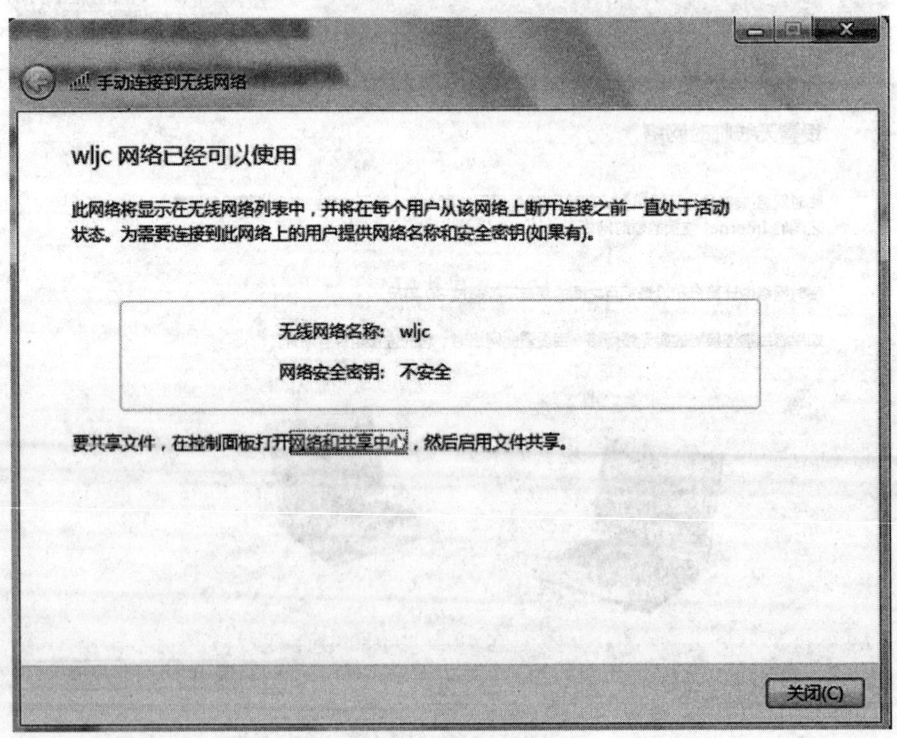

图 6－8 网络创建完成

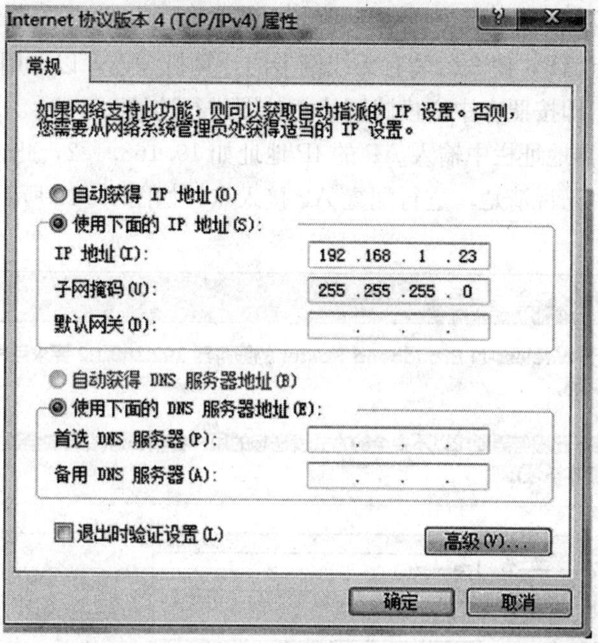

图 6-9　IP 地址设置

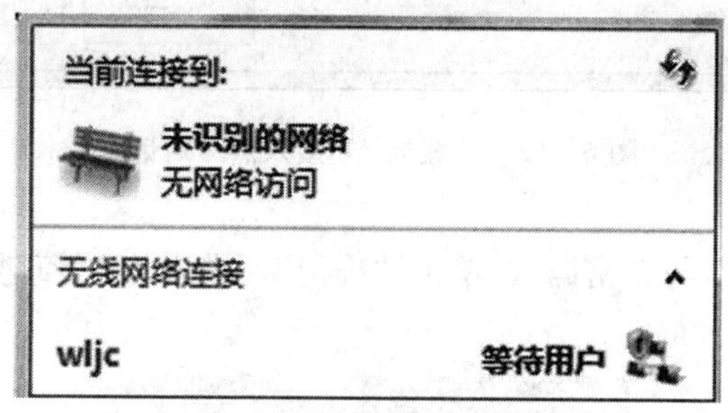

图 6-10　当前连接

（8）在其他需要与本机构成对等网连接的计算机设置同网段的 IP 地址，并单击“连接”，本机就会连接到其他计算机，如图 6-11 所示。

图 6-11　当前连接

2. 有中心模式无线局域网的连接

通过中间接入点AP，使2台装有无线网卡的计算机互连，以下用Tenda W150M+为例组建无线局域网。即按照有中心模式网络拓扑图进行连接。

（1）在IE浏览器地址栏中输入AP的IP地址如19.168.1.2，此地址是在出厂时的配置，在设备说明书中已说清楚，进行配置AP接入点，如图6－12所示。

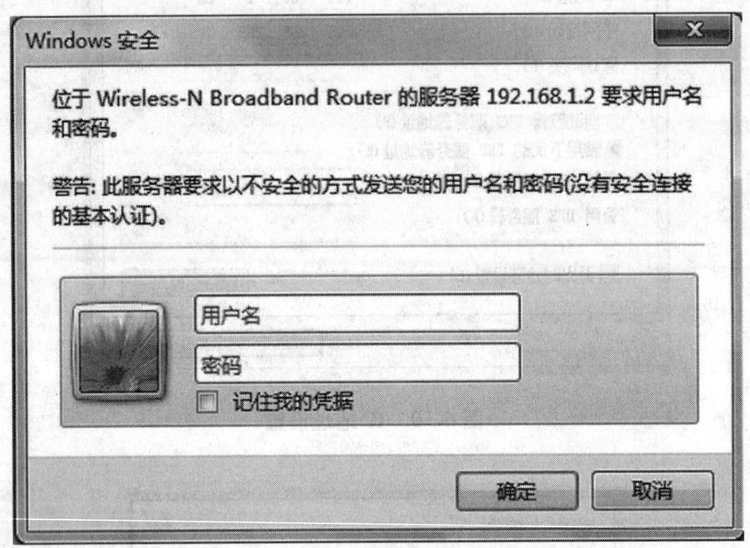

图6－12 “登录AP接入点”对话框

（2）输入“用户名”与“密码”，单击“确定”，进入AP管理界面。如图6－13所示。

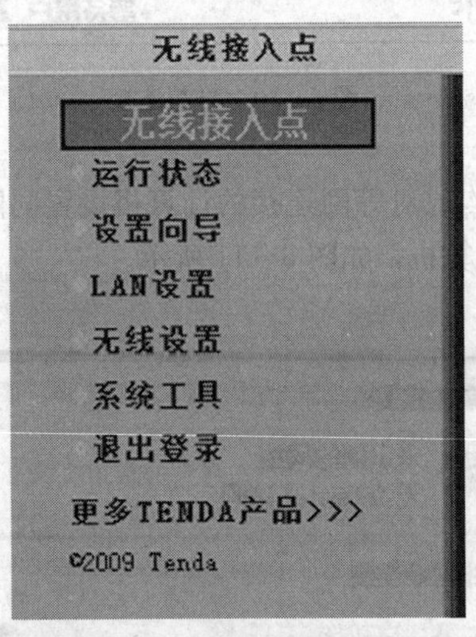

图6－13 “无线接入点”对话框

(3) 单击“设置向导”对无线接入点进行设置，如图 6-14 所示。

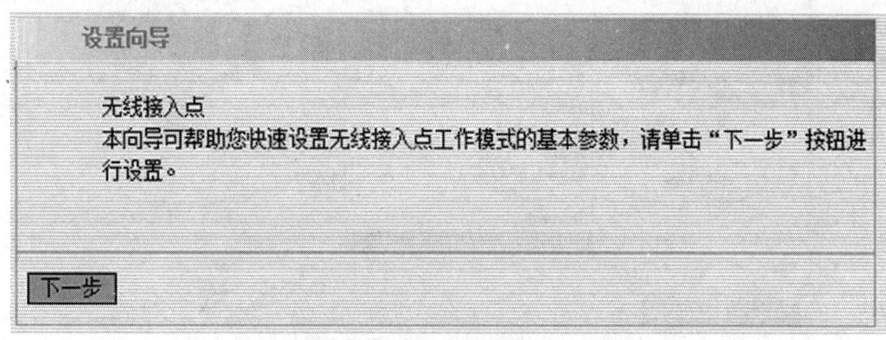

图 6-14　“设置向导”对话框

(4) 单击“下一步”，对无线接入点进行基本设置，如图 6-15 所示。

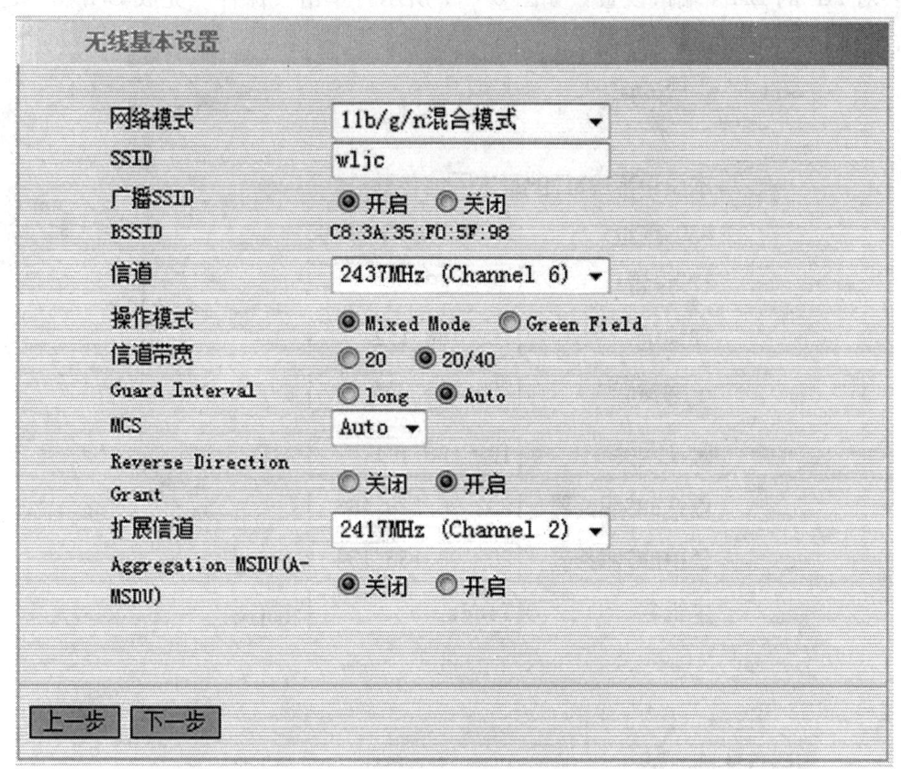

图 6-15　“无线基本设置”对话框

(5) 单击“下一步”设置 AP 接入点的安全，如图 6-16 所示。选择安全模式，可以选择各种加密方式来确定其他用户的接入。

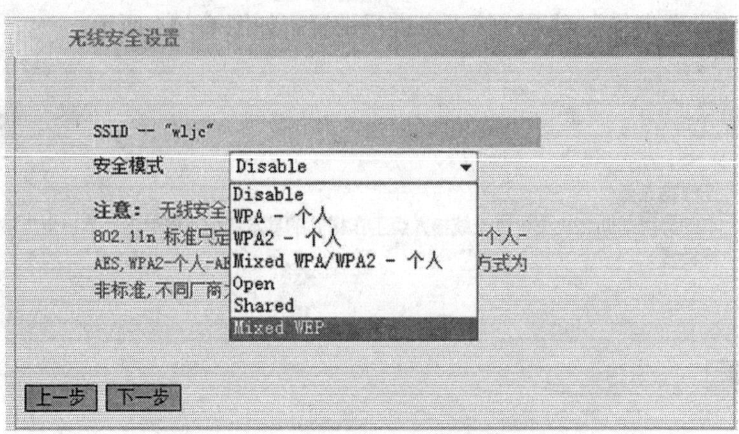

图 6-16 “无线安全设置”对话框

(6) 单击“下一步”，AP 的设置完成。

(7) 对 AP 的 LAN 端口设置，如图 6-17 所示，单击“保存”完成 LAN 口设置。

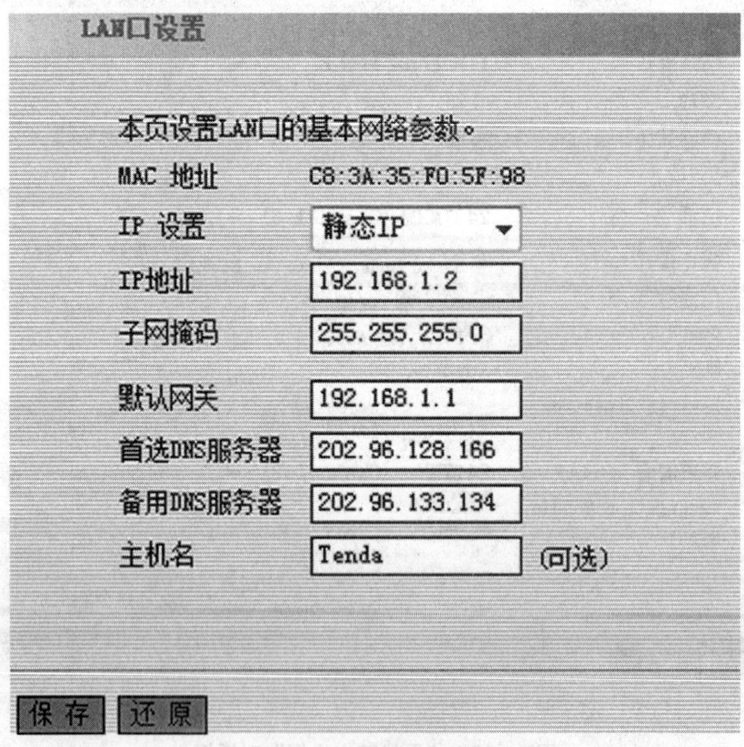

图 6-17 “LAN 口设置”对话框

(8) AP 设置完成后，对要接入局域网的计算机无线网卡进行设置，要设置每台计算机的无线网卡的 IP 地址要与 AP 的 LAN 口的 IP 地址在同一网段上。如图 6-18 所示。

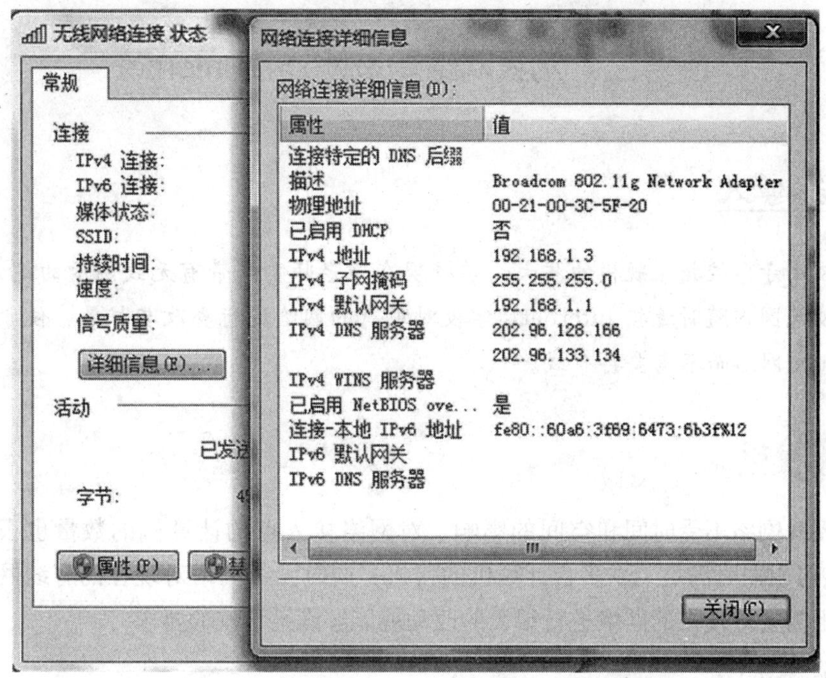

图 6－18　无线网络连接设置

(9) 单击计算机右下角的网络连接如图 6－19 所示，单击“wljc”，进行网络连接。

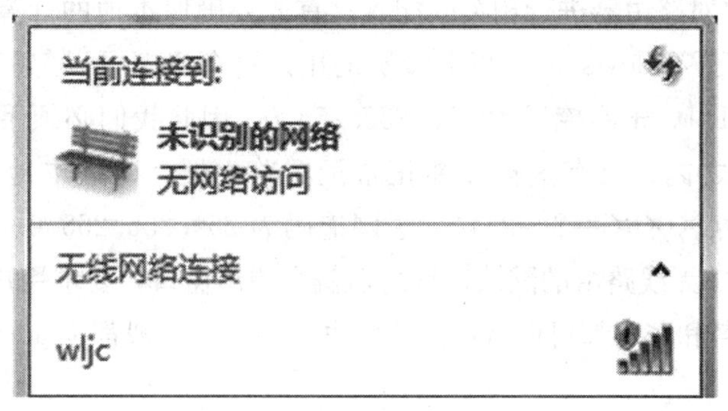

图 6－19　无线网络连接

任务小结

无线网络对现代生活的影响无处不在，无线网络与有线网络是一种互补的关系，本任务解决的无线网络技术组网问题。对无线网络所用的协议 802.11 及其特点进行描述，应用无线网络技术组建无中心和有中心两种拓扑结构的网络。

任务二　无线网络局域网连接 Internet

任务导入

某学校由于学校招生规模的扩大，学校现在为老师购买带有无线网卡的笔记本电脑，要求在全校范围内随时连接 Internet，学校对现有的网络进行整改与扩展，便于全校师生连接 Internet 网络而不需要再布线。

任务分析

由于无线网络不受时间和空间的影响，对网络接入点的计算机的数量也很大，一个 AP 接入点可以同时满足 150 多台计算机的接入。同时无线网络对现在的有线网络也是一种互补，不需要对现在的网络进行很大的改动就能够满足学校的要求。

任务实施

(1) 在配置无线路由器之前，首先要按照图 6－20 所示的拓扑图连接好相关的线路。先把连接 Internet 端的网线插入无线路由器的 WAN 端口，然后将一台计算机通过网线连接路由器的 LAN 口对路由器进行相关的配置。首先要确保本地的计算机操作系统安装了 TCP/IP 协议，对于 Windows 2000 以上级别的用户这个步骤可以忽略。由于路由器默认的地址为 192.168.1.1，子网掩码为 255.255.255.0，因此我们必须手动设置本地的连接地址为同一个网段之内，只有这样才能正常配置路由器，即把本地连接的地址设置为 192.168.1.×××（×××＝2～254）。子网掩码为 255.255.255.0。设置完成之后打开 IE 输入 192.168.1.1 无线路由的默认地址之后就会弹出窗口，要求用户输入管理员的用户名以及密码。用户名和密码都可以从产品说明书上获知，一般都为 admin。

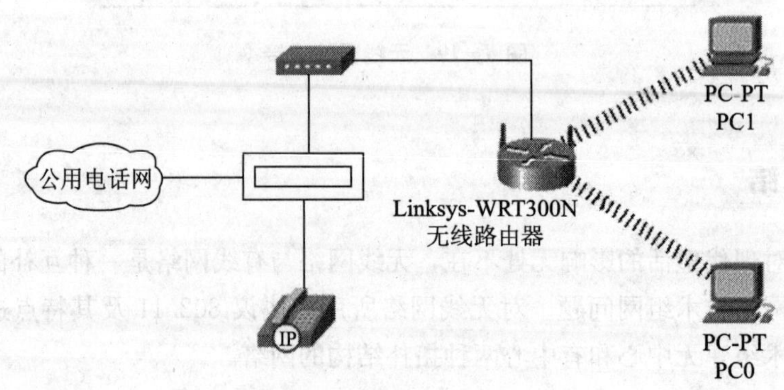

图 6－20　无线连接 Internet 拓扑

(2) 输入用户名与密码，单击“确定”按钮后，进入无线路由的窗体界面，如图 6－21 所示。

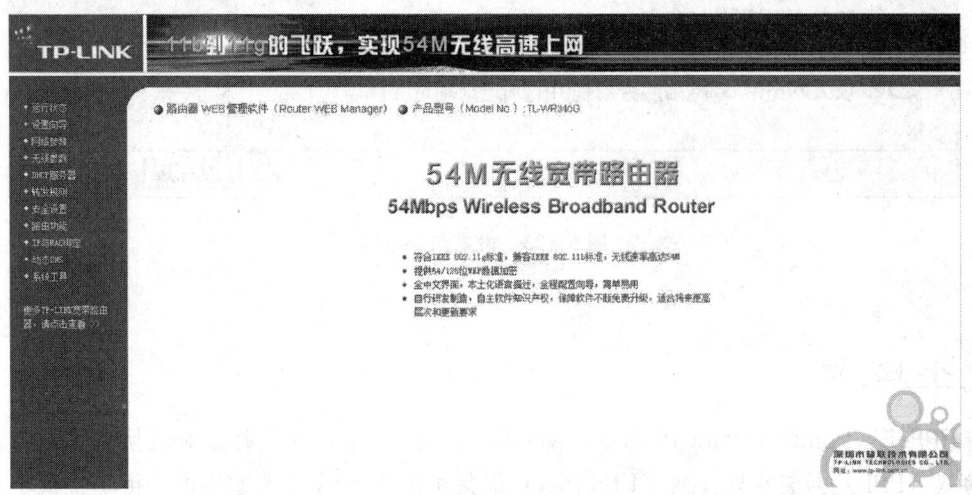

图 6－21　无线路由器设置界面

(3) 单击窗体右边“设置向导”，出现如图 6－22 所示。

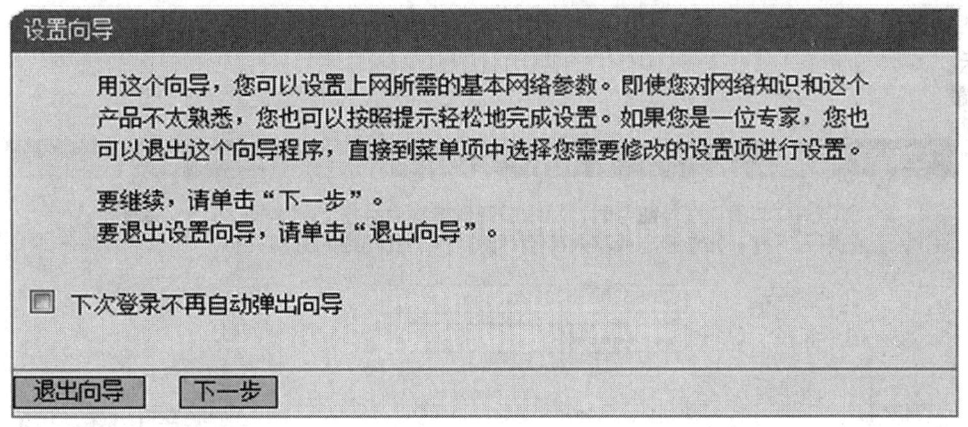

图 6－22　设置向导 (a)

(4) 单击“下一步”，选择上网方式，在本实例中，通过 ADSL 拨号连接 Internet，所以选择“ADSL 虚拟拨号 (PPPoE)”，如图 6－23 所示。

设置向导

本路由器支持三种常用的上网方式，请您根据自身情况进行选择。

- ADSL虚拟拨号（PPPoE）
- 以太网宽带 ，自动从网络服务商获取IP地址（动态IP）
- 以太网宽带 ，网络服务商提供的固定IP地址（静态IP）

上一步　下一步

图 6－23　设置向导（b）

PPPoE（Point-to-Point Protocol over Ethernet），以太网上的点对点协议，是将点对点协议（PPP）封装在以太网（Ethernet）框架中的一种网络隧道协议。由于协议中集成了 PPP 协议，所以实现了传统以太网不能提供的身份验证、加密以及压缩等功能，也可用于有线电视调制解调器（cable modem）和数字用户线路（DSL）等以以太网协议向用户提供接入服务的协议体系。

（5）单击“下一步”，输入通过向网络服务商所提供的上网账号及口令，如图 6－24 所示。

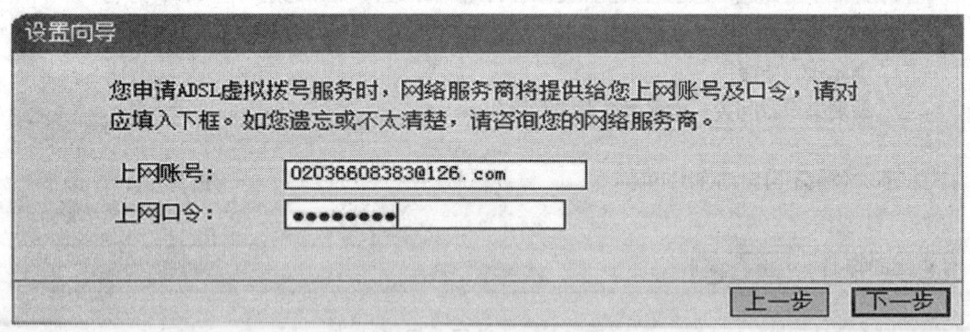

图 6－24　设置向导（c）

（6）单击“下一步”，设置无线网络的基本参数，如 SSID、模式等，其中 SSID 就是用户要输入网络时所要应用到的服务集标识符，但 SSID 不能用中文标识，模式是该网络所用的无线连接标准，如图 6－25 所示。

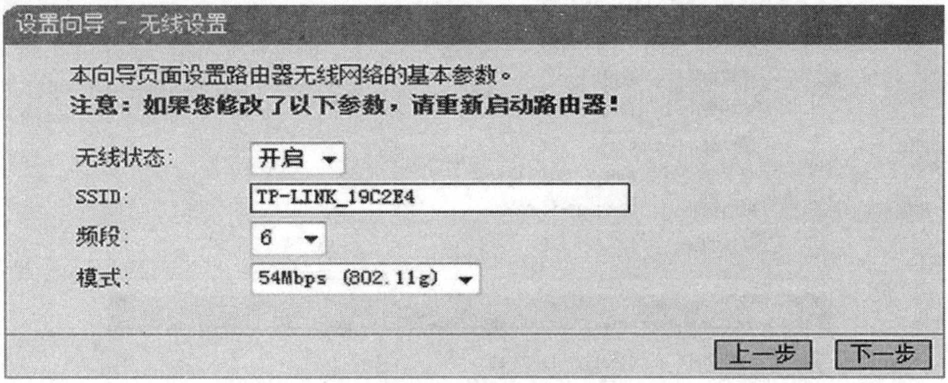

设置向导 - 无线设置
本向导页面设置路由器无线网络的基本参数。
注意：如果您修改了以下参数，请重新启动路由器！
无线状态：
开启
SSID：
TP-LINK_19C2E4
频段：
6
模式：
54Mbps (802.11g)
上一步
下一步

图 6-25 设置向导（d）

（7）单击“下一步”，路由器拨号设置成功，如图 6-26 所示。

设置向导
恭喜您！您已经顺利完成上网所需的基本网络参数的设置，现在您已经能够正常上网。
请单击“完成”结束设置向导。
返 回
完 成

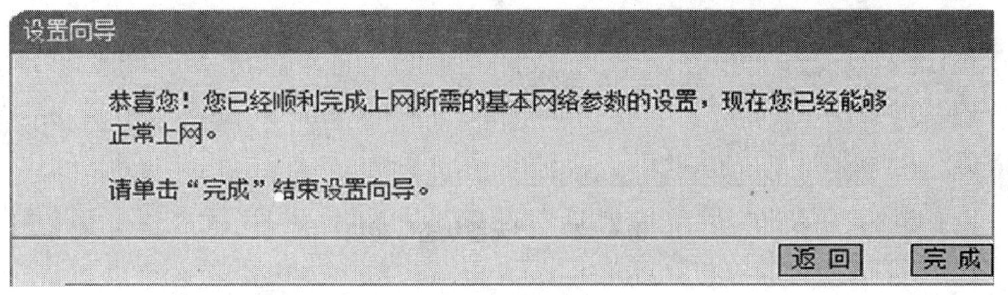

图 6-26 设置向导（e）

（8）查看无线网络的状态，单击窗体右边的“运行状态”，图如 6-27 所示，在 WAN 口状态下，可以看到该无线路由已经连接上 Internet，并得到网络供应商所分配的 IP 地址、网关和 DNS 服务器的地址。

（9）为了网络的安全，为了不让非法的用户通过该无线路由连接 Internet 而影响网络速度，现在对无线路由做安全设置。

①设置连接密码，单击窗体右边“无线参数/基本设置”，如图 6-28 所示。

在图 6-28 中，选择“开启安全设置”，在“安全类型”中选择相应的安全类型，在这里选择了“WPA－PSK/WPA2－PSK”，加密码方法为“AES”，单击“保存”完成密码设置。

无线状态

无线功能：	启用
SSID号：	TP-LINK_19C2E4
频 段：	6
模 式：	54Mbps (802.11g)
MAC 地址：	00-21-27-19-C2-E4
IP 地址：	192.168.1.1

WAN口状态

MAC 地址：	00-21-27-19-C2-E5	
IP地址：	183.5.6.209	PPPoE
子网掩码：	255.255.255.255	
网关：	183.5.6.209	
DNS 服务器：	202.96.134.133 , 202.96.128.166	
上网时间：	0 day(s) 00:01:55	断 线

WAN口流量统计

	接收	发送
字节数：	15958	41508
数据包数：	102	461

图 6－27　“无线状态”窗口

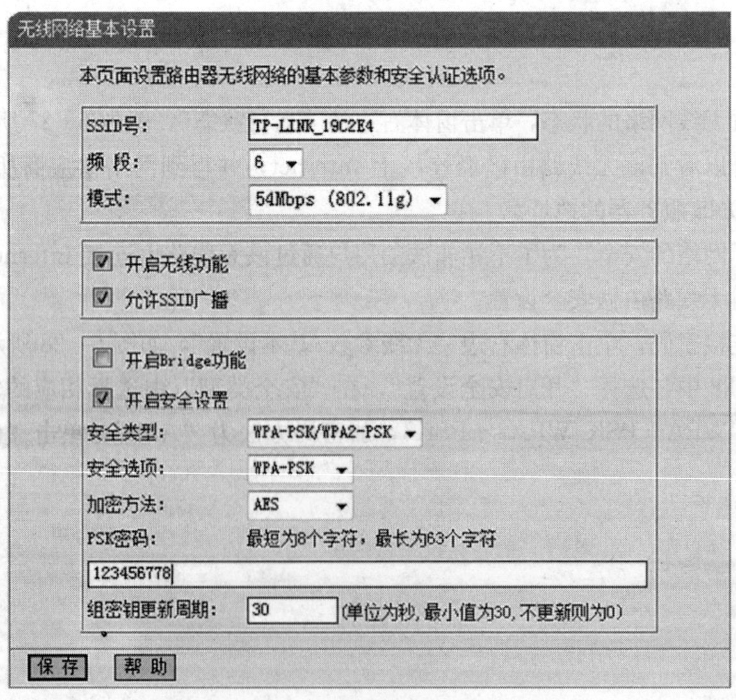

图 6－28　“无线网络基本设置”窗口

②由于现在很多软件都能够破解或查看到密码，在这里再进一步对 MAC 地址进行过滤设置，单击窗体右边“无线参数/MAC 地址过滤”，如图 6－29 所示。选择“禁止列表中生效规则之外的 MAC 地址访问本无线网络”，然后单击“添加新条目”把允许通过上网的计算机的 MAC 地址添加到规则里，这样没有添加的计算机就不能通过上网。

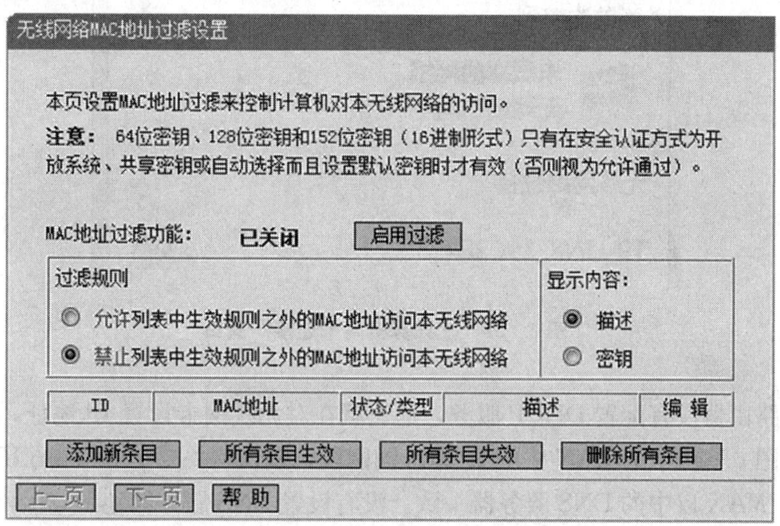

图 6－29　无线网络 MAC 地址过滤设置

③为了网络管理更加容易，特别是移动网络，为了减少在 IP 地址的分配上的冲突，要用 DHCP 服务器，单击窗体右边“无线参数/DHCP 服务器/ DHCP 服务”，如图 6－30 所示。

DHCP服务

本路由器内建DHCP服务器，它能自动替您配置局域网中各计算机的TCP/IP协议。

DHCP服务器：　○不启用　◉启用

地址池开始地址：　192.168.1.100

地址池结束地址：　192.168.1.199

地址租期：　120　分钟（1～2880分钟，缺省为120分钟）

网关：　0.0.0.0　（可选）

缺省域名：　（可选）

主DNS服务器：　0.0.0.0　（可选）

备用DNS服务器：　0.0.0.0　（可选）

保 存　帮 助

图 6－30　DHCP 服务配置

设置 Windows 7 系统，使其能接收无线路由器的无线信号，并能浏览无线网。

①单击安有无线网卡的 Windons7 计算机的任务栏右下角的网卡连接，如图 6－31 所示。

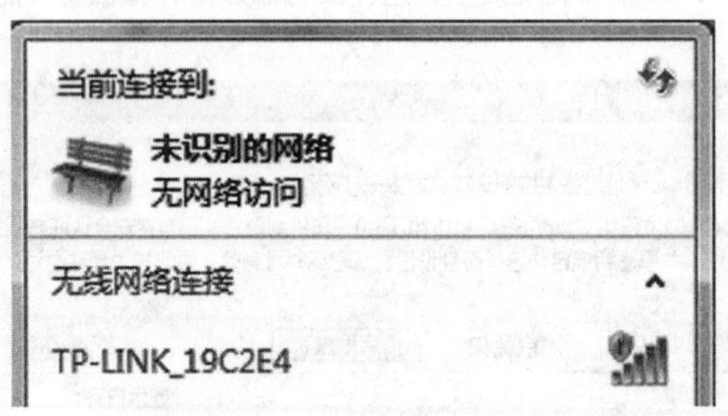

图 6－31 "计算机网卡连接"窗口

②如果路由器没有配置 DHCP 服务，那么就在对无线网卡设置 IP 地址，IP 地址的设置一定要与图 6－27 中的 LAN 中的 IP 地址同网段，默认网关要是 LAN 的 IP 地址，DNS 服务器要与 WAN 口中的 DNS 服务器一致。没有设置 DNS 服务器地址，上网时能用可以用 IP 址地上网。如果路由器配置了 DHCP 服务，则单击"TP－LINK－19C2E4"即可连接 Internet 网络，如图 6－32 所示。

图 6－32 "已连接至 Internet"窗口

任务小结

随着移动设备价格的逐步下降，人们对无线网络的依赖也慢慢提高。以前公司或学校要连接 Internet 都是通过有线网络进行连接并共享连接。但随着公司规模的扩大，有线网络的接口就不能满足现有的需求，无线局域网只要添加一些无线设备来架设一个公司或学校的无线局域网，笔记本电脑就能自由自在地随时随地上网。

模块综合复习题

一、理论题

1. 无线网的对等网络与有中心网络有什么区别？
2. 无线网有什么优点？

3. 无线网用什么协议处理网络中数据的冲突。

二、操作题

［练习目的］掌握无线网络连接 Internet 的方法。

［练习设备］PC 机 3 台，1 台无线路由和 1 个 AP 接入点。

［练习内容］

网络拓扑图如图 6－33 所示。

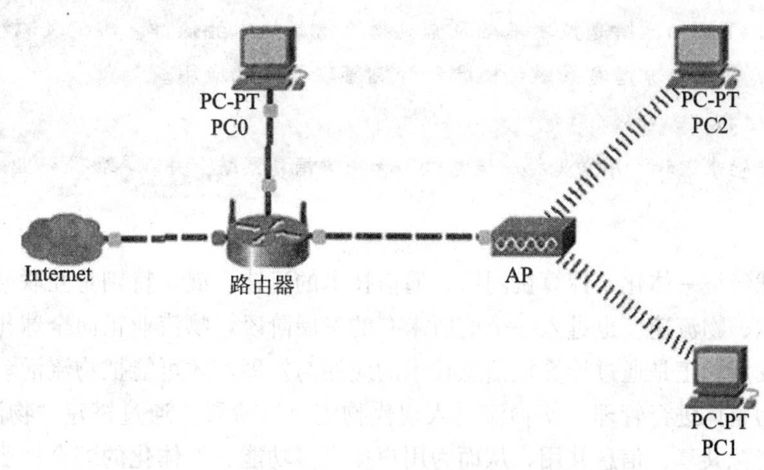

图 6－33　操作网络拓扑示意

要求：

1. 通过 AP 接入点组建一个有中心的无线局域网。
2. 无线局域网通过路由器连接上 Internet。

项目七　物流网络技术应用

知识目标

1. 了解物流信息技术基础及常见物流信息技术的操作、规范及流程。
2. 掌握物流信息系统的概念和仓储管理系统的应用。

能力目标

能够掌握和运用常见物流信息技术和物流信息系统，并融入物流行业知识。

随着全球经济一体化，计算机网络、通信技术的迅速发展，特别是互联网的普及，物流活动的范围、物流速度也进入一个前所未有的发展阶段，物流业正向全球化、网络化和信息化方向发展。正是通过计算机信息技术的应用与发展，才可能把物流活动的各个环节综合起来作为整体进行管理，使物流进入现代物流发展阶段。通过搭建“物流信息系统”平台，实现资源共享、信息共用，从而为用户提供多功能、一体化的综合性服务。事实证明，物流信息技术和物流信息管理已经成为现代物流企业提升核心竞争力的重要途径。

任务一　物流信息技术基础

沃尔玛：信息技术下的“生产商店，经营物流”

2002 年 1 月 22 日，美国第二大连锁零售商凯马特以 163 亿美元的巨额负债申请破产保护。同一天，凯马特几十年来的老对手、美国第一大连锁零售商沃尔玛则宣布，2001 财政年度公司销售收入超过 2200 亿美元，成为全美乃至全球销售额最大的公司。凯马特和沃尔玛的差距为什么会越来越大？这是因为他们对信息技术的把握具有极大的不同。凯马特的信息技术总裁一直未能拿出一套切合公司实际的信息管理系统来有效管理库存、运输和储藏等商品供应链。而沃尔玛则专门建立了世界上一流的信息管理系统、卫星定位系统和电视调度系统，全球 4100 多个店铺的销售、订货、库存情况可以随时调阅查询。

在信息技术的支持下，沃尔玛能够以最低的成本、最优质的服务、最快速的管理反应进行全球运作。1974 年，公司开始在其分销中心和各家商店运用计算机进行库存控制。1983 年，沃尔玛的整个连锁商店系统都用上条码扫描系统。采用商品条码可代替大量手工劳动，不仅缩短了顾客结账时间，更便于利用计算机跟踪商品从进货到库存、配货、送

货、上架、售出的全过程，及时掌握商品销售和运行信息，加快商品流通速度。1984 年，沃尔玛开发了一套市场营销管理软件系统，这套系统可以使商店按照自身的市场环境和销售类型制定出相应的营销产品组合。

20 世纪 80 年代末，沃尔玛开始利用电子数据交换系统（EDI）与供应商建立自动订货系统。该系统又称为无纸贸易系统，通过计算机联网，向供应商提供商业文件，发出采购指令，获取收据和装运清单等，同时也使供应商及时准确地把握其产品销售情况。1990 年沃尔玛已与它的 5000 多家供应商中的 1800 家实现了电子数据交换，成为 EDI 技术在美国的最大用户。20 世纪 90 年代初沃尔玛就在公司总部建立了庞大的数据中心，在全球近 4000 家商店通过网络可以在一个小时内对每种商品的库存、上架、销售量全部盘点一遍，所以，在沃尔玛的门市店不会发生缺货情况。公司总部与全球各家分店和各个供应商通过共同的电脑统一进行联系，它们有相同的补货系统、相同的 EDI 条码系统、相同的库存管理系统、相同的会员管理系统、相同的收银系统。这样的系统能从一家商店了解到沃尔玛全世界的商店资料。正是依靠先进的电子通信手段，沃尔玛才做到了商店的销售与配送中心保护同步、配送中心与供应商保持同步。沃尔玛与生产商、供应商建立了实时链接的信息共享系统，赢得了比其竞争对手管理费用低 7%，物流费用低 30%，存货期由 6 周降至 6 小时的优异成绩。

沃尔玛 40 多年如一日持续不断地通过科技进步降低成本的精神，根据企业经营环境变化适时采用信息技术推进商业变革的策略和方法等，值得国内零售企业学习。可以说，所有的成功都是建立在沃尔玛利用信息技术整合优势资源，信息技术战略与传统物流整合的基础之上，强大的信息技术和后勤保障体系使它不仅在经营商品，更是在生产商店，经营物流。

通过上述案例我们可知，物流信息技术是现代物流的灵魂。现在沃尔玛公司来校招聘门店理货员，要求招聘的学生会操作简单的物流信息技术，如会打印条码、会使用无线射频 RFID 手持终端进行出入库操作等。作为应聘的物流专业学生，你应可以运用学校计算机网络和物流操作平台很从容地进行了这些操作。

任务分析

条码打印和无线射频 RFID 手持终端是现代物流企业中最常见的物流信息技术，也是学校物流实验实训中最基本的实验操作。各学校虽然条码制作软件各不相同，但大同小异，而且网络上也有很多条码制作软件，因此，学生很容易运用条码制作软件和打印机，制作常见的商品条码并打印。同时 RFID 手持终端在出入库的操作中也是必须掌握的一项基本技能。

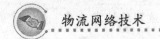

知识准备

一、物流信息技术的概念

物流信息技术是指运用于物流领域的信息技术。它是建立在计算机、网络通信技术平台上的各种技术应用，包括硬件技术和软件技术。现代物流的重要特征是物流的信息化，现代物流通常被看做是物资实体流通与信息流通的结合。计算机和信息技术被用来支持物流已经有多年的历史，随着20世纪80年代初微型计算机的引入，物流发展迅速，信息技术被视为影响物流增长与发展的关键因素。信息技术正以非凡的速度向前发展，通过使用计算机技术、通信技术、网络技术等技术手段，大大加快了物流信息的处理和传递速度，从而使物流活动的效率和快速反应能力得到提高。

物流信息技术是现代物流管理体系的核心，是物流现代化的重要标志。飞速发展的计算机网络技术的应用使物流信息技术达到新的水平，物流信息技术是物流技术中发展最快的领域，从数据采集的条码系统，到办公自动化系统中的微机、各种终端设备等硬件以及计算机软件等都在发生着日新月异的变化，特别是现代通信技术和网络技术的发展和应用，以及正在成为现实的网上支付，使得物流能在较大范围运作，从而使得构建跨地区的物流网络成为可能。事实证明，随着物流信息技术的不断发展和进步，逐渐催生了一系列新的物流理念和新的物流经营方式，推动了物流产业的变革。

二、物流信息技术的构成

根据物流的功能以及特点，物流信息技术主要包括计算机网络技术、数据库技术、数据挖掘技术、条码及射频技术、电子数据交换、地理信息系统和全球卫星定位系统等。在这些信息技术的支撑下，形成了以移动通信、资源管理、监控调度管理、自动化仓库管理、业务管理、客户服务管理、财务管理等多种业务集成的一体化现代物流信息系统。

1. 计算机网络技术

计算机网络技术是计算机技术与通信技术相结合的产物。它能够把不同地理位置上的计算机通过通信线路连接起来，实现数据通信和资源共享。计算机网络可以使物流数据的采集、传输、处理等分散化，这正好符合物流网络中网点分散化的特征。尤其是互联网发展，大大促进了物流系统信息网络的建设，提高了物流业务信息化程度，加快了物流反应速度。

2. 数据库技术

数据库技术将信息系统中大量的数据按一定的结构组织起来，提供存储、维护、查询的功能。可以将物流系统的数据库建成一个物流系统或供应链的公共数据平台，为数据采集、数据更新和数据交换提供方便。结合数据仓库技术和数据挖掘技术，对原始信息进行系统的加工、汇总和整理，提取隐含的、从前未知的、潜在有用的信息和关系，满足物流过程智能化的需要。

3. 条码及射频技术

条码技术是20世纪在计算机应用中产生和发展起来的一种自动识别技术，是集条码理论、光电技术、计算机技术、通信技术、条码印刷技术于一体的综合性技术。

条码技术是物流自动跟踪的最有力工具，被广泛应用。条码技术具有制作简单、信息收集速度快、准确率高、信息量大、成本低和条码设备方便易用等优点。因此，从生产到销售的流通转移过程中，条码技术起到了准确识别物品信息和快速跟踪物品历程等重要作用，它是物流信息管理工作的基础。条码技术在物流的数据采集、快速响应、运输等方面的应用极大地促进了物流业的发展。

射频技术是一种基于电磁理论的通信技术，适用于物料跟踪、运载工具和货架识别等要求非接触数据采集和交换的场合。它的优点是不局限于视线，识别距离比光学系统远，射频识别卡可具有读写能力，可携带大量数据，难以伪造，且有智能。目前通常利用便携式的数据终端，通过非接触式的方式从射频识别卡上采集数据，采集的数据可直接通过射频通信方式传送到主计算机，由主计算机对各种物流数据进行处理，以实现对物流全过程的控制。

4. 电子数据交换

电子数据交换是按照协议的标准结构格式，将标准的经济信息，通过网络传输，在贸易伙伴的计算机系统之间进行交换和自动处理。

电子数据交换的基础是信息，这些信息可以由人工输入计算机，但更好的方法是通过扫描条码获取数据，速度快、准确性高。物流技术中的条码包含了物流过程所需的多种信息，与电子数据交换相结合，才能确保物流信息的及时传递和处理。

5. 地理信息系统

地理信息系统是以地理空间数据为基础，采用地理模型分析方法，适时地提供多种空间和动态的地理信息，是一种为地理研究和决策服务的计算机技术系统。通过各种软件的配合，地理信息系统可以建立车辆路线模型、网络物流模型、分配集合模型、设施定位模型等，更好地为物流决策服务。

6. 全球卫星定位系统

全球卫星定位系统是利用空中卫星对地面目标进行精确导航与定位，以达到全天候、高准确度跟踪地面目标移动轨迹的目的。近年来，全球定位系统已在物流领域得到了广泛的应用，主要应用在汽车定位及跟踪调度铁路车辆运输管理、船舶跟踪及最佳航线的确定、空中运输管理和物流配送等领域。

任务实施

应聘学生运用学校计算机和实训设备完成条码制作和RFID手持终端的使用。

1. 商品条码制作

(1) 运用学校安装好的条码实用程序。

(2) 以 CorelDRAW11 中文版（6、7、8、9、10、11、12 各个版本此功能均可通用）为例，点选菜单—编辑—插入条码。如图 7-1 所示。

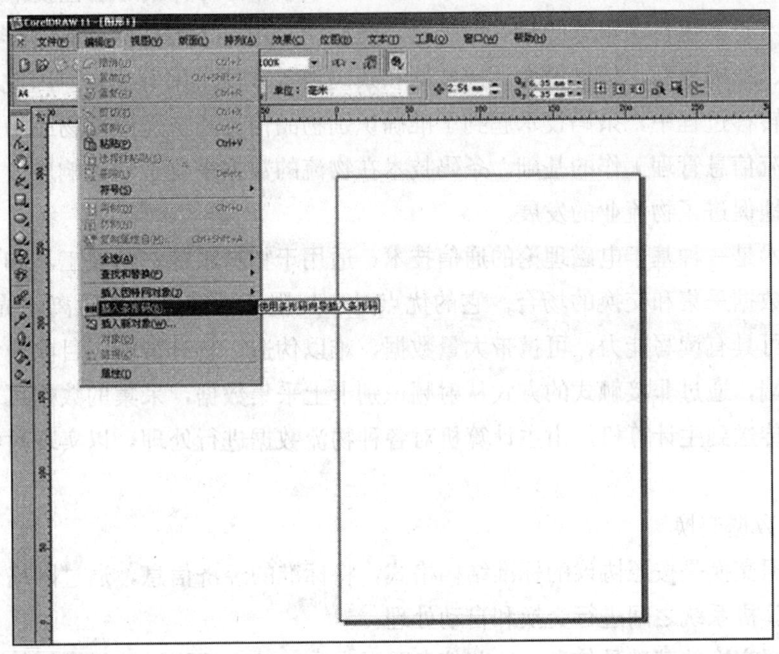

图 7-1 “插入条码”窗口

(3) 从行业格式标准中选择 EAN—13（中国通用格式）。如图 7-2 所示。

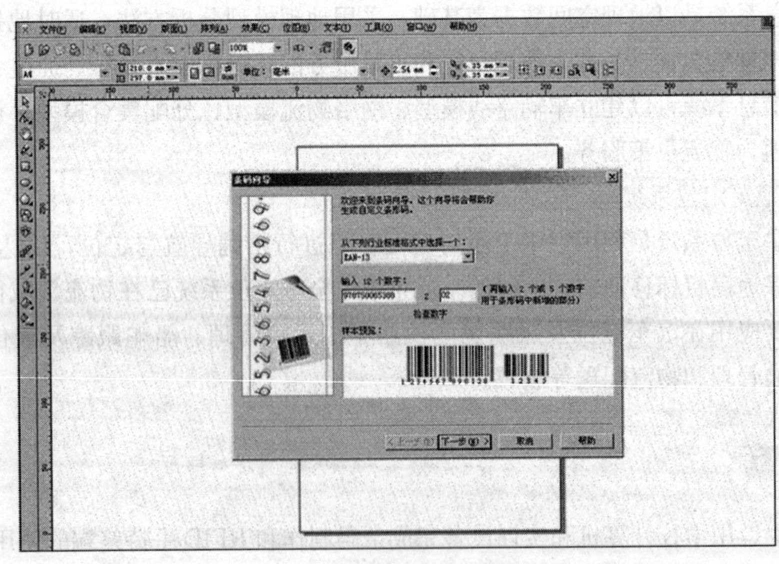

图 7-2 “选择 EAN—13 格式”窗口

(4) 选择“下一步”。如图 7-3 所示。

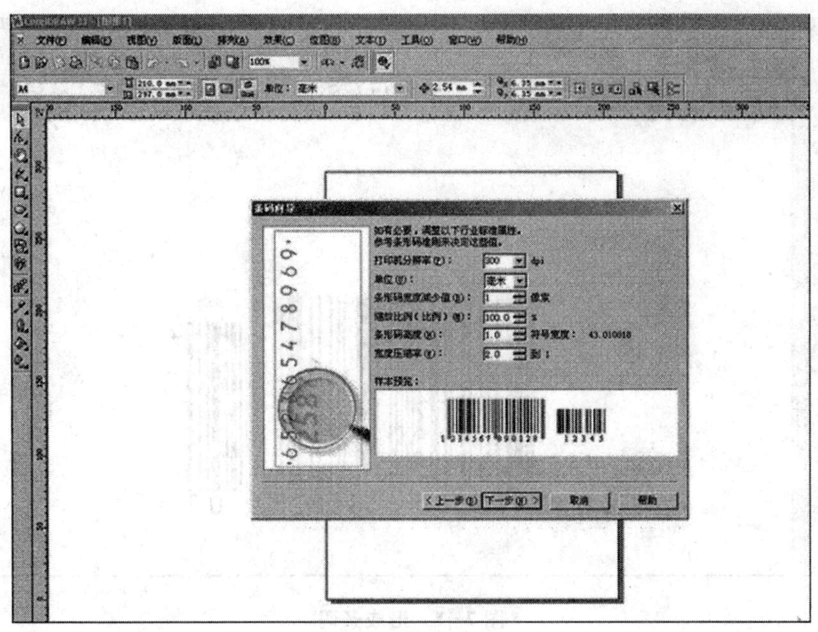

图 7-3　选择条码属性

(5) 选择“下一步”。如图 7-4 所示。

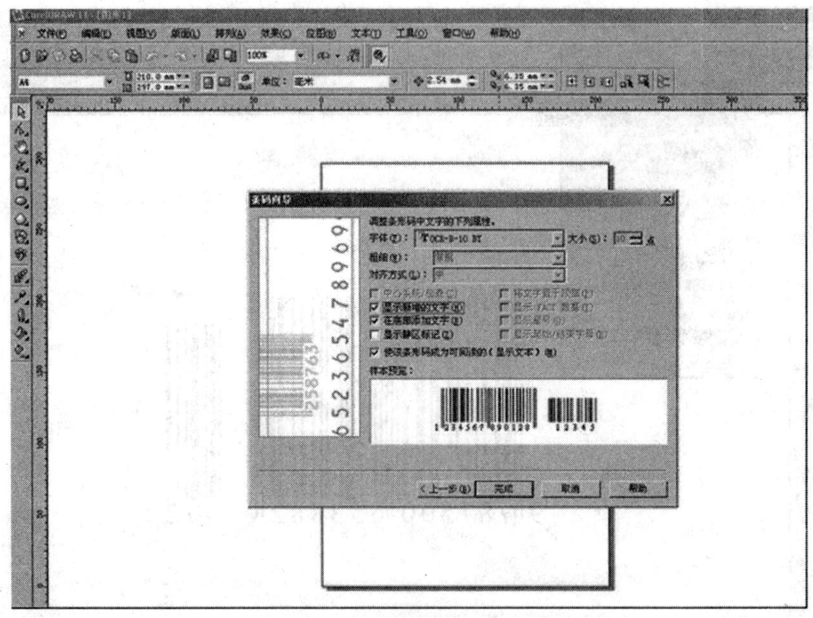

图 7-4　调整条码中文属性

(6) 选择"完成"。如图 7-5 所示。

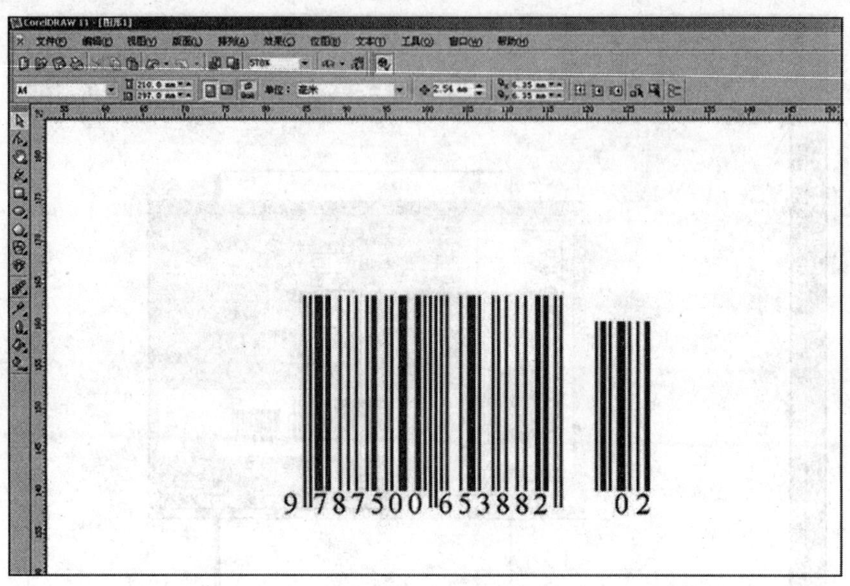

图 7-5　形成条码

(7) 条码出现在工作面板中，暂时不作任何修改。点选菜单—编辑—复制（或直接按 Ctrl+C)，复制条码。如图 7-6 所示。

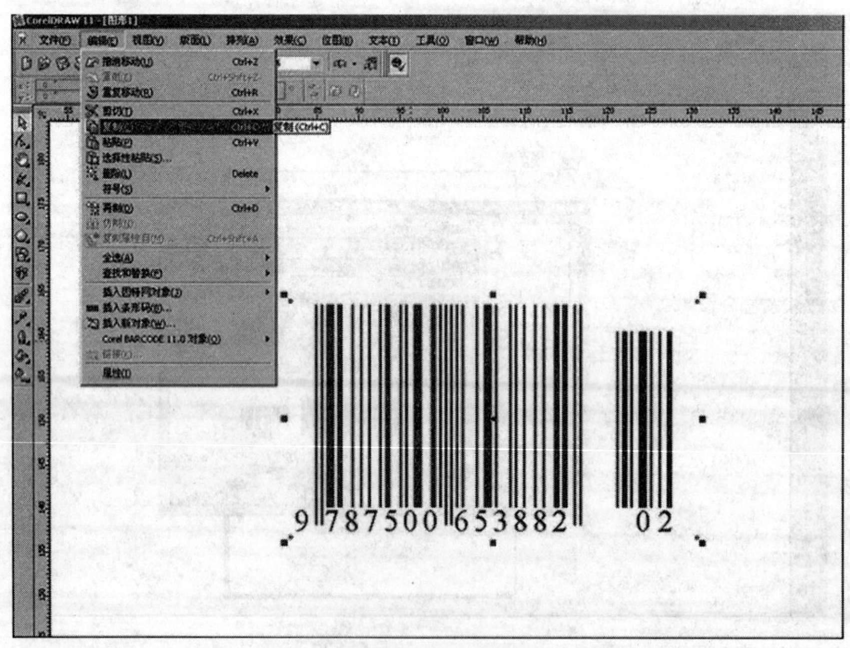

图 7-6　复制条码

（8）点选菜单—编辑—选择性粘贴。如图 7－7 所示。

图 7－7　选择性粘贴

（9）在选择性粘贴面板中选择粘贴—图片（元文件），如图 7－8 所示。

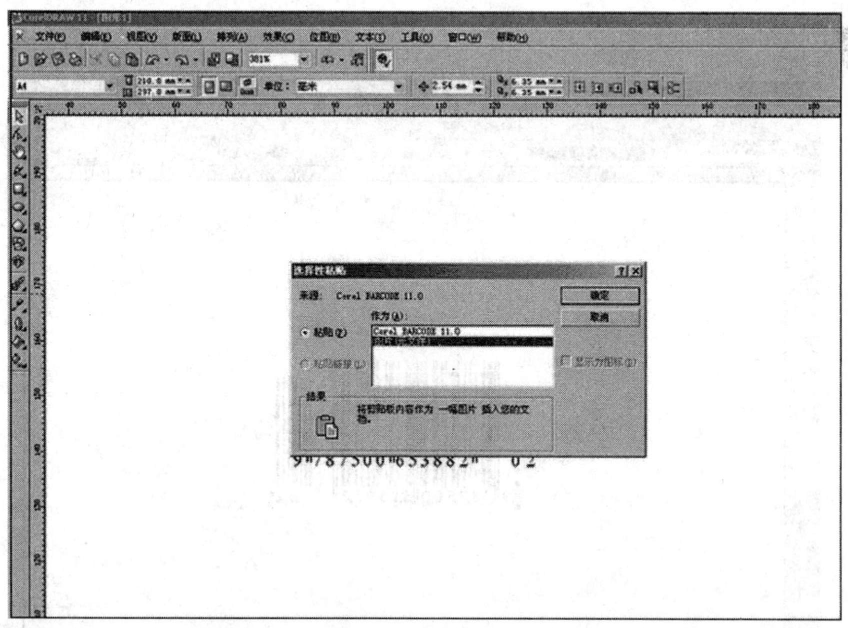

图 7－8　粘贴图片

（10）现在开始编辑粘贴后条码，取消全部组合。如图 7－9 所示。

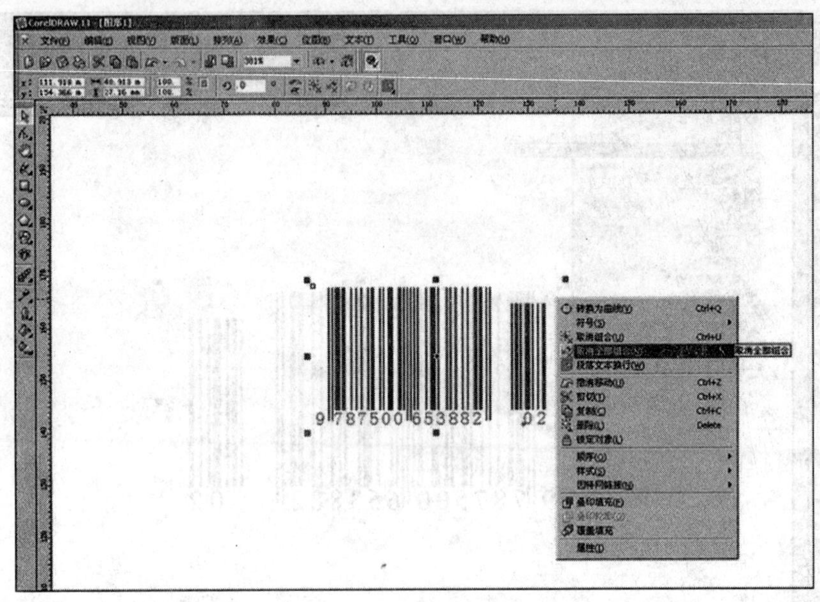

图 7－9　编辑粘贴后条码

（11）选择条码数字，现在可以修改字体属性了，变更字体为“OCR－B－10 BT”。没有这个字体的在 CorelDRAW 安装盘的字体文件夹中找一下，或是在网上搜索。如图 7－10所示。

图 7－10　修改字体属性

(12) 现在条码做成功了，并且非常标准，打印即可（未特别说明的其他参数均为默认值）。

2. 无线射频 RFID 手持终端的使用

(1) 认识 RFID 手持终端构造及功能。如图 7－11 所示。

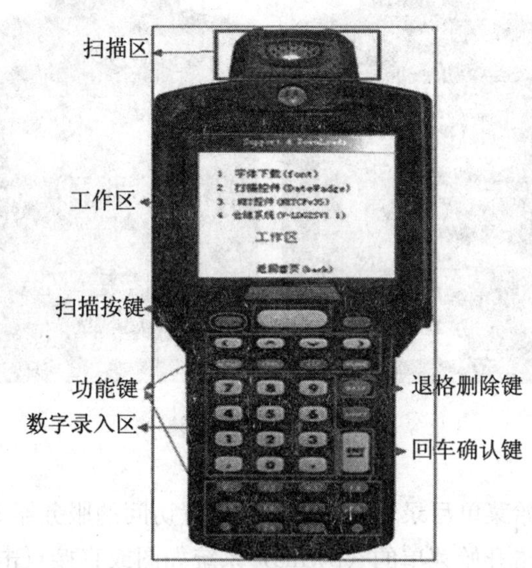

图 7－11　手持区域展示

(2) RFID 手持终端主要操作界面展示如图 7－12 所示。

①登录界面；

②仓储作业功能主界面。

图 7－12　主要操作界面

(3) RFID 仓储作业支持程序安装。RFID 仓储作业支持程序（pwms）需要安装在手持上，还需要配置访问的服务器 IP 地址，配置完成后即可。如图 7－13 所示。

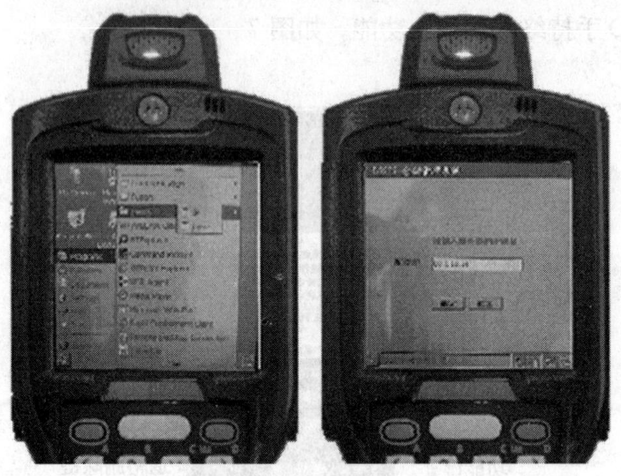

图 7－13　程序安装

①如图 7－13 在开始菜单目录下点击“IP”配置访问的服务器 IP；

②配置完成后，点击开始菜单的（pwms）系统如图或直接点击桌面上（pwms）的快捷方式进入系统；

③至此完成了 RFID 仓储作业支持程序的配置操作，程序可以正常启动。

(4) 仓储管理系统中录入订单。(以入库作业为例) 如图 7－14 所示。

图 7－14　仓储管理系统登录

①输入分配的账号（如账号为1001，密码为1）登录。

②点击“订单录入”—“新增”—“选择要新增的订单”（入库订单）。如图7-15所示。

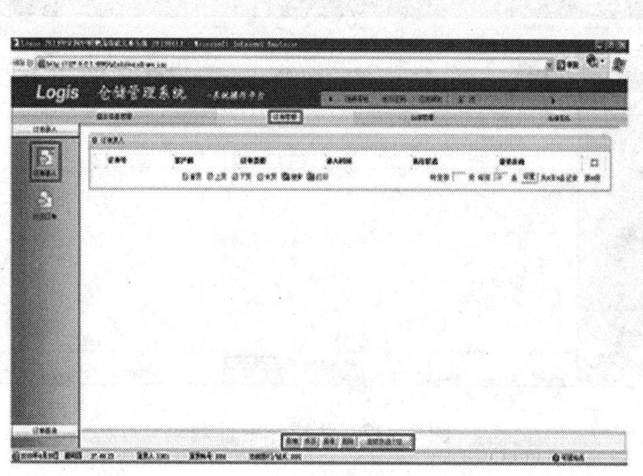

图7-15　入库订单录入

③录入完成后点击“保存订单”，完成订单录入。如图7-16所示。

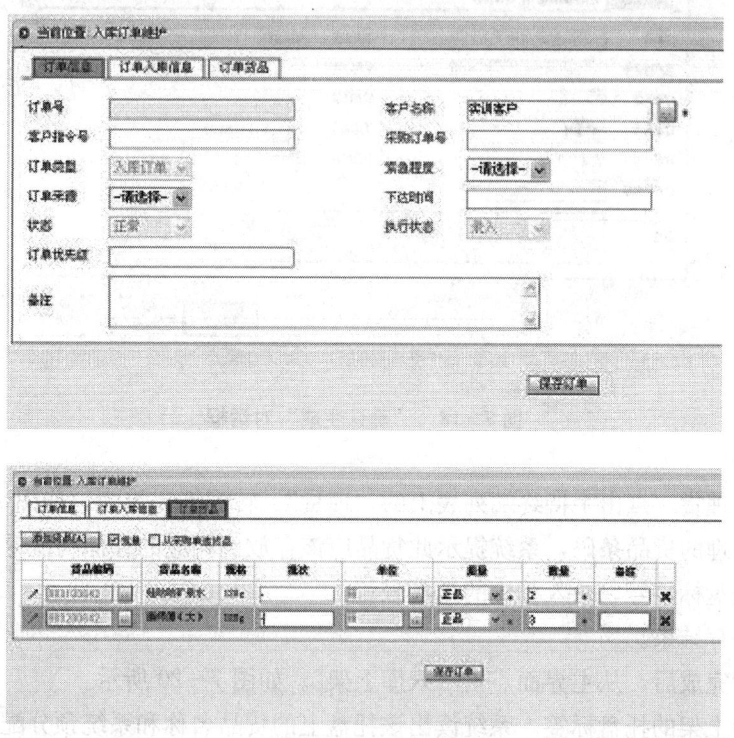

图7-16　保存订单

④返回列表界面点击“生成作业计划”。如图 7-17 所示。

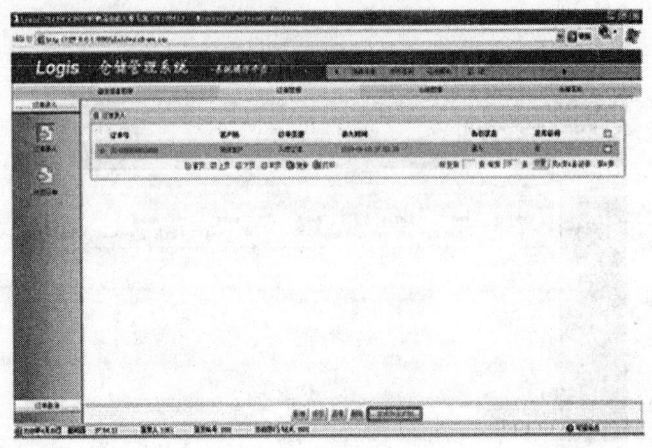

图 7-17　生成作业计划

⑤再点击“确认生成”订单已经提交作业环节。如图 7-18 所示。

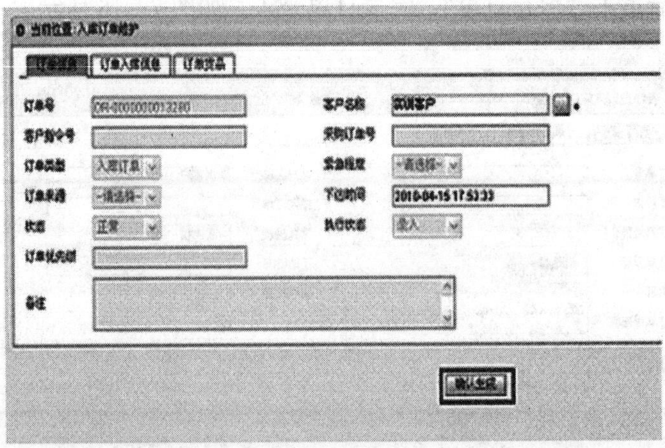

当前位置:入库订单维护

订单信息　订单入库信息　订单货品

订单号　客户名称　实训客户

客户指令号　采购订单号

订单类型　入库订单　紧急程度　--请选择--

订单来源　--请选择--　下达时间　2010-04-15 17:53:33

状态　正常　执行状态　录入

订单优先级

备注

确认生成

图 7-18　“确认生成”对话框

(5) 入库理货。点击手持终端列表上的“理货”，转到下一界面，如图 7-19 所示。

①扫描要理的货品条码，系统提示此货品应该存放到相应的存储功能区；

②扫描托盘标签号，录入相应的批次号；

③点击保存结果。

(6) 理货完成后，从主界面点击“入库上架”。如图 7-20 所示。

①扫描待上架的托盘标签，系统读出该托盘上的货品名称和系统预分配的货位；

②点击“确认上架”完成该托盘的上架工作。

图 7－19 RFID 入库理货

(7) 上架操作完成后，再次点击“入库理货”操作界面，点击列表中的“完成”，结束该作业任务。如图 7－21 所示。

图 7－20 入库上架

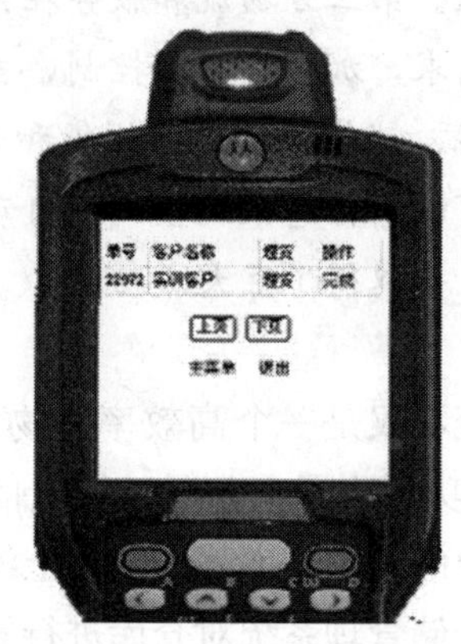

图 7－21 完成入库理货

任务小结

就目前来看，应用在物流行业的现代物流信息技术主要有条码技术、无线射频技术、电子数据交换、全球定位系统、地理信息系统以及电子商务等。物流信息化水平已经成为区分现代物流与传统物流的重要标志。条码技术和无线射频 RFID 因为成本低廉、操作简单、信息收集速度快、信息量大、设备使用方便等优点已经成为各中等职业教育物流管理专业必备的实验实训项目。

任务二　物流信息系统应用

上海“可的”拥有独一无二的物流信息系统

上海“可的”连锁便利店有限公司于1990年成立，现属于中国乳业五强之一——光明乳业股份有限公司旗下的控股公司，目前公司店铺规模已拓展至21个大中城市，拥有集直营、委托和特许加盟三种经营模式为一体的专业便利店1200余家。“可的”拥有一套成熟的物流信息系统，其信息化管理包括连锁企业的进、销、调、存过程的自动化管理，包括商品销售管理、供应商结算管理、商品自动配送管理、自动补货订单管理、商品仓库管理、外部企业的信息交换、各类储值优惠卡的管理、服务类信息处理以及消费者预订牛奶卡的销售和管理。第三方物流和服务在系统中实现下达门店销售计划和自动调整计划需求，个性化服务需求，加盟店需求控制，支持多门店同时盘点功能、外地系统与总部系统的分布式处理功能、销售信息自动收集和处理功能、分析系统决策功能等。“可的”创建了独一无二的“可的”信息系统模式：自动补货、自动配货、自动核算、自动付款的“四自动”运行体系，并取得了巨大成功。

物流信息系统不仅是一个高效率的物流业务操作系统，而且是一个高效率的管理系统。“可的”的成功证明了企业通过物流信息系统可以成功对企业经营活动进行控制和管理。作为物流专业的学生，你将分配到上海“可的”便利店的仓库进行实习，到岗后仓库主管要求你运用仓储管理系统对仓库进行管理。

任务分析

仓储管理系统是用来管理仓库商品信息的软件系统，也是用来提升传统仓储企业进行货物管理的系统。系统基本功能模块为入库、存货、出库、运输、账单结算、统计查询等功能模块。仓储作业的操作是最基础的部分，也是所有仓储管理系统最具有共性的部分，这部分内容不仅要根据上一层确定的控制目标和管理模式落实为操作流程，还要与众多的专用仓储设备自动控制系统相衔接，是技术上最复杂的部分。

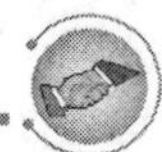

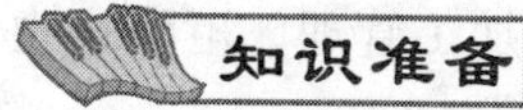

1. 物流信息系统

(1) 物流信息系统概念

物流信息系统是使用系统的观点、思想和方法建立起来的，以计算机为基本信息处理手段，以现代通信为基本传输工具，并且能够为管理决策提供信息服务的人机系统。也可以说，物流信息系统是一个人和计算机共同组成的，能进行物流信息的收集、传递、存储、加工、维护和使用的系统，它具有预测和辅助决策等功能。

物流信息系统作为企业信息系统中的一类，可以理解为对物流和与物流相关信息的加工处理来达到对物流、资金流的有效控制和管理，并为企业提供信息分析和决策支持的人机系统。它具有实时化、网络化、系统化、规模化、专业化、集成化、智能化等特点。物流信息系统以实现物流信息传递的标准化和实时化、存储的数字化、物流信息处理的计算机化等为基本目的。

(2) 物流信息系统的基本组成

物流信息系统的基本组成要素有硬件、软件、数据库与数据仓库、人员等。

①硬件。包括计算机、网络通信设备等，它是物流信息系统的物理设备、硬件资源，是实现物流信息系统的基础，它构成了系统运行的硬件平台。

②软件。主要包括系统软件和应用软件两大类。其中系统软件主要用于系统的管理、维护、控制及程序的装入和编译等工作；而应用软件则是指挥计算机进行信息处理的程序或文件，它包括功能完备的数据库系统、实时的信息收集和处理系统、实时的信息检索系统、报告生成系统、经营预测与规划系统、经营监测与审计系统及资源调配系统等。

③数据库与数据仓库。数据库技术将多个用户、多种应用所涉及的数据，按一定数据模型进行组织、存储、使用、控制和维护管理，数据库的独立性高、冗余度小、共享性好，能进行数据完整性、安全性、一致性的控制。数据库系统面向一般的管理层的事务性处理。

数据仓库是面向主题的、集成的、稳定的、不同时间的数据集合，用于支持经营管理中的决策制定过程。基于主题而组织的数据便于面向主题分析决策，它所具有的集成性、稳定性及时间特征使其成为了分析数据、为决策层提供决策的支持。

④人员。包括系统分析人员、系统设计人员、系统实施和操作人员，以及系统维护人员、系统管理人员、数据准备人员和各层次管理机构的决策者等。

2. 物流信息系统的种类

现代物流信息系统的种类主要有：

(1) 仓储管理系统（WMS)

仓储管理系统是一个实时的计算机软件系统，它能够按照运作的业务规则和运算法则，对信息、资源、行为、存货和分销运作进行更完美地管理，使其最大化满足有效产出和精确性的要求。仓储管理系统一般有以下模块：收货处理、上架管理、拣货作业、月台管理、补货管理、库内作业、越库操作、循环盘点、RFID 操作、加工管理、矩阵式收费等。

(2) 运输管理系统（TMS）

运输管理系统是一种“供应链”分组下的（基于网络的）操作软件。它能通过多种方法和其他相关的操作一起提高物流的管理能力：包括管理装运单位，指定企业内、国内和国外的发货计划，管理运输模型、基准和费用，维护运输数据，生成提单，优化运输计划，选择承运人及服务方式，招标和投标，审计和支付货运账单，处理货损索赔，安排劳力和场所，管理文件（尤其当国际运输时）和管理第三方物流等。

(3) 电子标签拣货系统（CAPS）

电子标签拣货系统是采用先进电子技术和通信技术开发而成的物流辅助作业系统，通常使用在现代物流中心货物分拣环节，具有效率高、差错率低的作业特点。CAPS 是计算机辅助拣货系统常用的方式之一，仓库拣选作业时通过货架上的订单名、货名及其数量等电子标签显示器，向拣选作业人员及时、明确地下达向货架内补货（入库）和取货（出库）指示。CAPS 具有加快拣货速度、降低拣货错误率、免除表单作业等优点。

(4) 无线射频（RFID）系统

无线射频系统数据通信技术是以无线信道作为传输媒体，建网迅速，通信灵活，可以为用户提供快捷、方便、实时的网络连接，是实现移动通信的关键技术之一。无线射频技术的应用已经渗透到商业、工业、运输业、物流管理、医疗保险、金融和教学等众多领域。无线射频无线实时仓储管理系统是以商品条码技术为核心，充分应用无线网络通信技术、地理信息系统和无线手持电脑终端，结合 C/S 和 B/S 体系结构建立的自动化实时仓储管理系统。

任务实施

作为实习生进入上海“可的”便利店仓库，使用仓库计算机上安装的仓储管理系统软件进行仓库管理。

1. 登录系统

首先双击桌面上仓储系统软件的快捷方式，在操作员里输入操作员名并回车，显示操作员为系统管理员，输入密码回车，进入系统。然后进行相关的操作。如图 7－22 所示。

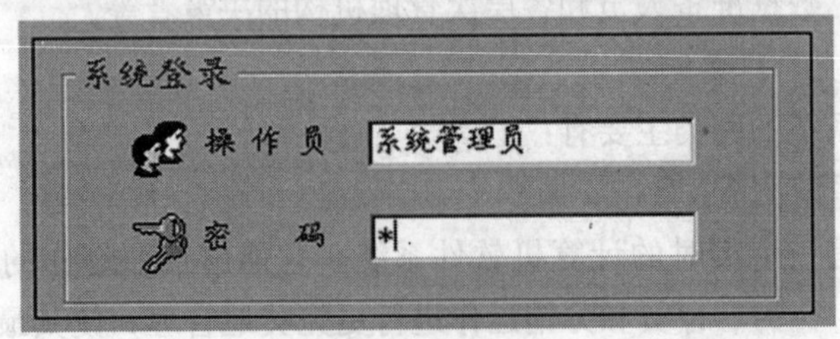

图 7－22　登录系统

2. 新建用户

在企业资源、人员管理下新建一个用户，填写姓名和登录名等。如图 7－23 所示。

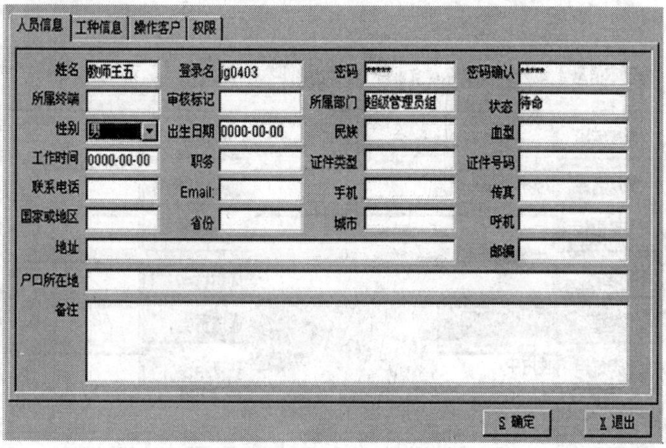

人员信息　工种信息　操作客户　权限

姓名 教师王五　登录名 jg0403　密码 *****　密码确认 *****
所属终端　审核标记　所属部门 超级管理员组　状态 待命
性别 男　出生日期 0000-00-00　民族　血型
工作时间 0000-00-00　职务　证件类型　证件号码
联系电话　Email:　手机　传真
国家或地区　省份　城市　呼机
地址　邮编
户口所在地
备注

S 确定　X 退出

图 7－23　新建用户

3. 新建机构

退出系统，重新以操作员身份登录系统。

在企业资源、机构管理下新建一个机构。如图 7－24 所示。

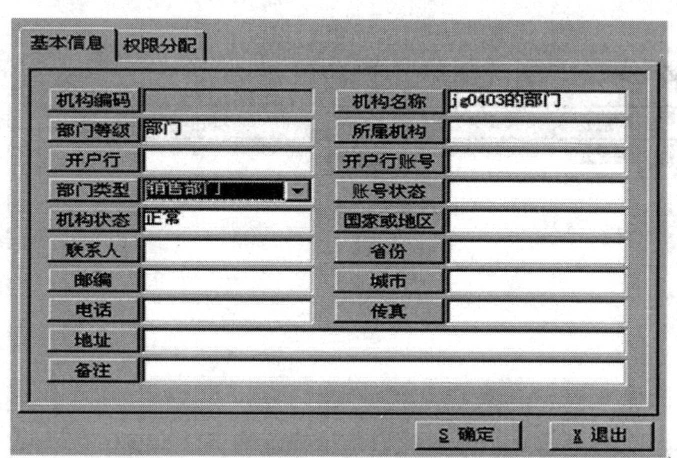

图 7－24　新建机构

（1）在企业资源、机构管理下选中库工部，在其中建立一个用户，例如：姓名“教师库工王五”、登录名“jg0403－03”。

（2）在企业资源、机构管理下选中库工部，在其中建立一个用户，例如：姓名“教师库管王五”、登录名“jg0403－04”。

4. 新建库房

(1) 添加仓库。在仓库管理、库房下新建一个库房，库房名称为“jg0403 的库房”。如图 7－25 所示。

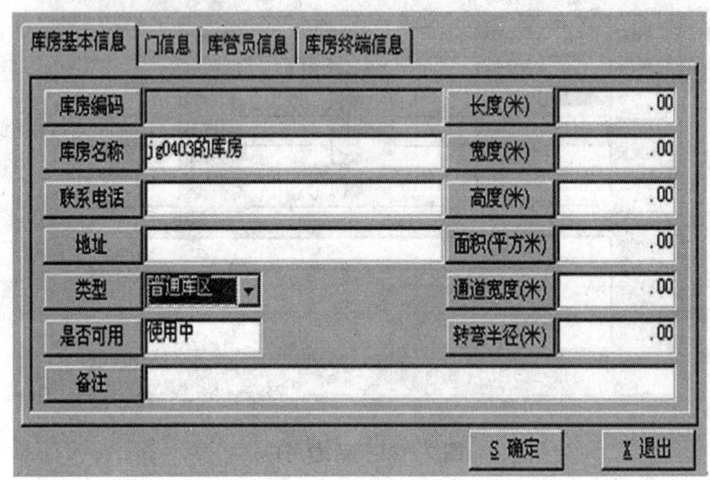

图 7－25　新建库房

在库管员信息页面中为库房添加一个库管，添加的库管为“教师库管王五”。如图 7－26所示。

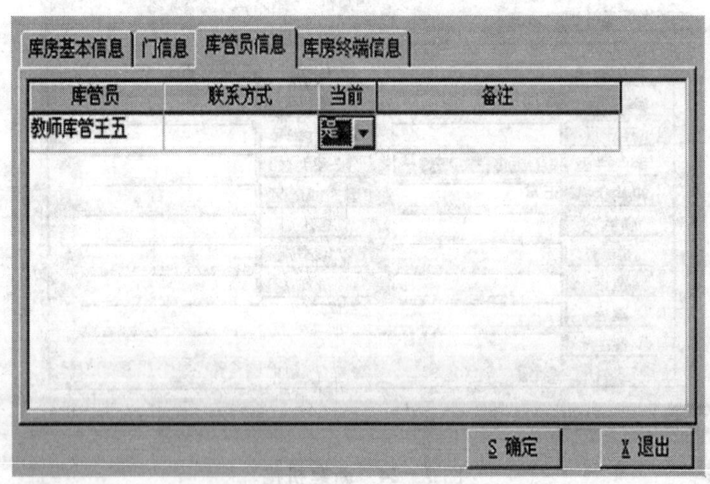

图 7－26　添加库管

(2) 区管理。在仓库管理、库房下选中新建的库房，例如：jg0403 的库房，在此库房下新建一个区，区名称“模拟货架区”，在是否分配储位中选择“是”，在规格中选择“规格一”。如图 7－27 所示。

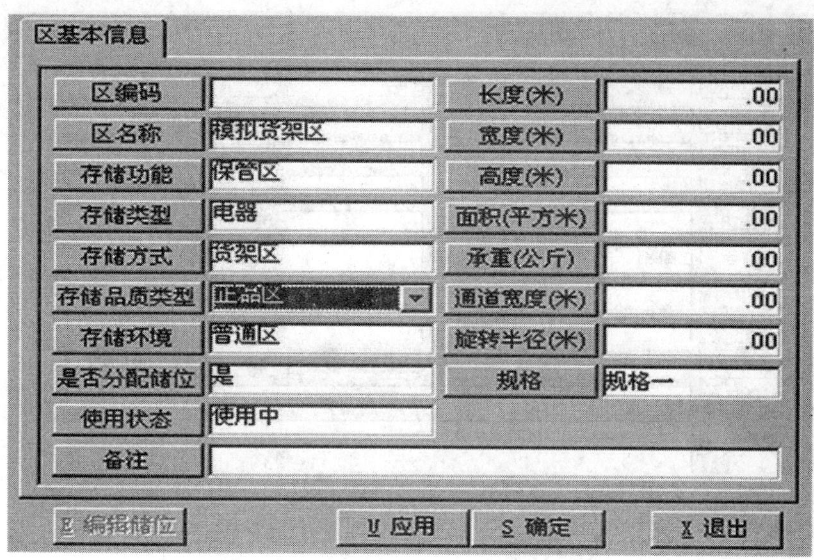

图 7－27　新建区

（3）储位分配。在仓库管理、库房下选中新建的库房，例如：jg0403 的库房，在此库房下选中模拟货架区，编辑储位，然后生成参数中填入：货架数“1”；截面数“2”；层数“3”；通道数“1”，点击“生成”。如图 7－28 所示。

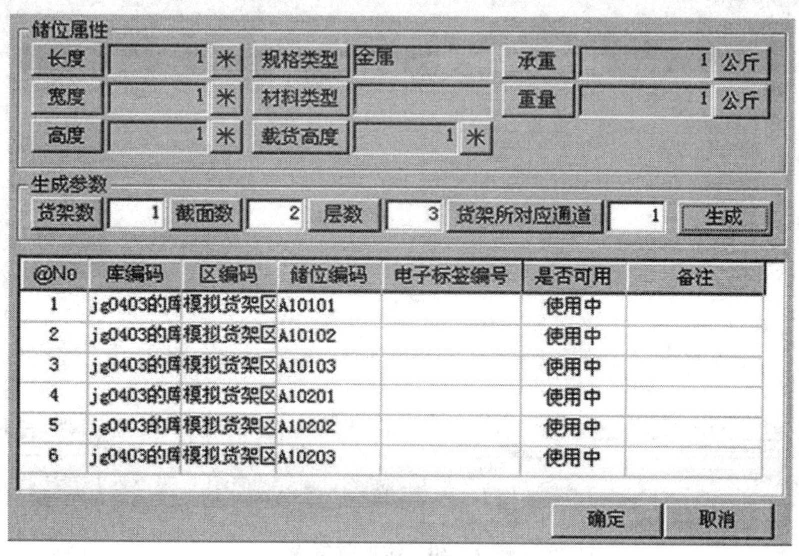

图 7－28　储位分配

5. 客户管理

（1）建立新客户。在客户管理、客户基本信息下新建一个客户，客户名为“jg0403 的客户”。如图 7－29 所示。

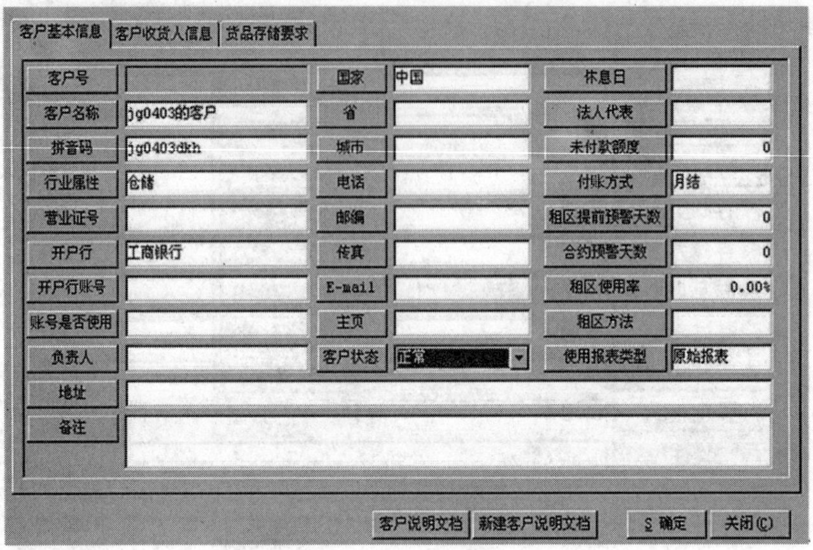

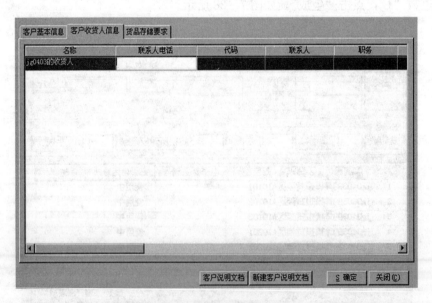

图 7-29　新建客户

(2) 添加收货人。在客户收货人信息页面下添加一个收货人，名称“jg0403”的收货人。如图 7-30 所示。

图 7-30　添加收货人

(3) 添加企业记录。在配置、系统配置、企业管理中为“jg0403 的客户”添加企业记录，类型选择企业，对应客户选择“jg0403 的客户”。如图 7-31 所示。

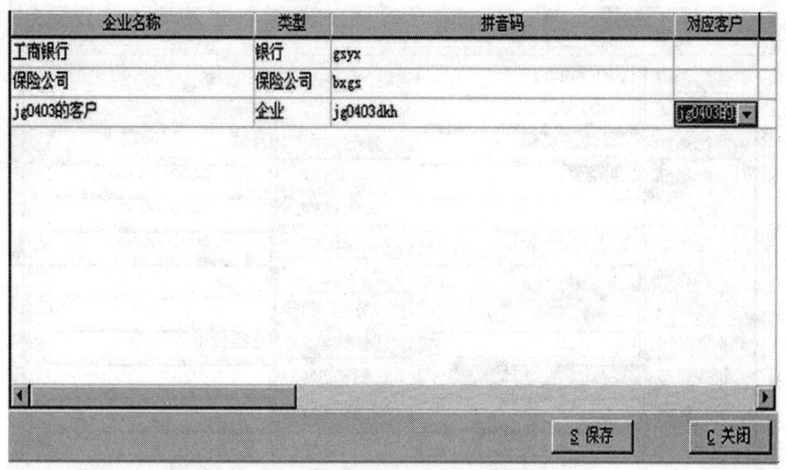

图 7－31　“添加企业记录”窗口

（4）添加货品信息。在客户管理、客户基本信息下选中新建的客户“jg0403 的客户”，在该客户下添加如下商品：

名称填写“jg0403 商品一”，类型“电器”，子类型“空调”，付费类别数量“件”，条码填写“0403000000010”，存储环境“普通区”，如图 7－32 所示。

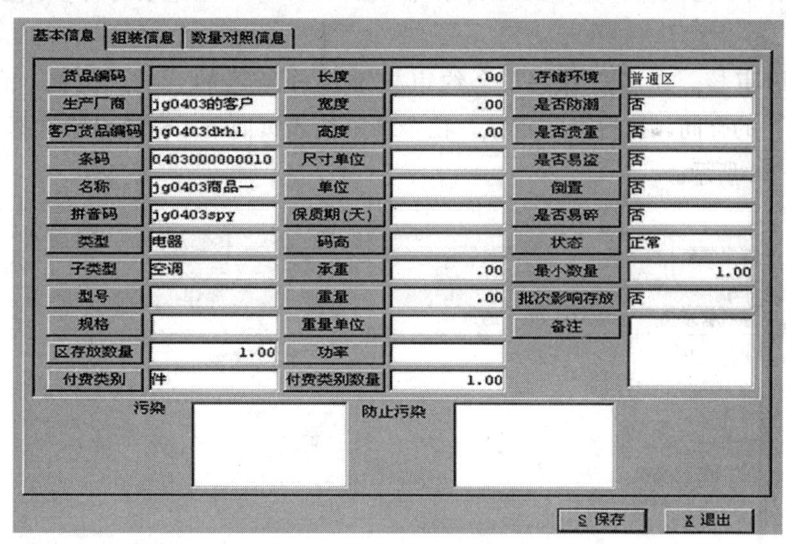

图 7－32　添加货品信息

（5）合约管理。在客户管理、合约管理下新建一个合约，客户名称为“jg0403 的客户”，合同编码为“jg0403－01”，合约类型“长期合约”，收费类型“出入库收费”。如图 7－33 所示。

基本信息 | 合约结算表 | 合约审核

客户名称	jg0403的客户	审核	☑
合约编码	jg0403-01	合约状态	未审核
签约部门	超级管理员组	结账方式	月结
合约类型	长期合约	签约日期	0000-00-00
签约人		起始日期	0000-00-00
应收	.00	截止日期	0000-00-00
已收	.00	时间类型	
未收		结算金额	.00
付费日期	1	费用类型	仓租费用
收费类型	出入库收费	日租金	.
租用面积	.00	付费时间类型	
备注			

A 生成合约结算　O 原始文档　N 新建文档　S 确定　X 退出

图 7-33　新建合约

合约审核时，应从操作员 jg0403 的系统退出，以 admin 管理员身份重新登录系统。

(6) 合约审核。在客户管理、合约审核下选择新建的合约，例如：合同编码为“jg0403—01”的合同，执行合约审核，在合约审核表页面下，审核结果选择通过，并保存。如图 7-34 所示。

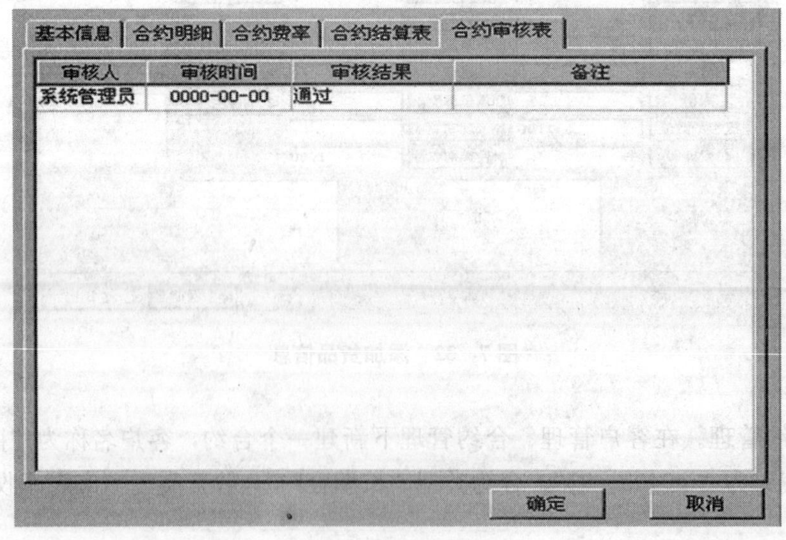

图 7-34　合约审核

6. 期初建账

在账表、账务、期初建账下进行期初建账，客户选择新建的客户“jg0403 的客户”，建账资料如下：

货品名称为“jg0403 商品一”，库房“jg0403 的库房”，区“模拟货架区”，储位“A10101”，数量为“15”，建账后保存。如图 7－35 所示。

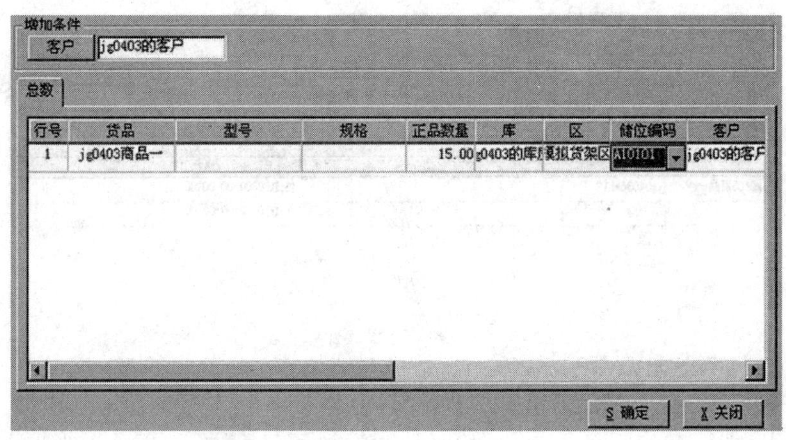

图 7－35　期初建账

建账后保存，在账表、账务、结转下进行结转，客户选择新建的客户“jg0403 的客户”，选择客户后点击“结存”并“保存”。

7. 商品出入库作业（以入库作业为例，出库作业流程同入库作业）

（1）添加操作客户。在“企业资源”、“人员管理”下为用户添加操作客户，选择教师王某，编辑人员在操作客户页面下将“可获得客户”栏内的“jg0403 的客户”移动到“已有客户”栏内，并点击“确定”。如图 7－36 所示。

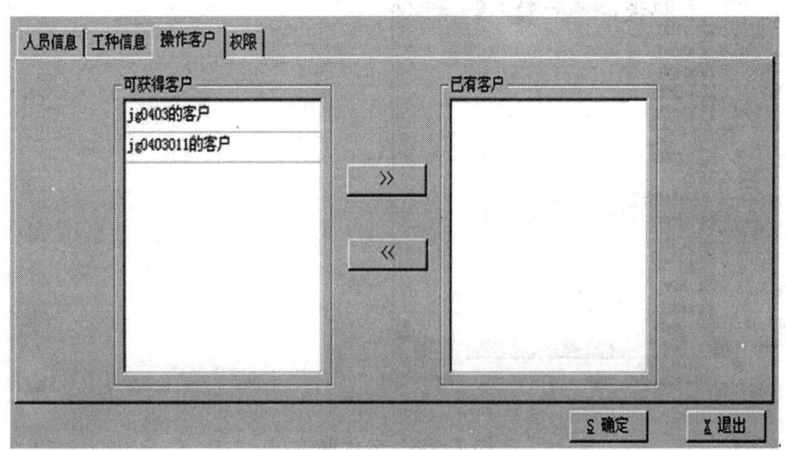

图 7－36　添加操作客户

(2) 添加入库凭证。在业务管理、客户凭证、入库凭证下新建入库凭证，以 jg0403 为例，入库凭证资料如下：

通知单号填写“jg0403—001”，商品名称填写“jg0403 商品一”等。

在业务管理、客户凭证、入库凭证下右击，增加入库凭证录入信息。如图 7－37 所示。

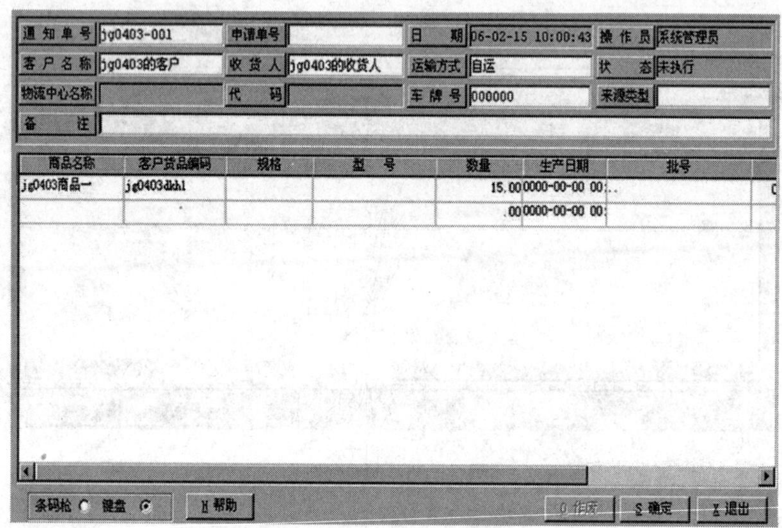

图 7－37　添加入库凭证

(3) 分配储位。点“确定”为货物分配储位。如图 7－38 所示。

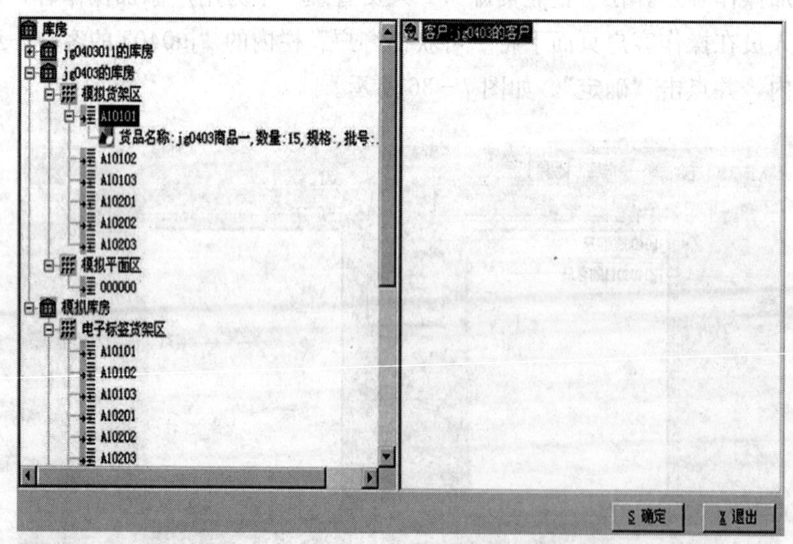

图 7－38　分配储位

（4）生成入库单。点“确定”生成入库单，“退出”。如图 7－39 所示。

Logis物流中心专用入库单

Logis Central Logistios Warehouse Receiving Note　NO.0000031

客户名称: jg0403的客户　通知单号: jg0403-001

货物来源: jg0403的收货人　送货人:　入库日期: 2006年02月15日

货物名称	型号	规格	单位	应收数量	实收数量	备注
jg0403商品一				15		

入库单1: 库房-[jg0403的库房] 编码 00　P 打印预览　P 打印　写条码枪文件　初始化　电子标签显示　X 退出

图 7－39　生成入库单

（5）调整库工和库管。在调度、派工下选中凭证编码为“jg0403－001”的单据，右键单击“处理/调整”，生成派工单如图 7－40 所示。

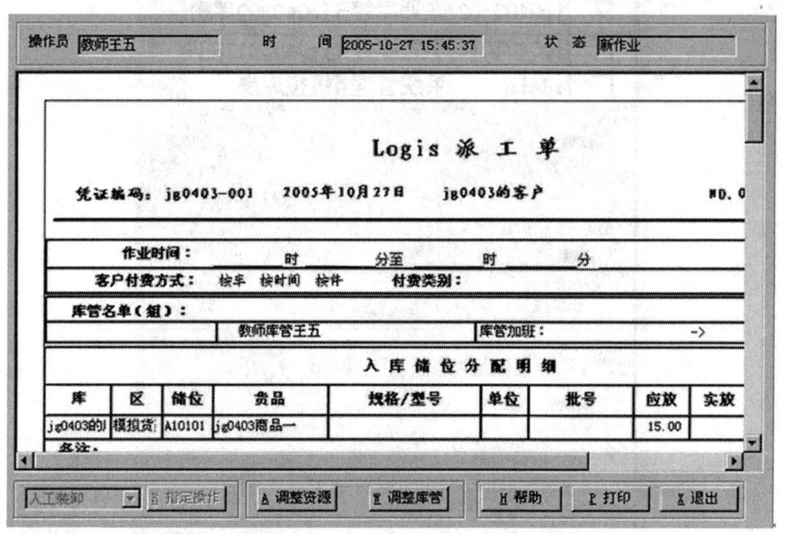

操作员 教师王五　时间 2005-10-27 15:45:37　状态 新作业

Logis 派 工 单

凭证编码: jg0403-001　2005年10月27日　jg0403的客户　NO.0

作业时间:　时　分至　时　分

客户付费方式:　按车　按时间　按件　付费类别:

库管名单(组):　教师库管王五　库管加班:　->

入库储位分配明细

库	区	储位	货品	规格/型号	单位	批号	应放	实放
jg0403的	模拟货	A10101	jg0403商品一				15.00	

备注:

人工装卸　B 指定操作　A 调整资源　W 调整库管　H 帮助　P 打印　X 退出

图 7－40　打印派工单

在“指定操作”选择人工装卸、点击“调整资源”，为凭证分配库工，在“可调用库工”栏中将教师库工王某移动到“已分配库工”栏，“确定”。如图 7－41 所示。

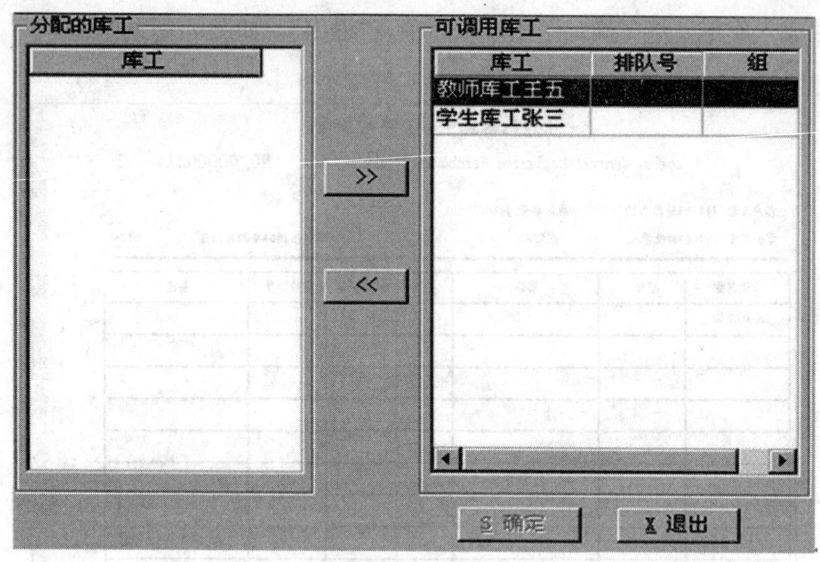

图 7-41　调整库工

点击"调整库管"，为凭证选择库管，在列表中选择教师库管王五，"确认"如图7-42所示。打印后派工单生效。

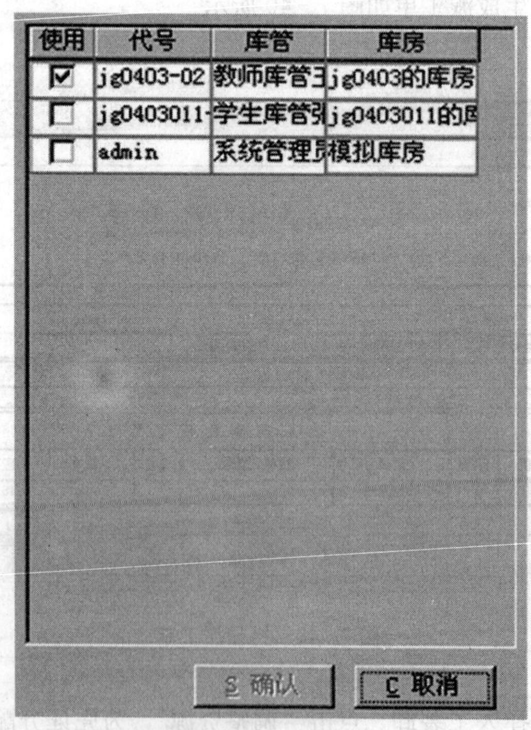

图 7-42　调整库管

（6）出入库反馈。在“业务管理、出入库、入库单”下选择“通知单号”为“jg0403—001”的单据，右击，“反馈/分配显示”，在“储位分配/拣货明细”页面下输入实放数量“15”，工作数量“15”，“保存”。如图 7-43 所示。

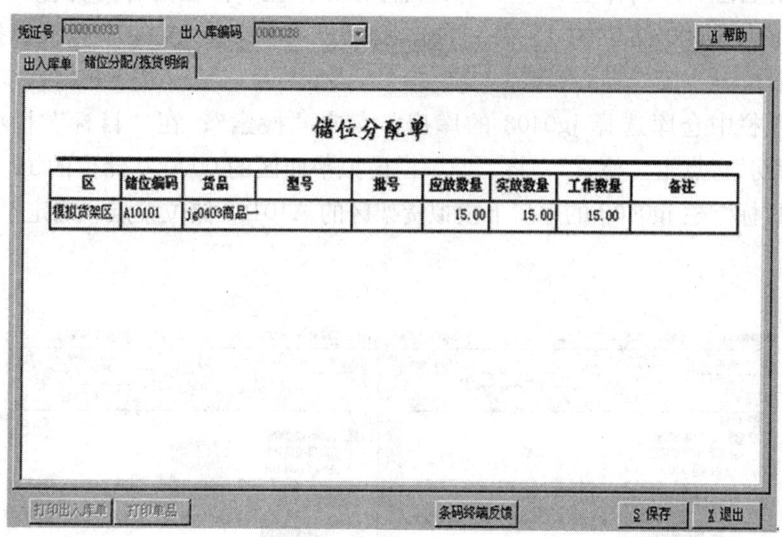

图 7-43 出入库反馈

在“调度、派工”下右击，选择“显示正在执行的作业”，选中“凭证编码”为“jg0403—001”的单据，右击，选择“反馈/显示”。如图 7-44 所示。

图 7-44 反馈派工单

付费方式“按件”、计工方式“按件”，输入“结束时间”后“确认、退出”。

8. 移库盘点作业

（1）移库作业

在“业务管理、库内作业、移库”下执行移库作业，作业内容为将 jg0403 的库房下模拟平面区的 000000 储位的 15 个 jg0403 商品三移到 jg0403 的库房下模拟货架区的 A10102 储位。

在“源”栏中仓库选择 jg0403 的库房，点击“检索”；在“目标”栏中仓库选择“jg0403 的库房”，点击“检索”，将“源”栏模拟平面区的 000000 储位的 15 个 jg0403 商品三移到“目标”栏 jg0403 的库房下模拟货架区的 A10102 储位，点“确定”保存。如图 7-45 所示。

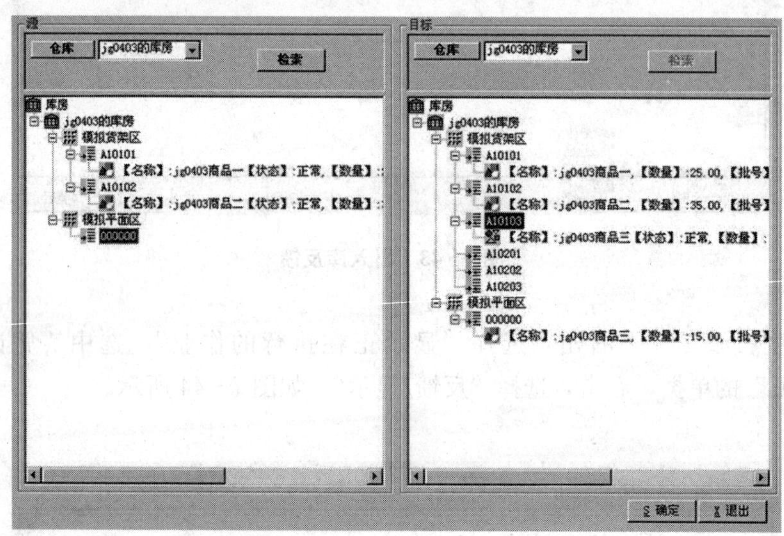

图 7-45 移库作业

（2）盘点作业

在“业务管理、库内作业、盘点”下执行盘点作业，为 jg0403 的客户执行日盘。

在“盘点类型”中选择“日盘”、在“库号”中选择 jg0403 的库房、在客户中选择“jg0403 的客户”、在“日期”中输入日盘日期，点击“计算盘点单”。如图 7-46 所示。

点击“选择盘点单”，选择要操作的盘点单，点击“确定”。如图 7-47 所示。

在“盘点数量”中输入实际数量，点击“保存”，生成“物资盘点单”。如图 7-48 所示。

在“盘点报表”界面下点击“生成盘点表”，生成“物资盘点明细表”。如图 7-49 所示。

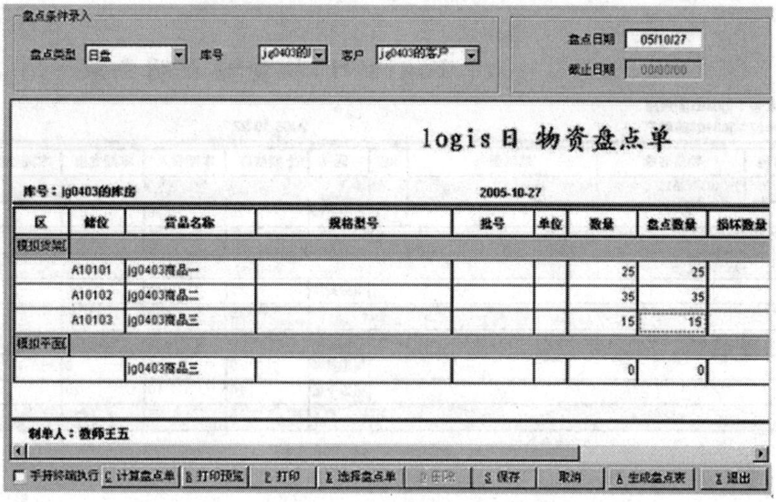

盘点条件录入

盘点类型 日盘　库号 jg0403的　客户 jg0403的客户

盘点日期 05/10/27　截止日期 00/00/00

logis日 物资盘点单

库号：jg0403的库房　2005-10-27

区	储位	货品名称	规格型号	批号	单位	数量	盘点数量	损坏数量
模拟货架								
	A10101	jg0403商品一				25	25	
	A10102	jg0403商品二				35	35	
	A10103	jg0403商品三				15	15	
模拟平面								
		jg0403商品三				0	0	

制单人：教师王五

手持终端执行　C 计算盘点单　B 打印预览　P 打印　X 选择盘点单　D 删除　S 保存　取消　A 生成盘点表　X 退出

图 7－46　盘点作业

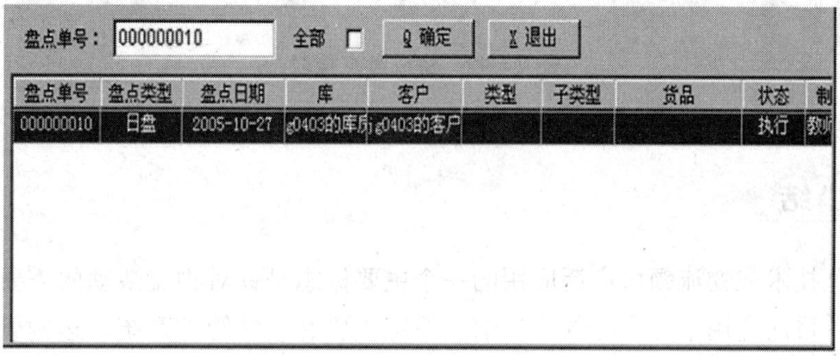

盘点单号：000000010　全部　Q 确定　X 退出

盘点单号	盘点类型	盘点日期	库	客户	类型	子类型	货品	状态	制
000000010	日盘	2005-10-27	jg0403的库房	jg0403的客户				执行	教师

图 7－47　选择盘点单

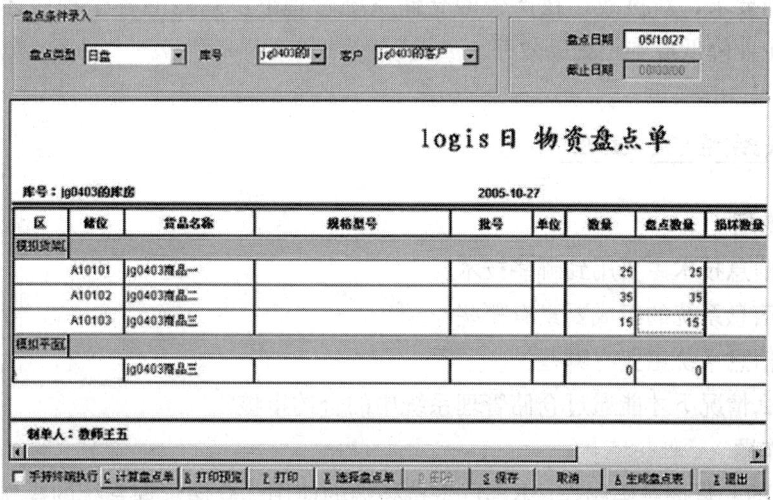

盘点条件录入

盘点类型 日盘　库号 jg0403的　客户 jg0403的客户

盘点日期 05/10/27　截止日期 00/00/00

logis日 物资盘点单

库号：jg0403的库房　2005-10-27

区	储位	货品名称	规格型号	批号	单位	数量	盘点数量	损坏数量
模拟货架								
	A10101	jg0403商品一				25	25	
	A10102	jg0403商品二				35	35	
	A10103	jg0403商品三				15	15	
模拟平面								
		jg0403商品三				0	0	

制单人：教师王五

手持终端执行　C 计算盘点单　B 打印预览　P 打印　X 选择盘点单　D 删除　S 保存　取消　A 生成盘点表　X 退出

图 7－48　生成物资盘点单

logis(日)物资盘点明细表

库号：jg0403的库房

客户单位：jg0403的客户 2005-10-27

物资编码	物资名称	规格型号	单位	区	上期结存	本期收入	本期支出	本期结存	盈
000000130	jg0403商品二								
				模拟货架	20	20	5	35	
			小计		20	20	5	35	
000000129	jg0403商品一								
				模拟货架	15	15	5	25	
			小计		15	15	5	25	
000000131	jg0403商品三								
				模拟货架	0	15	0	15	
				模拟平面	10	10	20	0	
			小计		10	25	20	15	

库管主任： 稽查员： 库管员：

A生成 日结算 ☑ 包括所有货品 ☑ E盘点报表 B打印预览 P打印 X退出

图 7－49 生成盘点报表

物流信息技术在物流领域广泛应用的一个主要标志是针对物流活动的需要而开发的物流信息系统。目前应用十分广泛的物流信息系统主要有仓储管理系统、运输管理系统、电子标签拣货系统、无线射频系统等。随着世界经济一体化步伐的加快，国际经贸发展日益活跃，我国的物流行业得到迅速发展，企业生产方式及仓库管理职能的转变，对仓库管理人员提出了新要求、新挑战。在严密的仓储系统管理下，仓储的各个程序才能有序的进行，为物流企业降低成本，提高效率。

一、理论题

1. 物流信息技术主要用到哪些技术?
2. 物流信息系统的组成要素有哪些?
3. 物流信息系统主要有哪些?
4. 在什么情况下才能通过仓储管理系统中的合约审核?

二、操作题

[练习目的] 掌握条码制作、RFID 手持终端的使用、仓储管理系统的操作。

[练习设备] 计算机、条码制作软件、RFID 手持终端、仓储管理系统软件。

［练习内容］

1. 条码软件使用，制作条码后打印。

2. RFID 手持终端的认识，结合仓储管理系统，完成手持终端的出入库操作。

3. 运用仓储管理系统进行基础信息、库房管理、客户管理、出入库作业、移库盘点作业等的操作。

参考文献

[1] 蓝仁昌．物流信息技术［M］．北京：高等教育出版社，2005.

[2] 王国卿．物流信息技术［M］．北京：人民交通出版社，2003.

[3] 周城．物流信息化解决方案［M］．成都：四川人民出版社，2002.

[4] 张毅．现代物流管理［M］．上海：上海人民出版社，2002.

[5] 何发．智物流管理信息系统［M］．北京：人民交通出版社，2003.

[6] 冯昊，黄治虎．交换机/路由器的配置与管理［M］．2 版．北京：清华大学出版，2009.

[7] 张国清．网络设备配置与调试项目实训［M］．北京：电子工业出版社，2008.

[8] 刘淑梅，郭腾，李莹．Windows Server 2008 组网技术与应用详解［M］．北京：人民邮电出版社，2009.

[9] 闫书磊，李欢．计算机网络基础［M］．北京：人民邮电出版社，2009.

[10] MATTBE S GAST. 802.11 无线网络权威指南［M］．南京：东南大学出版社，2007.

[11] 谢希仁．计算机网络［M］．5 版．北京：电子工业出版社，2008.